Fabienne Brin

Wo ist Sara?

Fabienne Brin

Wo ist Sara?

Das Drama einer Frau,
der Kampf einer Mutter

Aus dem Französischen
von Barbara Röhl

Marion von Schröder

Die Originalausgabe erschien 2000 unter dem Titel
»Retrouver Sara« bei Éditions Michel Lafon, Neuilly-sur-Seine

Marion von Schröder Verlag
Der Marion von Schröder Verlag ist ein Verlag
der Ullstein Buchverlage GmbH

ISBN 3-547-71058-8

Gesetzt aus der 10,5p auf 13 p Sabon
bei ew print & medien service gmbh, Würzburg
Druck und Bindung: Clausen & Bosse, Leck

Für Eva, die mir ihre Kraft geschenkt hat,
und für Sara, weil sie so mutig war.

Wie erstarrt sitzt Sara da. Ihre Hand, in der sie einen Löffel hält, ist in der Luft hängen geblieben. Dabei habe ich ihren Lieblingskuchen mitgebracht. Aber sie scheint sich vor etwas zu fürchten, etwas Grauenhaftem. Der Blick, mit dem sie mich anschaut, ist nicht der eines kleinen Mädchens, das nach acht Tagen seine Mutter wiedersieht; das ist nicht die Freude, die sie sonst zeigt, wenn ich aus der Klinik nach Hause komme. Sie ist jetzt drei Jahre alt; wie viel bekommt sie wohl mit?

Den ganzen Tag lang habe ich mich schrecklich darauf gefreut, meine beiden Süßen wiederzusehen. Sie haben mir so gefehlt. Als ihr Vater mich das letzte Mal vor die Tür gesetzt hatte, fand ich sie schmutzig und verstört wieder. Ich habe Angst; die letzte Woche ist mir vorgekommen wie ein Jahrhundert. Habib ist aus dem Wohnzimmer gegangen. Sicher, ich weiß, dass es nicht einfach werden wird. Seit ich ihm gesagt habe, dass ich ihn verlassen will, führt er sich wie ein Verrückter auf, aber noch habe ich Hoffnung. Überall in den Zeitschriften liest man, wie Paare sich in aller Ruhe trennen, ganz vernünftig. Warum sollte uns das nicht gelingen?

Ich bin eine Frau aus dem 21. Jahrhundert, eine Abendländerin, die ihre Rechte kennt. Heute kann niemand mehr einem anderen etwas aufzwingen. Wenn wir unglücklich miteinander sind, dann müssen wir uns eben trennen. So einfach ist das. Im Grunde seines Herzens denkt Habib bestimmt genauso. Er hat sich zwar fürchterlich benommen, aber er muss mich einfach verstehen.

Sara und ich sitzen auf dem Teppich, einem der vielen Teppiche, die aus meiner Wohnung einen molligen, hermetisch abgeschlossenen, erstickenden Kokon gemacht haben. Dieser hier ist rosa, so wie die Wände des Wohnzimmers, dessen Einrichtung aus unseren glücklicheren Tagen stammt. Habib war damit einverstanden gewesen, dass ich chinesische Teppiche aussuchte, vielleicht um mir zu beweisen, dass er auf seine Traditionen verzichten konnte. Warum kann ich bloß keine persischen Teppiche leiden? Sie gelten als die schönsten der Welt und auf jeden Fall als die kostbarsten. Aber das war wie ein Kompromiss zwischen uns beiden: Teppiche – in Ordnung, aber wenigstens chinesische. Ein Detail, das mir jetzt albern vorkommt.

Was hat er denn jetzt vor? Habib ist aufgesprungen und hat mich mit den Mädchen allein gelassen. Diese Art zarter Rücksichtnahme sieht ihm gar nicht ähnlich. Normalerweise tut er alles, um mich auf Distanz von ihnen zu halten, als könne nur er richtig für sie sorgen. Ich höre, wie er das Fenster in der Küche schließt, dann das im Schlafzimmer. Und nun das im Kinderzimmer. Was soll dieser Aufwand? Neben uns krabbelt Eva auf allen vieren und spielt mit ihrer Plüschschildkröte.

Woran merkt man, dass die Atmosphäre drückend wird, dass die Gefahr näher kommt? Ich weiß nicht, aber ich bin aufgestanden, ohne Hast, um die Kleinen nicht zu erschrecken. Ich erkläre ihnen, dass es Zeit ist, dass ich gehen muss. Ich höre mich reden wie die Besucher im Krankenhaus am Bett meiner Patienten. Ich umarme meine Kinder. So als wäre es ganz normal und das Selbstverständlichste der Welt, sie hier allein zu lassen, mit einem Mann, vor dem ich inzwischen Angst habe. Ich nehme meinen Mantel und meine Handtasche. Warum in aller Welt habe ich nicht auf meine Freundinnen gehört, die mir geraten haben, nicht allein zu gehen? Leise verlasse ich das Zimmer.

Nur zwei Schritte vor der Wohnungstür versperrt Habib mir den Weg. Er packt mich bei den Handgelenken und zerrt mich ins Badezimmer, wirft mich auf den Boden. Ich schreie Sara zu, dass sie zu den Nachbarn laufen soll. Sie soll diese Szenen nicht mitbekommen. Dabei erlebt sie nicht zum ersten Mal, wie ihr Vater mich schlägt. Ich schäme mich fürchterlich. Was für ein Vorbild bin ich meinen Kindern, was die Liebe angeht? Meine Güte, wenn meine Eltern mich jetzt sehen könnten! Diese beiden, die nach dreißig Jahren Ehe immer noch verliebt sind, die uns Kinder Respekt und den Dialog miteinander gelehrt haben. Ich schäme mich – er hat das Badezimmer verriegelt. Draußen weint Sara, trommelt gegen die Tür, ruft nach mir. Ich versuche aufzustehen, aber Habib hindert mich daran.

Er sitzt auf mir und hält meine Arme fest. Ich bekomme kaum Luft. Was hat er sich jetzt wieder einfallen lassen? In der letzten Zeit hat er sich damit zufrieden gegeben, mich bei der kleinsten Meinungsverschiedenheit hinauszuwerfen. Dann zwang er mich, absurde Entschuldigungsbriefe zu schreiben, bis er mir schließlich erlaubte, wieder in die Wohnung zu kommen. Warum nur habe ich dieses Theater mitgespielt? Wie weit kann man gehen in der Hoffnung, einen Streit abzuwenden? Ich vermag nur noch den Kopf zu bewegen.

Ich habe den roten Griff mit dem weißen Kreuz erkannt. Habib hat das Schweizer Messer aus der Tasche gezogen, das er immer zum Picknick mitgenommen hat. Er brüllt, überschüttet mich mit Beleidigungen. Ich sehe die Klinge vor meinem Gesicht. Panik steigt in mir auf; ich kann nicht einmal schreien. Soll mein Leben etwa hier zu Ende sein, auf diesem rosa Badezimmerteppich, vor Evas Wickeltisch?

Ich bin dreißig Jahre alt und habe zwei kleine Töchter. Niemals habe ich jemandem etwas Böses gewünscht. Ich wollte den Schwachen, den Kranken helfen, deswegen bin ich Krankenschwester geworden. Zehn Jahre lang habe ich den Vater meiner Kinder ernährt, und heute will er mich umbringen. Und plötzlich frage ich mich, ob er sich nach mir nicht Sara und Eva vornehmen will.

Ich versuche mich zu wehren, Habib zurückzustoßen. Er ist furchtbar schwer. Mein kläglicher Versuch versetzt ihn in Wut. In seinen Augen, die ich früher einmal so schön, so sanft, so zärtlich fand, steht blanker Hass. Er konzentriert sich, als hätte er ein technisches Problem zu lösen. Das ist ein Horrorfilm. Ich komme mir vor wie ein Patient auf dem Operationstisch. Habib sucht in meinem Gesicht nach dem besten Ansatzwinkel für seine Klinge. Er beschließt, auf der Stirn zu beginnen, über dem Auge.

»Wenn du mich schon verlässt, dann soll sich nie wieder ein Mann für dich interessieren. Du verdienst, dass man dich bestraft. Nie wieder wirst du wie die anderen Frauen sein. Dein ganzes Leben lang sollst du bezahlen. Du wirst mein Zeichen tragen. Jedes Mal, wenn du in den Spiegel siehst, wirst du dich erinnern. Du wirst mich nie vergessen können.«

Auch seine Worte werden sich unauslöschlich in mein Gedächtnis eingraben.

Die Klinge durchdringt meine Haut, schneidet tiefer, fährt auf das Auge hinunter, zieht über die Wange und beschreibt eine gerade Linie bis zum Kinn. Ich kann nichts mehr sehen. So schreckliche Angst habe ich, dass ich nicht einmal wahrnehme, ob ich Schmerzen habe. Das Blut nimmt mir die Sicht. Auf der anderen Seite der Tür schluchzt Sara immer lauter. Hat Habib mir das Auge ausgestochen?

Nachdem er sein Werk beendet hat, ist er aufgestanden und hat die Tür geöffnet. Er hält Saras Hand wie ein Vater, der seine Kinder in die Schule bringt. Eva trägt er auf dem Arm. Nein, das darf nicht sein. Blutüberströmt rapple ich mich auf. Ich habe keine Zeit, ein Handtuch zu nehmen, um meine Wunde zu verbergen. Wie eine Furie stürze ich aus dem Badezimmer, eine wandelnde Tote. Im Flur steht Habib, er hat meine beiden Töchter. Als Sara mich sieht, kreischt sie erst richtig los. Ihr Geschrei verunsichert ihren Vater einige Sekunden lang. Das reicht mir, um ihm Eva zu entreißen. Aber mit dem größeren Mädchen flüchtet er die Treppe hinunter.

Wir hatten zwei Kinder, und nun bleibt für jeden von uns eins übrig. Das ist seine Vorstellung von Gerechtigkeit. Habib hat einen Schnitt vollzogen. Durch mein Gesicht, mein Leben und auch durch das Band, das uns zusammenhielt.

Ich habe nie zu kämpfen gelernt. Ist es ein Verbrechen, wenn man eine glückliche Kindheit gehabt hat? Ich vertraute auf die Intelligenz, ich glaubte an das Gesetz, an den Dialog. In wenigen Minuten bin ich um tausend Jahre gealtert. Ich fühle mich ins Mittelalter zurückversetzt. Ich bin eine Wölfin. Ich darf keine Zeit verlieren, ich muss unbedingt ins Krankenhaus. Damit sie mich zusammenflicken. Entstellt zu bleiben, davor habe ich keine Angst. Ich kann es kaum erwarten, in die Schlacht zu ziehen, um meine beiden Töchter wieder zu vereinen.

TEIL 1

1

Ich bin an der Loire aufgewachsen, in Nantes. Mal habe ich an dem einen, mal an dem anderen Ufer gewohnt, aber ich habe mich nie weit von diesem Fluss entfernt, in dessen Betrachtung ich mich seit meiner Kindheit immer wieder versenke. Der Loire vertraute ich meine Träume an und später meine Ängste, meine Albträume, als hätten ihre braunen Wasser die Macht, sie bis in den Ozean zu tragen, wo sie sich auflösen würden.

Jeder hier weiß, dass man der Loire nicht trauen darf. Sie wirkt so ruhig, doch plötzlich kann sie ihr Bett verlassen, über die Ufer treten oder den unvorsichtigen Schwimmer in ihre Strudel reißen. Vielleicht ist sie ein wenig mein Vorbild; der Schein trügt. Hinter meinem sanften Äußeren kann ich nicht stillsitzen. Ich bin fleißig, ruhig, vernünftig, aber eine Sturmböe reicht aus, um alles hinwegzufegen. Auch ich kann meinen Lauf verlassen.

Ich habe meine Kindheit wie ein wohl bedachtes, wiederholbares Glück erlebt. Genau das erklärten unsere Eltern uns im Übrigen ständig: In ihren Augen bestand unsere einzige Pflicht darin, glücklich zu sein. Diese Aufgabe brachte allerdings gewisse Verpflichtungen mit sich: Wir hatten selbst dafür zu sorgen, dass unsere Träume Wirklichkeit wurden. Nicht mehr und nicht weniger. Ich habe gelernt, den schmalen Pfad zwischen dem idealen Leben und dem, das für mich erreichbar war, zu suchen. So weit ich zurückdenken kann, sehe ich unsere Familie vor mir, lärmend und fröhlich. Ich war sehr glücklich in meiner Kindheit.

Als mein Bruder Bruno geboren wurde, war ich drei Jahre alt, und neun, als Cedrick zur Welt kam. Ich war die Älteste. Natürlich eiferte ich Mama nach: Ich sorgte für eine gewisse Ordnung, ich half, gab Ratschläge, tröstete und organisierte die Spiele. Ich habe mehr mit Bällen gespielt als mit Puppen und fand so viel Spaß daran, dass ich sogar in einen Basketballverein eintrat. In unserer Familie lebten wir wie in einer Sportmannschaft; jeder wusste, dass er ohne die anderen nichts ausrichten konnte.

Papa war am Meer geboren, daher zog es ihn zu den Gipfeln. Jeden Sommer fuhren wir drei Wochen lang zum Campen in die Berge. Meine ersten Abenteuer spielten sich dort auf den Wanderwegen ab. Wenn man sie bezwingen wollte, galten keine Ausflüchte; man brauchte Beharrlichkeit und Mut und hatte sich den Gesetzen der Natur zu beugen, die immer stärker sein würden als man selbst.

An Papas Hand entdeckte ich die Freude daran, etwas zu leisten, über mich selbst hinauszuwachsen. Ich hatte das Glück, einen zärtlichen, liebenden und sehr präsenten Vater zu haben, der eine neue Art zu leben hatte erfinden wollen. »Ruh dich aus, ich kümmere mich ums Abendessen«, sagte er oft zu Mama, wenn er aus der Fabrik heimkam, in der er als Schlosser arbeitete.

Die beiden hatten sich mit fünfzehn kennen gelernt, in den Jahren, als sie politisch aktiv waren. Vielleicht hatte sie das geprägt: die Gewohnheit, gemeinsam zu kämpfen, zusammen voranzuschreiten. Sie glaubten an die Gleichheit, und ich glaubte, das Leben zu zweit sei immer so. Eine einfache Mischung, die auf einem ständigen Austausch beruhte: der Freude, einander zu helfen, dem Wunsch, sich gegenseitig zu stützen, Selbstlosigkeit.

Mama hatte ihre Arbeit in der Fabrik aufgegeben, um uns großzuziehen. Für Papa und sie war das nur eine andere Art der Aufgabenteilung. Sie dürsteten nach sozialer Gerechtigkeit und misstrauten dem Geld, das die Menschen verdirbt und in seine Falle lockt. Dagegen konnte man sich nur wehren, indem man lernte, ihm keine Macht zu verleihen und sein Budget streng einzuteilen.

Wir Kinder sollten das Nebensächliche vom Wesentlichen unterscheiden lernen und ein einfaches Leben führen, das heißt ohne Bedürfnisse, die wir nicht befriedigen konnten. Unsere Eltern lehrten uns, eher zu geben als zu nehmen, und enthüllten uns so das Geheimnis der merkwürdigen Alchemie, durch die derjenige, der von sich herschenkt, reicher wird.

Selbst die Pubertät reizte mich nicht zum Aufstand. Immer noch liebte ich meine Eltern bedingungslos und glaubte an die Zukunft. Aus dem Bestreben, mich nützlich zu machen, entwickelte sich ganz selbstverständlich der Wunsch, Ärztin zu werden. Da ich gut in der Schule war, konnte ich es mir leisten, solche Pläne zu hegen.

Papa wäre nie auf die Idee gekommen, mir einen Vorwurf zu machen, weil ich eine so lange Ausbildung anstrebte. Eine Ärztin zur Tochter zu haben, das war schon ein paar Opfer wert. Er selbst hatte seine Rettungssanitäterprüfung abgelegt und arbeitete ehrenamtlich für das Rote Kreuz. Mein kleiner Bruder wollte Feuerwehrmann werden. Und ich wollte aus demselben Grund Ärztin werden, aus dem ich gern Marie Curie gewesen wäre: um die Welt zu retten.

Aber der Abstand zwischen meinem Kindertraum und der Wirklichkeit war zu groß; ich hatte nicht den richtigen Weg gewählt. Um gegen das Böse zu kämpfen und den Tod zu besiegen, musste ich Vorlesungen über Mathematik, Biologie und Chemie besuchen, in denen ich mich zu Tode langweilte. Irgendwann saß ich lieber mit meinen Freunden im Straßencafé als auf meinem Platz im Hörsaal. Dass ich nach dem ersten Studienjahr durch die Prüfungen fiel, erstaunte mich nicht. Das war nur gerecht und die Strafe für meine Faulheit und Leichtfertigkeit. Diese Erfahrung reichte mir; ein Jahr lang hatte ich mich amüsiert, und nun brannte ich darauf, etwas zu leisten.

Ich schrieb mich an der Krankenschwesternschule ein. Nie habe ich meine Wahl bedauert. Ich war zu ungeduldig, ich brauchte keine Bücher, sondern den Kontakt zum wirklichen Leben, mit dem echten Leiden. Bald wurde ich wieder die fleißige Schülerin, die ich einmal gewesen war.

Ich war in dem Alter, in dem man die festesten Freundschaften knüpft, dem Alter für Begegnungen, die den Lauf eines Lebens verändern. Pascale war nicht meine beste Freundin, aber wir verstanden uns gut. Wenn ich mich heute an sie erinnere, ist mir, als sähe ich in das Antlitz des Schicksals. Hätte ich sie nicht getroffen, wäre mein Leben ganz anders verlaufen.

Am Ende unseres zweiten Ausbildungsjahrs schlug sie mir vor, sie übers Wochenende nach Paris zu begleiten. Wir hatten unsere Prüfungen bestanden, und ich kannte die Hauptstadt kaum, obwohl uns zur damaligen Zeit nur dreieinhalb Zugstunden von ihr trennten – aber so ist das nun einmal. Man muss wissen, dass es in Frankreich praktisch zwei Welten gibt. Die Pariser sahen wir, wenn sie in die Ferien fuhren. Erschöpft und gestresst strömten sie aus dem Bahnhof und stürzten zu den Taxis und Bussen. Sie fuhren an den Strand zu der Jahreszeit, in der wir das Meer mieden. Was hätten wir auch für einen Grund gehabt, die große Stadt zu besuchen? Wahrscheinlich hatten wir Angst, uns dort zu verlaufen, uns von ihrer unkontrollierbaren Energie erdrückt zu fühlen. Die Menschenmassen, die Autos, das kam uns vor wie ein Vorgeschmack auf die Hölle.

In Paris wohnte allerdings Alain, ein Exfreund, dem ich einen Besuch versprochen hatte. Doch Pascale wollte mich einem jungen Mann vorstellen, den sie seit einigen Monaten kannte und in den sie über alle Maßen verliebt war. Er war Ausländer, aber das fanden wir ganz normal. Die ganze Welt außerhalb von Nantes kam uns ein wenig wie »Ausland« vor. Um die Wahrheit zu sagen, machte es für uns keinen großen Unterschied, ob jemand aus Paris stammte oder ein politischer Flüchtling aus dem Iran war. Ich glaube, seit Jahrhunderten hat sich niemand aus meiner Familie vom Loireufer weggerührt. Das war übrigens genau das große Problem, vor dem Pascale stand: Wenn sie sich ernsthaft mit diesem Jungen einlassen wollte, dann musste sie Nantes verlassen und – was für ein Gedanke – nach Paris ziehen. Nicht der Umgang mit einem Menschen aus einer anderen Kultur bereitete ihr Sorgen, denn darüber dachten wir nicht einmal nach, sondern der Gedanke an einen Umzug – wir waren so jung, dass wir noch glaubten, dass die Liebe sich selbst genügt und alle Entfernungen überwindet.

Pascale lag uns mit den Abenteuern ihres Mahmoud in den Ohren. Das war 1987. In diesem Jahr erfuhr ich, dass acht Jahre zuvor im Iran eine Revolution stattgefunden hatte. Der Schah, der noch auf seinem goldenen Thron die zweitausendfünfhundert Jahre seit der Gründung des persischen Reiches begangen hatte, war im Exil gestorben. Aber sein Tod hatte dem Land, das er mit eiserner Hand hatte modernisieren wollen, weder Ruhe noch Wohlstand zurückgebracht.

In Teheran wurden die Frauen unter den schwarzen Schleier gezwungen. Die »Volksmudschaheddin«, die die Revolution begonnen hatten, waren den Mullahs auf den Leim gegangen. Bestimmt hatte der Westen dabei ein wenig die Hände im Spiel gehabt ... Er hatte auf die religiösen Kräfte gesetzt, von denen man vermutete, dass sie sich nicht den Sowjets an den Hals werfen würden. Ayatollah Khomeini, der in Paris im Exil lebte, war in einer von der französischen Regierung gecharterten Sondermaschine nach Teheran zurückgekehrt. So viele Einzelheiten, die mich bis dahin nicht interessiert hatten. Genau wie ich mir nicht allzu viele Gedanken über das Schicksal dieser »Demokraten« machte, die den Schah gestürzt hatten.

Ich war niemals im Mittleren Osten gewesen. Die Winde über dem Atlantik kannte ich, aber ich war abseits der Stürme aufgewachsen, die über die Welt fegen. Zwar bin ich in einem katholischen Land geboren, aber im Schoß einer Familie, die den politischen Kampf und ihren Glauben an die Menschheit zu ihrem einzigen Bekenntnis erhoben hatte. Vielleicht sollte ich an dieser Stelle daran erinnern, dass in der Geschichte Frankreichs meine Stadt einem berühmten Vertrag ihren Namen geliehen hat, dem Edikt von Nantes, das 1598 von Heinrich IV. unterzeichnet wurde und die Religionsfreiheit der Protestanten schützen sollte. Man könnte fast behaupten, dass die Toleranz unsere regionale Spezialität ist. Tolerant waren wir also – aber schrecklich unwissend. In der Schule war ich mit Kindern aus allen Ländern umgegangen, ohne je einen Unterschied zwischen ihnen zu machen. Da ich überzeugt davon war, dass alle Menschen gleich waren, ging ich davon aus, dass alle nach denselben Prinzipien lebten, und kannte weder Verbote noch Vorurteile. Für ein Mädchen wie mich, das noch nicht weiter herumgekommen war als bis zu den Gebirgspfaden, war das Heldenepos der iranischen Flüchtlinge faszinierend.

Ich erfuhr, dass die Volksmudschaheddin, die an Khomeini geglaubt hatten, sehr rasch feststellten, dass man sie zu den Feinden des Islamismus zählte. Sie wurden gejagt und verfolgt und mussten ebenfalls das Exil wählen. So war es der ganzen Familie von Mahmoud Eghbal ergangen.

Mohamad, der älteste Bruder, hatte zu einer Widerstandsarmee gehört, die ihre Basis an der irakischen Grenze hatte, dem Land, gegen das ein Krieg im Gange war, der acht Jahre dauern und hunderttausend Tote fordern sollte. Einer der Söhne, Aref, war bei einer Demonstration gefallen, Opfer einer Schießerei, die die Pasdaran, die Revolutionswächter, angezettelt hatten. Eine der Töchter, Atefeh, wurde verhaftet, als sie schwanger war. Nachdem ihr Mann gefoltert und hingerichtet worden war, verlor sie vor Angst ihr Kind und würde nie wieder eines bekommen können.

Die Eghbals hatten beschlossen, sich in Frankreich wiederzutreffen. Mit Hilfe von Schleusern konnten sie über die Türkei fliehen, zu Pferd und zu Fuß. Sie lernten Furcht, Erschöpfung und Hunger kennen und ernährten sich oft von geschmolzenem Schnee. Nach Mahmoud war der damals achtzehnjährige jüngere Bruder nach Paris gekommen – Habib, der immer noch traumatisiert war durch den Tod von Aref, dem Bruder, dem er am nächsten gestanden und den er wie einen Gott verehrt hatte. Mahmoud nahm ihn unter seine Fittiche. Mit seinem fabelhaften Geschäftssinn hatte er auf dem Boulevard Saint-Michel, mitten im Studentenviertel, zwei Secondhandläden aufgezogen. Seitdem hielt er schützend die Hand über seinen »kleinen Bruder«.

So hatte Pascale Habib von Anfang an bezeichnet, wenn sie mir von ihm erzählte. Sicher, sie sagte auch, wie bezaubernd er sei und was für einen Erfolg er bei Frauen habe, aber das zählte weniger als diese liebevolle Bezeichnung, die sich mir einprägte, zweifellos, weil sie mir Vertrauen einflößte, so als öffne sie die Schatztruhe mit den Kindheitserinnerungen.

Sie hatte mir zugesichert, Habib werde am Wochenende auch da sein, damit ich nicht ganz allein mit einem verliebten Paar zu tun hätte.

*

Wie versprochen kam Mahmoud uns am Bahnhof Montparnasse abholen. Was für eine bizarre Rolle: ein Ausländer, der zwei Mädchen aus der Provinz ihre eigene Hauptstadt zeigt! Er nahm uns mit nach Hause, in seine kleine Zweizimmerwohnung im Vorort Champigny-sur-Marne, wo Habib am Abend zu uns stoßen sollte. Den Tag hatte er in der Schweiz verbracht. Dort, und auch in Belgien, kaufte er ein- bis zweimal wöchentlich günstig Kleidungsstücke ein. Mahmoud hatte uns erklärt, niemand verstünde sich so wie er darauf, in den zu Schleuderpreisen verkauften Ballen gute Schnitte und kostbare Stoffe zu entdecken. Die beiden konnten gut davon leben. Aber sie hatten sich anpassen müssen. Mit dem Luxus war Schluss, mit den Pelzmänteln, die der Vater im Iran für Tausende von Dollar hergestellt hatte.

Lange hatte der Familienbetrieb von den Aufträgen einer gesellschaftlichen Elite gelebt, von den Reichen, den unabhängig Denkenden, die dann als Erste das Exil gewählt hatten. Der Vater, ein wohlhabender und geachteter Handwerker, hatte immer geglaubt, er werde sein Geschäft einmal an seine Kinder vererben.

»Wir sind schon mit Nadel und Faden in der Hand auf die Welt gekommen«, meinte Mahmoud lachend.

Mit ihren Händen brachten sie einfach alles fertig, vor allem Habib, der sich genauso gut die Hosen selbst nähen wie ein Sofa beziehen konnte. Er sei auch ein ausgezeichneter Verkäufer, erklärte uns sein Bruder. Mit ihm hätte ihr Vater goldene Geschäfte gemacht. Mit einem Blick erkannte er, welche Jacke einer Frau am besten stand, oder zumindest überzeugte er sie davon. Aber Luxus verlangte hohe Investitionen, und der Secondhandhandel brachte mehr ein, und schneller. Habib war für das Teheran der Kaiserzeit geschaffen, aber Mahmoud hatte es verstanden, sich an das Leben in Paris anzupassen.

Zum Abendessen hatte Mahmoud für uns persisch gekocht. Zum ersten Mal begegnete ich dieser Küche, und ich fand sie köstlich. An diesem Abend erschien mir alles exquisit. Das lag daran, dass ich weit mehr Kilometer zurückgelegt hatte als die Strecke, die Nantes von den Außenbezirken von Paris trennt. Und dann kam Habib. Mahmoud und Pascale hatten nicht gelogen. Er war sehr schön anzusehen – groß, dunkel, mit wunderschönem, tiefschwarzem Lockenhaar – und auch sehr elegant gekleidet. Ich erinnere mich noch an seinen Anzug. Ich weiß nicht, ob der Schnitt so perfekt war oder ob es daran lag, wie er ihn trug, so entspannt, als hätte er Jeans an. Damals war es sehr selten, dass ein junger Mann von fünfundzwanzig Jahren sich so elegant kleidete.

Als Mahmoud und Pascale schlafen gehen wollten, beschlossen wir, ihnen das Zimmer zu überlassen. Habib und ich würden uns einfach zwei Matratzen auf den Boden des Wohnzimmers legen. So brauchten wir unser Gespräch nicht zu unterbrechen. Wie in den Sommernächten, wenn ich mit meinen Cousins und Cousinen im Zelt schlief, war ich plötzlich nicht mehr müde. Wir lagen im Dunkeln, wir erbauten die Welt neu, erzählten uns im Flüsterton unsere Lebensgeschichte und erstickten unser Gelächter.

Bevor wir gegen drei oder vier Uhr morgens einschlummerten, hatte Habib mich gefragt, ob er mir morgen Paris zeigen dürfe. Einen besseren Fremdenführer könne ich nicht finden, versicherte er mir. Ich war gern bereit, das zu glauben. Und wenn nicht, wäre es mir auch gleich gewesen. Als ich in dieser Nacht einschlief, hatte ich sein Lächeln vor Augen ...

Wir hatten August, wenige Tage vor meinem Geburtstag, und das Wetter war herrlich. Rasch schlangen wir das Frühstück hinunter und brachen auf. Ich war so aufgeregt wie damals, wenn Papa uns im Morgengrauen zum Bergsteigen mitnahm. Passenderweise stiegen wir zuerst auf den Eiffelturm.

»Um einen Gesamtüberblick über die Stadt zu bekommen«, erläuterte mir Habib.

Der »beste Fremdenführer der Stadt« war jedenfalls nicht der originellste! Aber das machte kaum etwas, ich fand trotzdem alles wunderbar. Natürlich war ich begeistert vom Anblick der Seine, jener königlichen Wasserstraße, die eine Abfolge von Palästen verband und überspannt wurde von Brücken aus allen Epochen. Darunter verkehrten Schiffe mit Touristen, die aus allen Winkeln der Erde gekommen waren, um diese kokette Stadt zu bestaunen, die sich in der Sonne mit einem rosafarbenen Nebelschleier schminkte ...

Ich war an die jungen Männer von der Uni gewöhnt, mit denen man sich im Café die Rechnung teilt, die nicht in der Lage sind, einem die Tür aufzuhalten, die nie auf die Idee kämen, einem Mädchen den Vortritt zu lassen. Warum eigentlich auch ... Ich dachte ja genauso. Aber Habib war so zuvorkommend, so aufmerksam! Bei ihm hatte ich das Gefühl, ein zartes, zerbrechliches Wesen zu sein. Er achtete auf mich, als wäre ich der wichtigste Mensch, den er je im Leben kennen gelernt hatte, ein kostbarer Gegenstand.

Vom Park Champ-de-Mars gingen wir zum Faubourg Saint-Honoré und dann zum Quartier des Halles. Bei dem herrlichen Sonnenschein hatten wir keine Lust, in den Museen zu versauern. Ich wollte sehen, wie die Pariser lebten. Wir sprangen von einem Bus in den anderen, und vor allem gingen wir zu Fuß, unermüdlich. Habib hatte ausgesucht, wo wir zu Mittag essen würden, in einem Straßenrestaurant am Place Saint-André-des-Arts, nur ein paar Schritte vom Place Saint-Michel und der Seine entfernt.

Ich zögerte, als ich die Speisekarte ansah; die Preise waren zu hoch für mein Schwesternschülerinnen-Budget.

Mama hatte mich gelehrt, gewissenhaft zu sein. Immer noch respektierte ich die Familienregeln: Man musste sparen lernen, damit man es nicht nötig hatte, dem Geld nachzulaufen.

Aber Habib schienen keine solchen Sorgen zu plagen. Materielle Fragen interessierten ihn nicht. Besser gesagt war für ihn das einfache Leben kein Leben. Der Luxus war die Würze des Lebens, die gewisse Zutat, durch die sich der Mensch vom Tier unterscheidet. Und außerdem hatte die Erfahrung ihn gelehrt, dass alles vergänglich ist und man sich beeilen muss, die Gegenwart zu nutzen. Niemand weiß, was die Zukunft für uns bereithält. Die Vergangenheit gehört den Gespenstern und die Zukunft Gott; wir haben nur die Gegenwart – das war das Prinzip, das sein Leben beherrschte. Verglichen mit ihm kam ich mir mit meiner Knauserei ein bisschen albern vor ...

Und außerdem hatte er großzügig erklärt, ich sei sein Gast. Er wollte meinen ersten Aufenthalt in Paris feiern, und, wie er hinzusetzte, unser Zusammentreffen. Mit einem etwas schüchternen Lächeln beugte er sich zu mir und flüsterte, er hoffe, diese Reise werde nicht die letzte sein. Wir ließen uns an einem kleinen, von Geranienkästen umstandenen Tisch nieder, im Schatten eines Sonnenschirms, durch den in der Sonne ein orangefarbener Schein fiel. Die Farbe der Leidenschaft?

Ich schwebte, ich hatte den Eindruck, das ganze Restaurant drehe sich um unseren Tisch. Ich konnte gar nicht fassen, wie viel wir uns zu erzählen hatten, obwohl wir uns erst seit weniger als vierundzwanzig Stunden kannten. Habib liebte das Reisen – ich ebenfalls. Er war bereit, seine Koffer zu packen, um von heute auf morgen ans Ende der Welt zu fahren – davon hatte ich immer geträumt. Habib war ganz Lächeln, selbstsicher und schüchtern zugleich. Sein Französisch war perfekt. Er brauchte nicht nach Worten zu suchen. Er sprach mit einem winzigen Akzent, der seinen Charme nur noch vergrößerte.

Er hatte mir verraten, dass er die französische Staatsbürgerschaft beantragt hatte. Der Iran war Vergangenheit. Seit sieben Jahren lebte er in Frankreich und wollte sich hier eine Zukunft aufbauen. Er erklärte auch, er wolle keine Iranerin heiraten und sich auf diese Weise in der Exilgemeinde abschotten. Um wie ein Franzose zu leben, war es das Beste, eine Französin zu heiraten. Keine Ahnung, ob ich in diesem Moment errötet bin.

Was war nur mit mir los? Etwas Erstaunliches, gegen das man nichts tun konnte, die Begegnung zweier Seelen, zweier Wesen, die aufeinander gewartet haben, wie in den Kinderbüchern. Da war ich nur gekommen, um einer Freundin zu helfen, die sich mit Zweifeln quälte, und jetzt hatte ich den Eindruck, dass mein Leben eine ganz neue Wendung nahm. Den Nachmittag über bummelten wir und hielten uns an den Händen. Die Wärme seiner Handfläche beruhigte mich, wie als Kind Papas Hand. Zusammen mit ihm konnte mir nichts geschehen.

Erschöpft und hingerissen kehrte ich in die Wohnung zurück. War Paris der Grund oder Habib? Beides vermischte sich. Pascale und ich sperrten uns im Bad ein, tauschten mit leiser Stimme Geständnisse aus und kicherten viel. Sie spottete ein wenig: Meine Augen leuchteten so sehr, da hatte ich wohl nicht nur Notre-Dame besucht!

Und dabei war nicht einmal etwas passiert. Wirklich. Meine Freundin wollte unbedingt Einzelheiten wissen, aber ich mochte ihr nichts weiter erzählen. Als würden sich meine Erinnerungen verflüchtigen, wenn ich sie teilte. Mir war nicht ganz klar, was mir da geschah. Sicher, dieser junge Mann hatte mir den Kopf verdreht, aber ich sagte mir immer wieder, das sei nur ein einfacher Flirt, eine Liebelei ohne Folgen, die das Wochenende nicht überdauern würde. Ich hatte mich noch nie so leicht in jemanden verguckt.

In Nantes würde das Leben ohne Habib weitergehen. Das musste ich mir einreden. Ich würde es nicht machen wie Pascale und mich wegen eines kleinen Flirts quälen. Außerdem kam es gar nicht in Frage, dass ich meine Familie verließ, meine Schule. Aber warum zerbrach ich mir überhaupt den Kopf wegen eines Jungen, den ich gestern nicht einmal gekannt hatte? Außerdem war das unser letztes gemeinsames Abendessen. Am nächsten Morgen musste Habib ganz früh nach Genf aufbrechen. Erst am folgenden Tag sollte er nach Paris zurückkehren, wenn ich schon weit fort war. Ich hatte keine Ahnung, ob wir uns irgendwann wiedersehen würden.

Beim Abschied küsste Habib mich. Auf die Wangen, aber das reichte aus, um ein unerklärliches Fieber in mir aufsteigen zu lassen. Er schloss mich ganz fest in die Arme, einen Moment lang nur, als wolle er sich meinen Körper einprägen oder mir sein Zeichen aufdrücken. Wir versprachen, uns zu schreiben, zu telefonieren. Nantes war nicht so weit weg. Habib kannte meine Stadt nicht; beim nächsten Mal würde ich die Fremdenführerin spielen.

Mir kam eine Idee: Ich sagte ihm, wie sehr ich Schweizer Schokolade liebe, besonders die Toblerone-Stangen, die wie ein Berg geformt sind. Er versprach, mir eine mitzubringen, eine ganz riesige. So etwas hätte ich bestimmt noch nicht gesehen. Wir lachten beide, als hätten wir einen Witz gemacht. Verliebte sind sehr geschickt: Jetzt hatten wir einen Vorwand, uns wiederzusehen.

*

Am nächsten Tag, einem Sonntag, besuchte ich meinen Freund Alain. Auch nach unserer Trennung verstanden wir uns noch ausgezeichnet, wie mir das mit meinen früheren Freunden immer ergangen war. Ich konnte nicht anders, ich musste ihm von meiner Begegnung mit Habib erzählen. Am Beginn einer Liebesgeschichte gibt es immer einen Moment, in dem man geradezu übersprudelt. Aber Alains Fragen brachten mich in Verlegenheit. Welche Religion hatte er? Wer waren seine Freunde? Beachtete er die Traditionen seines Herkunftslands? Wie sah er die Rolle der Frau? Und noch viele andere, auf die ich nichts zu antworten wusste. Mir wurde klar, dass ich Habib gar nicht richtig kannte.

Alain riet mir, vorsichtig zu sein, auf mich aufzupassen und nicht unbedingt alles zu glauben, was dieser junge Mann mir erzählte. Er redete mit mir wie mit einem kleinen Kind, dabei war ich schon zweiundzwanzig! Ich war verärgert. Wahrscheinlich war er eifersüchtig ... Hatte er mir nicht erklärt, er liebe mich immer noch, obwohl er inzwischen verlobt war, mit einer bezaubernden Dänin?

Es gab also vielleicht eine plausible Erklärung für Alains Einstellung, aber trotzdem hatte seine Skepsis einen Schatten auf meine schöne Geschichte geworfen und hielt mich von weiteren Bekenntnissen ab. Ich hatte Recht gehabt, als ich meine Träume schützen wollte. In Windeseile verdrängte ich seine Ratschläge und traf mich mit Pascale und Mahmoud zu einem letzten Abendessen.

Wir plauderten noch miteinander, als die Tür aufflog: Habib war in einem Tag hin- und wieder zurückgefahren. Bestimmt war er erschöpft, aber er strahlte entzückt. Sein Bruder machte ihm Vorwürfe, er sei wie ein Verrückter gefahren, aber er erwiderte, er wolle mich am nächsten Tag zum Bahnhof bringen. Wie eine Trophäe schwenkte er den Toblerone-Riegel, den ich bei ihm »bestellt« hatte, als hätte er den größten Gefahren getrotzt, um ihn seiner Dame zu Füßen zu legen. Die Schokoladenstange maß einen Meter.

Im Zug, der mich nach Nantes zurückbrachte, schaffte ich es nicht, meine Aufmerksamkeit auf die Zeitschrift zu lenken, die ich automatisch auf meinen Knien aufgeschlagen hatte. Ich tat, als läse ich, doch stattdessen durchlebte ich noch einmal alle Stunden mit Habib. Ich sah sein Lächeln, sein Haar. Ich sagte mir seinen Namen vor. Die Diagnose fiel nicht schwer. Ich hatte mich verliebt.

2

Wie bei einem Film, dessen man nicht überdrüssig wird, ließ ich fünf Tage lang immer wieder unseren schönen gemeinsamen Tag vor meinem inneren Auge vorbeiziehen.

Mein Leben in Nantes hatte jedes Interesse für mich verloren. Ich betrachtete mein Jungmädchenzimmer, als gehöre es einer anderen Person. Es war zu klein; am liebsten hätte ich die Möbel umgestellt, und die Tapete kam mir trübsinnig vor. Ich sprach wenig. Die Witze meiner Brüder, die mich hämisch grinsend beobachteten, gingen mir auf die Nerven.

Ich sprach mit niemandem über meine Geschichte. Alains Reaktion hatte mir gereicht. Niemand ahnte, dass mein Herz schneller schlug, wenn ich vor dem Briefkasten stand. Während der ersten zwei Tage sagte ich mir immer wieder, dass ich nicht mit einem Brief von Habib rechnen durfte, nicht einmal mit einer kurzen Nachricht. Er war wieder in die Schweiz oder nach Belgien gefahren und hatte bestimmt keine Zeit zum Schreiben. Aber trotzdem nahm ich jeden handgeschriebenen Umschlag mit zitternden Händen aus dem Briefkasten.

Aber zum Glück kommt die Post nur einmal am Tag, zu einer bestimmten Uhrzeit. Schwerer zu ertragen ist das Telefon, vor allem, wenn man zu fünft in einer Wohnung lebt. Bei jedem Klingeln stürzte ich an den Apparat.

»Ach, du bist's, meine Liebe. Wie geht's dir?«

Ich hielt es kaum noch aus.

Vielleicht hatte er mich ja schon vergessen. Warum hörte ich nichts von ihm? Dachte er schon nicht mehr an mich?

Hatte Alain Recht gehabt? War Habib nur ein Schwätzer? Hatte ich mich wirklich so täuschen lassen? Ich war mit den Nerven am Ende; wenn mir jemand auf den Fuß getreten hätte, wäre ich schon in Tränen ausgebrochen. Kein junger Mann erschien mir mehr interessant. Sie waren alle gewöhnlich, schlecht erzogen, egoistisch. Überhaupt nicht romantisch. Wie hätte ich von ihnen träumen können?

*

Während unserer langen Spaziergänge durch Paris hatten wir in einem von Mahmouds Läden auf dem Boulevard Saint-Michel eine Pause eingelegt. Als Habib einer unentschlossenen Kundin Komplimente machte, war ich ein wenig eifersüchtig geworden. Als er meine Miene sah, hatte er gelacht.

»Eine Frau, die sich zwischen zwei Jacken nicht entscheiden kann, ist eine Frau, der man Selbstvertrauen schenken muss«, hatte er schulmeisterhaft erklärt. »Meine Aufgabe ist es, ihr die zu verkaufen, die ihr am besten steht, und sie davon zu überzeugen, dass sie darin hübsch aussieht.«

Vielleicht hatte er ja schon eine andere gefunden, der er seine Lügen auftischte. Würde er auch für sie achthundert Kilometer fahren, um ihr eine Stange Schokolade zu bringen?

Die Schule hatte noch nicht wieder angefangen, und so hatte ich alle Zeit der Welt, um von seiner dunklen Haut zu träumen, von seinen schönen, gepflegten Händen. Alles an ihm betrachtete ich aus allen Blickwinkeln. Ich dachte immer wieder über seine Zukunftspläne nach – als hätten sie bereits mit meiner eigenen Zukunft zu tun. Habib wollte nicht länger unter der Fuchtel seines Bruders leben. Auch er würde ein eigenes Geschäft eröffnen. Irgendwann. Aber er wollte keinen »winzigen, jämmerlichen« Laden. Er wollte nicht in Hässlichkeit leben. Die Gewöhnlichkeit dieser armen Leute war schwer zu ertragen. Das Leben war kurz, man musste es nutzen, im Licht leben, umgeben von schönen Gegenständen.

Im Kopf hatte er seine Boutique schon fertig. Er hatte an alles gedacht. Bei ihm würde man sich nicht auf einem Quadratmeter herumdrücken, man bräuchte keinen Karton beiseite zu schieben, um an einen Verkaufsständer heranzukommen. Sein Geschäft würde Platz haben, Helligkeit, bequeme Sitzplätze, auf denen man verweilen konnte. Eine luxuriöse Umgebung, in der die Kunden leichtsinnig wurden. Er würde nur edle Materialien verkaufen, perfekte Schnitte. Billigware fand er abstoßend.

Natürlich verfügte er noch nicht über die Mittel, um seine Träume zu verwirklichen. Aber ich war mir sicher, dass er es schaffen würde. Sagte mein Vater nicht immer wieder, dass es nur auf den Willen ankam? Auch Durchhaltevermögen und Mut gehörten dazu, aber die würden schon von selbst folgen, wie die Waggons hinter einer Lokomotive.

Ich hatte mich davon überzeugen können, dass Habib ein ausgezeichneter Verkäufer war. Wäre ich Kundin bei ihm gewesen – ich hätte ihm mit Freuden mein ganzes Gehalt überlassen. Sein Geschmack, sein Charme und sein Lächeln waren unwiderstehlich.

Am Tag träumte ich. Nachts lag ich wach und vertrieb mir die Zeit, indem ich Musik hörte. Unmöglich zu lesen, gar nicht daran zu denken, dass ich mich vielleicht auf die Schule vorbereiten könnte.

Dann kam der Freitag. Ich hatte fünf Tage lang nichts von Habib gehört, und meine Laune wurde immer ekelhafter. Noch immer hatte ich nichts erzählt, aber meine Brüder ahnten etwas. Sie spionierten mir nach. Ich konnte sie und ihre Anspielungen nicht mehr ertragen. Ich schloss mich in meinem Zimmer ein, um niemanden mehr zu sehen.

Als Habib anrief, wollten wir uns gerade zu Tisch setzen. Er war auf der Autobahn, ungefähr dreihundert Kilometer entfernt. Er wollte, dass wir uns trafen und die nächsten zwei Tage miteinander verbrachten. Ohne zu zögern, bestellte ich ihn vor den Bahnhof. Den würde er leichter finden.

Da ich meinen Eltern nichts von unserer Begegnung erzählt hatte, erfand ich eine spontane Einladung bei einer Freundin. Ich log, was sonst bei mir nie vorkam. Aber ich hatte das Gefühl, mein Geheimnis hüten zu müssen. Mir blieben weniger als drei Stunden, um alles zu organisieren. Eilig packte ich meine Tasche, aber das hinderte mich nicht daran, meine Sachen sorgfältig auszuwählen. Ich liebte Kleider und verstand mich darauf, mich gut anzuziehen, aber in Habib hatte ich meinen Meister gefunden. Ich wollte ihm gefallen. Alles Grau war aus meinem Leben gewichen. Schon unser erstes richtiges Rendezvous war ein Abenteuer. Ich konnte es kaum erwarten, dass er mich in die Arme schloss wie am letzten Abend bei seinem Bruder. Aber dieses Mal würde unsere Umarmung eine ganze Nacht dauern.

Innerhalb von Sekunden hatte ich meine Fragen, meine Zweifel vergessen. Natürlich liebte er mich! Ich war zweiundzwanzig Jahre alt und absolut sicher, den Mann fürs Leben getroffen zu haben. Wie hätte ich nicht vor Freude hüpfen können?

Rasch lief ich in mein Zimmer, damit niemand merkte, dass ich ganz verrückt vor Aufregung war.

*

Sofort erkannte ich den kleinen roten Ford Fiesta wieder, mit dem er mich zum Bahnhof gebracht hatte. Habib hielt mir die Tür auf. Ich stürzte mich in den Wagen, in seine Arme.

Ich liebte alles an ihm, sein Lächeln, seine Stimme, seinen

Akzent, sein Parfüm, den Stoff seiner Jacke, seine Arme, seine Hände. Unser erster Kuss war wunderbar. Neben ihm kam ich mir winzig vor. Er sagte, er hätte die ganze Woche an mich gedacht. Wenn er mich nicht angerufen hatte, dann weil er fürchtete, sonst könne er nicht bis Freitag warten und müsse sofort zu mir fahren.

Er nahm mein Gesicht zwischen seine Hände und fragte mich – plötzlich ganz ernst –, ob er mir gefehlt habe. So gerührt war ich, dass ich nichts darauf sagen konnte. Ich hätte nicht erschütterter sein können, wenn er mir einen Heiratsantrag gemacht hätte. Er küsste mich, wie im Kino. Ein Kuss fürs Leben. Wir waren jung, wir waren schön, frei und wir liebten uns. War das also das Glück? Ein ewiges Glück, das mindestens zwei Tage dauern würde ...

Als ich am Sonntag in unserem kleinen Hotel in der Stadtmitte erwachte, war mein erster Gedanke, dass dies unser letzter Morgen zusammen war. Das Ende der Welt. Habib musste zurück nach Paris. Als ich ihn schlafen sah, wären mir fast die Tränen gekommen. Das weiße Laken brachte seine dunkle Haut zum Strahlen. Seine Haare wellten sich. Er bewegte sich, schlug die Augen auf und lächelte mir zu. Ich schmiegte mich an ihn. Wir sprachen nicht; bestimmt dachte er das Gleiche wie ich. Diese Minuten waren die letzten vor seiner Abreise, und ich wollte sie mir ins Gedächtnis einprägen.

Wie sollten wir es nur fertig bringen, uns zu trennen? Seit zwei Tagen hatten wir uns nicht weiter als einen Meter voneinander entfernt. Zwischen uns bestand eine magnetische Anziehung. Wir mussten einander spüren, uns mit den Händen oder den Hüften berühren. Sich jetzt zu trennen wäre wie eine Amputation. Und wann würden wir uns wiedersehen?

Ich wagte nicht, diese Frage zu stellen. Weil von der Antwort mein Leben abhing. Und wenn das Ganze nur eine Illusion war, wenn er nie wiederkam, würde ich dann den Mut aufbringen, ihn zu vergessen oder allein aus der Erinnerung an eine perfekte Begegnung neue Hoffnung zu schöpfen?

Ohne ein Wort gingen wir zu seinem Wagen. Ein letztes Mal nahm er mich in die Arme. Dann flüsterte er mir ins Ohr, wenn ich wolle, könnten wir uns am nächsten Freitag wiedersehen, zur selben Zeit, am selben Ort. Der Bahnhof sollte unser ganz spezieller Treffpunkt sein. Ich war verrückt vor Freude. Also würde ich ihn wiedersehen. Ich hatte Recht gehabt, an ihn zu glauben. Nur die Aussicht auf das nächste Wochenende schenkte mir den Mut, ihn zu verlassen. Alles, was ich mir ersehnte, ging mit ihm. Aber ich war in der Lage, die fünf Tage zu zählen, zu warten, den langsamen Tod einer Woche ohne Habib zu ertragen, denn ich wusste, am Freitag würde das Leben von neuem beginnen.

*

So ließ ich mich von der Liebe in Ketten legen, wie in einem billigen Roman. Mit Höhen und Tiefen. Unmöglich, Seiten zu überblättern, aber der Leser kann einschlummern, während er darauf wartet, dass wieder etwas passiert. Ein Leben wie ein Wechsel von Licht und Schatten. Habib kam mit seinem kleinen Wagen, der mit Kleidern für die Läden seines Bruders beladen war, aus Genf nach Nantes. Und ich wartete auf ihn.

Wenn er kam, hatte er die Arme voller Geschenke, die er mir zu Füßen legte wie einer Göttin. Meist waren es Kleidungsstücke, die mir perfekt standen. Ich sah nicht mehr wie eine Lernschwester aus; er wollte eine elegante, kultivierte Frau aus mir machen.

Er besaß das Talent, Farben und Schnitte auszusuchen,

die zu mir passten. Noch nie war ich so gut gekleidet gewesen. Das einfachste T-Shirt, das er mir brachte, wirkte luxuriös. Er spielte mit mir wie mit einer Puppe, er manipulierte mich. Ich war seine Schöpfung, und mir gefiel das. Ich war glücklich, mich in ihm zu verlieren.

Wir sahen uns sehr selten, aber ich dachte so fest an ihn, dass ich das Gefühl hatte, jeden Tag mit ihm zu verleben. Als der Sommer zu Ende ging, war ich mir sicher, dass wir eine feste Beziehung führten. Schließlich hatten wir schon drei Wochenenden miteinander verbracht! Wir wohnten in unserem üblichen kleinen Hotel, unbeschwert von materiellen Belanglosigkeiten, und erlebten Augenblicke tiefer Verbundenheit, wenn wir in den Parks der Stadt spazieren gingen, Hand in Hand und in Gedanken nur miteinander beschäftigt.

Das war das wahre Leben, zusammen umhergehen, essen, eng umschlungen schlafen, einander unersättlich begehren, im Blick des anderen versinken. Sich eins fühlen, unzertrennlich sein. Nichts interessierte mich mehr außer seinen Händen auf meiner Haut und seinen Augen, die in meine schauten.

Zwei wunderbare Monate lang zogen wir es vor, unsere Liebe geheim zu halten. Dann hatte ich das Bedürfnis, Habib meinen Eltern vorzustellen. Ich wollte sie bei einer so wichtigen Sache nicht außen vor lassen. Ich liebte Habib, und ich liebte meine Eltern. Ich konnte die Bereiche meines Lebens nicht trennen; alle Menschen, die ich liebte, sollten sich verstehen und einander schätzen. Ich wollte, dass meine Eltern meine Entscheidung billigten.

*

Eines Abends luden sie ihn zum Essen ein. Ich hatte Mama geraten, kein Schweinefleisch auf den Tisch zu bringen, obwohl wir ansonsten noch nie viel von Religion gehalten hatten. Für Habib war dies das einzige religiöse Verbot, das er beachtete. Nicht, weil er Muslim sei, hatte er mir erklärt, sondern weil dieses Fleisch, das im Orient als unrein betrachtet wird, ihn anekelte, so wie die Engländer keine Froschschenkel mögen.

Habib hatte mir erzählt, er glaube an Gott, einen einzigen Gott, den der Muslime, der Christen oder Juden, und hänge keinem besonderen Kult an. Er trank Bier. Ein wenig besorgt war ich höchstens, weil ich fürchtete, meine Brüder könnten dumme Bemerkungen machen. Doch ausnahmsweise benahmen sie sich gut. Papa und Mama empfingen Habib sehr freundlich und ohne große Umstände.

Er dagegen war sehr eingeschüchtert und wusste nicht recht, was er mit ihnen reden sollte.

»Ich liebe Ihre Tochter sehr, und ich will sie heiraten«, platzte er dann mit einem Mal heraus.

Alle waren verblüfft, ich selbst am meisten. Wir hatten nie vom Heiraten gesprochen, und um die Wahrheit zu sagen, war ich an dieser Art von Formalität nicht interessiert. Ich vertrat die Ansicht, dass die Liebe sich selbst genügt und jede Art von Vertrag sie nur herabwürdigt. Vielleicht hatte Habib sich ja verpflichtet gefühlt, meinen Eltern zu beweisen, dass seine Absichten mir gegenüber lauter waren, wie im Orient. In einer merkwürdigen schweigenden Übereinkunft beschlossen wir, dieser Erklärung keine Bedeutung beizumessen. Meine Eltern sagten nichts darauf. Und ich habe ihn später nur gefragt, warum er sich genötigt gefühlt habe, diesen Schritt zu tun. Es war Sonntagabend, und ich brachte ihn noch zum Wagen. Dann ging ich wieder nach Hause.

*

So empfindlich war ich, was Habib anging, dass der leiseste Vorbehalt ihm gegenüber mich in helle Aufregung versetzte.

Meine Eltern fanden, er sei durchaus charmant, »aber« er sei in einer anderen Kultur, mit anderen Traditionen aufgewachsen. Wahrscheinlich sagten seine eigenen Eltern ihm das Gleiche. Meine allerdings spürten, wie ernst mir die Sache war, und wollten mich nicht beeinflussen. Sie rieten mir nur, gut zu überlegen, bevor ich eine Entscheidung traf. Habib und ich sollten eingehend über unsere Zukunftspläne sprechen, bevor wir ein gemeinsames Leben begannen. Auch sie redeten schon, als wollten wir heiraten ... Aber ich wollte nicht heiraten, ich wollte nur lieben und das Leben genießen. All ihre Ratschläge schienen mir aus einer anderen Zeit zu stammen.

Ich erkannte meine Eltern nicht wieder, gerade sie, die immer so weltoffen und optimistisch getan hatten. Und vor allem hatte ich keine Lust, auf sie zu hören. Wer konnte mir schon raten? Wer wusste schon, was zwischen Habib und mir vorging? Niemand konnte sich vorstellen, wie stark unsere Gefühle waren. Als meine Eltern begriffen, dass ich nicht bereit war, ihnen zuzuhören, schwiegen sie. Für sie war es ein geheiligtes Prinzip, die Wahl ihrer Kinder zu respektieren.

Als ich einige Wochen später ankündigte, dass Habib und ich uns eine Wohnung suchen wollten, weil wir keine Lust mehr hatten, ins Hotel zu gehen, machten sie mir weder einen Vorwurf noch erneuerten sie ihre Warnungen. In meinem Alter hatten sie selbst schon längst Familie gehabt.

Von nun an verbrachte Habib die Woche in Paris und besuchte mich dann von Freitag bis Sonntag. Wenn er über das Wochenende kam, sahen wir uns Apartments an, die zu vermieten waren. Wir fanden eine kleine möblierte Wohnung. Für den Anfang bezahlte er die Miete, denn ich ging ja noch zur Schwesternschule. Jedes Wochenende wartete ich dort auf ihn. Kaum hatte er die Schwelle überschritten, sanken wir einander in die Arme.

Das ganze Schuljahr hindurch führten wir diese Wochenendbeziehung. Dann bestand ich die Abschlussprüfung. Ich war Krankenschwester, ich war verliebt, und ich hatte eine Stelle im Hospital von Nantes gefunden. Ein ums andere Mal wiederholte Habib, wie stolz er auf mich sei. Das Leben war ein schöner Traum ...

Eines Freitagabends kam er erschöpfter als sonst an. Sein Verhältnis zu Mahmoud habe sich dramatisch verschlechtert, erklärte er mir. Er warf seinem älteren Bruder vor, eifersüchtig auf ihn zu sein, weil er immer mehr Erfolg gehabt habe als er. Früher hätte Mahmoud immer sein Recht des Älteren durchsetzen wollen, indem er ihm seine Freundinnen ausspannte ... Aber das war nicht das Schlimmste. Am schwersten war, sich ständig seinen Anweisungen beugen zu müssen. Er konnte nicht mehr mit ansehen, wie sein Bruder sich zum Familienoberhaupt aufschwang.

Habib hatte schon seit Wochen über dieses Thema gesprochen, aber dieses Mal war er richtig wütend. Er sagte, er ertrage die Vorstellung nicht länger, mit Mahmoud zusammenzuarbeiten. Sein Bruder hindere ihn an seiner Entwicklung. Er hatte keine Lust mehr, für ihn als Chauffeur und Lieferant zwischen Paris, Genf und Brüssel zu pendeln. Auch er hatte seinen Ehrgeiz. Auch er wollte sein eigenes Geschäft betreiben. Mahmoud war nicht der Einzige, der Erfolg im Leben haben konnte. Und außerdem war ich da. Er war es leid, so weit weg von mir zu wohnen.

Wie erstarrt lauschte ich ihm. Habib meinte, es wäre leichter, seine Träume in Nantes zu verwirklichen, wo die Mieten bestimmt niedriger waren als in Paris. Wir würden richtig zusammenleben. Er hätte nichts sagen können, das mich glücklicher gemacht hätte. Ich war außer mir vor Freude. Auch mir kamen diese einsamen Wochentage unendlich lang vor. Bald würde ich anfangen, im Krankenhaus zu arbeiten. Dann würde ich keine festen Arbeitszeiten haben, keinerlei Gewissheit, das Wochenende freizuhaben. Was würde dann aus uns werden? Sollte Habib etwa allein in unserem Apartment in Nantes sitzen, um die Nacht mit mir zu verbringen oder auch nur ein paar Stunden am Nachmittag, wenn ich Nachtwache hatte? Würden wir uns dann noch seltener sehen?

Ich vertraute auf das Leben, und erst recht auf Habib. Geld? Bei ihm erschien das immer unwichtig. Außerdem war ich in einer Familie aufgewachsen, in der man rechnen konnte. In der ersten Zeit konnten wir nur von meinem Lohn existieren. Schließlich hatten wir fast ein Jahr von seinem Geld gelebt. Es war ja nur für ein paar Monate. Er würde seinen idealen Laden schon finden! Die Leute in Nantes würden staunen; so etwas hätten sie bestimmt noch nicht gesehen ...

3

Nur ein paar Kilometer trennten unser Apartment von dem Krankenhaus, in dem ich Arbeit gefunden hatte. Aber sie zwangen mich, jeden Tag die Distanz zwischen Glück und Leid zurückzulegen. Zu Hause war ich für Habib da und Habib für mich. Unendlich lange Gespräche, die Nächte, die sich daran anschlossen ... Er hatte keinen einzigen Freund in Nantes, nur mich. Und außerdem befanden wir uns in der Phase einer Beziehung, die von der Einsamkeit lebt. Ich wandelte auf der hellen Seite des Lebens, doch wenn ich um die Straßenecke bog, betrat ich seine düstere Hälfte. Dort lagen Leid, manchmal Genesung, aber andere Male auch der Tod.

Ich hatte meine Prüfung mit ausgezeichneten Noten bestanden; die praktischen Anforderungen schreckten mich also nicht. Aber ich hatte noch nicht gelernt, mit dem Unglück umzugehen. Wie soll man einem Patienten Mut machen, der weiß, dass er sterben muss, ohne ihn dabei anzulügen? Wie schafft man es, unbefangen in sein Zimmer zu treten? Wie kann man auf die Fragen der Familienangehörigen antworten, die Schweigepflicht wahren und trotzdem Worte finden? Aber darüber konnte ich mit Habib einfach nicht sprechen. Er träumte von einem Leben im Luxus. Er hatte nicht die Billigkleider seines Bruders, die Lager bankrotter Firmen hinter sich gelassen, um im Vorzimmer des Schmerzes, der Krankheit und manchmal sogar des Todes zu stranden. Die Realitäten des Lebens interessierten ihn nicht.

Ich arbeitete in der zentral gelegenen Universitätsklinik

von Nantes auf der internistischen Station. Viele meiner Kranken litten unter Darmkrebs; ihre Prognose war schlecht. Nach einer Woche unter der Anleitung einer erfahrenen Schwester war ich auf mich allein gestellt. Den größten Teil meiner Zeit nahmen die Verbandswechsel in Anspruch. Zu Beginn störte mich das nicht, denn das war die einzige Gelegenheit, mit den Patienten zu sprechen. Die Station war chronisch unterbesetzt, und wir waren nur im Laufschritt unterwegs.

In dieser Abteilung trug ich wenig Verantwortung; in erster Linie hatte ich Verordnungen auszuführen. Aber wie jede Krankenschwester musste ich aufmerksam sein und Situationen erkennen, in denen ein Notfall vorlag und sofort ein Arzt eingreifen musste.

An manchen Abenden kehrt man dann ziemlich bedrückt nach Hause zurück. Besonders am Anfang, wenn man sich noch nicht abschotten kann. Man gewöhnt sich nie daran, einen Patienten zu verlieren, aber vor allem vergisst man seinen ersten Toten nicht. Ich weiß, der Ausdruck mag merkwürdig klingen, »seinen Toten«, aber in jedem Menschen, der stirbt, erlebt man ein wenig sein eigenes Ende oder das der Menschen, die man liebt, die man schätzt.

Ich hatte Nachtwache, als »mein« erster Todesfall geschah, eine Frau von ungefähr sechzig Jahren, die an Krebs litt. Als ich ihr Zimmer betrat, bemerkte ich, dass sie einen Atemstillstand hatte. Ich rief eine Kollegin, die wiederum den Arzt benachrichtigte, ich schob den Reanimationswagen heran, und wir begannen sie mit der Sauerstoffmaske zu beatmen. Die beiden wiesen mich noch an, intravenös Medikamente zu injizieren, die ich zum ersten Mal anwendete. Wir taten alles, was vorgeschrieben war. Wir vergaßen nichts, und trotzdem war die Krankheit stärker.

Ich hatte Krankenschwester werden wollen, um zu pflegen, zu heilen. Dieser erste Todesfall war für mich wie eine persönliche Niederlage. Ich hatte noch nicht gelernt, mich mit dem Unausweichlichen abzufinden. Die Frau hatte ich nicht gekannt, aber ich hatte am Vortag ihre Angehörigen gesprochen. Als ich sie früh am Morgen sah, wie sie mit bleichen Gesichtern zurückkehrten, versteckte ich mich, um nicht vor ihnen zu weinen. Zutiefst niedergeschlagen ging ich nach Hause. Aber ich lernte rasch, meine Erschöpfung und meine Gefühle zu verbergen. Ich durfte Habib nicht belasten.

So lebte ich in zwei Welten, die nichts miteinander zu tun hatten. Ich selbst war in beiden zu Hause. Ich liebte Habib, aber ich liebte auch das Krankenhaus und seine Regeln, die Umgebung und die Vorgesetzten. Dort hatte ich viele Mädchen wiedergetroffen, die ich während meiner Ausbildung kennen gelernt hatte, an der Schwesternschule oder der medizinischen Fakultät. Ich packte gern zu, denn für mich bestand der Sinn meines Lebens darin, mich nützlich zu machen. Und ich langweilte mich nie.

Die Tage verliefen niemals gleich, vor allem wegen der unterschiedlichen Schichten. In einem Krankenhaus tauchen am Morgen nicht die gleichen Probleme auf wie am Abend, nicht die gleichen Sorgen und Probleme.

Der schwierigste Punkt während der Nachtwachen ist die Zeit zwischen zwei und fünf Uhr morgens, wenn die Erschöpfung und Müdigkeit einem zu schaffen machen. Am Anfang erholte ich mich nur schwer davon, aber dann lernte ich, weiterzumachen und mich in den anderen Rhythmus einzufinden.

Wenn mein Dienst um sieben Uhr morgens zu Ende war, ging ich zum Schlafen nach Hause. Habib gab sich Mühe, mich nicht zu wecken, aber in einem Apartment ist das schwierig. Während ich schlief, träumte er im Halbdunkel mit offenen Augen. Er überlege, erklärte er mir, und schmiede Pläne. Ich solle mich nur erholen. Aber mir war es peinlich, ihn zu stören, und meist stand ich rasch wieder auf. Wir brauchten wirklich eine richtige Zweizimmerwohnung.

Ich konnte mir allerdings nicht vorstellen, wie wir allein von meinem Lohn – ungefähr siebentausend Francs[1] im Monat – eine finden sollten. Aber zum Glück gab es Sozialwohnungen. Habib hatte Zeit, daher beschloss er, dass er alle Formalitäten auf dem Rathaus erledigen würde. Er nahm die Dinge in die Hand wie eine richtige Arbeit, füllte Formulare aus, trug Dokumente zusammen, suchte Belege.

Als ich eines Tages aus dem Krankenhaus zurückkehrte, wo ich von sieben bis vierzehn Uhr gearbeitet hatte, fand ich eine kleine Nachricht auf dem Bett vor. Er hatte eine Dreizimmerwohnung in Beaulieu gefunden, am Ufer der Loire und nicht weit von meinen Eltern entfernt.

Das war herrlich. Jetzt konnte er auch endlich an seinen Laden denken. Denn während er all das erledigte, hatte er keine Zeit gehabt, sich damit zu beschäftigen. Nach unserem Umzug konnte er die Sache ernsthaft betreiben.

Überglücklich packten wir unsere Umzugskisten. Das war leicht, denn wir besaßen fast nichts: Kleidung, ein wenig Geschirr, ein paar Bücher und den Fernseher. Wir lebten in der Hochstimmung, Pioniere zu sein und an der Schwelle eines Lebens voller Liebe und Abenteuer zu stehen.

Nach neun Monaten in einem kleinen Apartment kam uns die Wohnung, die uns zugeteilt worden war, unglaublich groß vor. Sie lag in zweiten Stock eines neuen Gebäudes, das nichts mit den Sozialbauten aus meiner Kindheit gemeinsam hatte. Als wir sie besichtigten, fiel mir gleich

---

[1] Anm. d. Ü.: Anfang der neunziger Jahre waren 100 französische Francs etwa 28,50 DM wert.

eine ziemlich große Nische auf, und ich stellte mir sofort vor, wie Habib sich dort sein Büro einrichtete. Dort würde er sitzen und seine Buchhaltung erledigen.

Als wir in das zweite Zimmer kamen, fassten wir uns um die Taille. Nicht gleich, aber später – sollte dort unser erstes Kind schlafen.

Ich baute mir zusammen mit dem Mann meines Lebens ein Heim auf. Wir richteten uns auf lange Zeit zusammen ein. Sicher, wir hatten wenig Geld, aber das war nicht schlimm, weil Habib handwerklich so geschickt war.

Jeden Tag – oder doch fast jeden – fand ich eine Überraschung vor, wenn ich aus dem Krankenhaus nach Hause kam. Neue Vorhänge, Teppichboden, einen hübschen Gegenstand, das Abendessen auf dem Tisch. Ich war voller Bewunderung; er konnte wirklich alles.

Ich brauchte mich nicht zu zwingen, um ihn zu loben. Er hörte sich strahlend meine begeisterten Ausrufe und meine Komplimente an. Auch er hatte das Bedürfnis, sich nützlich zu fühlen. Damit er es einfacher hatte, fing ich an, ihm meine Kreditkarte zu überlassen. So brauchte er mit dem Einkaufen nicht auf mich zu warten.

Wir lebten wie Mann und Frau. Hatte er mich nicht schon seinen Eltern vorgestellt? Ich war die Erste gewesen – sagte er zumindest. Ich fand sie bezaubernd: müde alte Leutchen, die mich wie ihre eigene Tochter behandelten. Und das, obwohl Habib ihnen die Bitte abgeschlagen hatte, vor dem Imam zu heiraten.

Seine Mutter war ein einem kleinen persischen Dorf geboren und hatte sich ihre Einfachheit, ihren Aberglauben und ihren Schleier bewahrt. Sein Vater nähte immer noch Lederwesten auf der Maschine, die er aus dem Iran mitgebracht hatte. Er bekundete mir seine Zuneigung, indem er darauf bestand, dass ich bei Tisch neben ihm saß.

Die kleine Wohnung der Familie in Saint-Leu-la-Forêt,

einem Vorort von Paris, hatte nur zwei Zimmer. Das eine war dem Vater vorbehalten, in dem anderen lebten die Mutter und die zwei Töchter. Aber wenn wir dort übernachteten, bestanden sie darauf, uns das Zimmer zu überlassen. Dann schliefen die Frauen im Esszimmer und überließen uns ihr Bett, das sie frisch bezogen hatten.

Sobald unsere Wohnung eingerichtet war, warf Habib sich in seinen guten Anzug und kümmerte sich um die Vorbereitungen zur Eröffnung seines Ladens. Ich machte mir nicht die geringsten Sorgen. Bei ihm ging alles immer so schnell. Bestimmt würde er bald Einweihung feiern können.

Wir schrieben Januar 1990. Habib hatte den Beginn des Jahres gewählt, um mit seiner »Schatzsuche«, wie er sagte, anzufangen. Er traf sich vermehrt mit potenziellen Kreditgebern und ließ sich erklären, wie ein Antrag auf ein Darlehen aufzusetzen war. Doch alle Geldinstitute in Nantes antworteten ihm, er müsse zuerst ein Geschäft finden und eine Aufstellung über die voraussichtlichen Kosten einreichen. Die Bankangestellten warnten ihn, denn Habib wollte sich in der Stadtmitte niederlassen, wo sehr wenige Geschäftsräume frei und die Mieten hoch waren.

Er ließ sich von diesen Hindernissen nicht entmutigen. Weiterhin trug er eine entschlossene Miene zur Schau. »Wer nicht wagt, der nicht gewinnt«, sagte er mir oft in seinem leichten Akzent mit dem kaum merklich gerollten »r«. Ich gab ihm Recht. Er begann, Räumlichkeiten zu besichtigen, die zu vermieten waren. Dutzende, unermüdlich. Doch nichts entsprach seinen Vorstellungen. Er wollte das Bild, das er schon so lange im Kopf hatte, in die Wirklichkeit umsetzen, aber die Räume waren immer zu klein, zu dunkel, zu weit von den Hauptverkehrsstraßen entfernt und vor allem zu teuer ...

Nachdem er mehrere Wochen recherchiert hatte, stellte

er schließlich einen ersten Kostenvoranschlag auf. Für den Start brauchte er eine Million Francs für die Abstandszahlung an den Vormieter, die ersten Mieten, den Kauf des Warenbestands, die Verkaufsständer, die Schaufensterpuppen und die Einstellung von zwei Verkäuferinnen.

»Warum denn zwei Verkäuferinnen?«, wollte ich von ihm wissen.

Ich fand, dass er für den Anfang durchaus ohne Personal auskommen konnte, doch diese Vorstellung wischte er vom Tisch. Wenn die Banken einem schon Geld liehen, dann kam es ihnen nicht auf ein paar hunderttausend Francs an. Im Gegenteil, je höher die Summe, umso ernster würde man ihn nehmen. Wenn er von zwei Arbeitsplätzen sprach, so würde das zeigen, dass er sich seines Erfolgs sicher war. Er wusste schließlich besser Bescheid als ich, die ich noch nie irgendwelche Geschäfte gemacht hatte!

Abgesehen von den Banken war Habib auch bei Kreditgesellschaften und der Handelsbörse vorstellig geworden. Dutzende von Gesprächen, bei denen er immer wieder die gleiche Ablehnung hörte. Die Kreditgeber wollten Sicherheiten sehen, und wir hatten keinen Sou und auch keinen Besitz, auf den wir eine Hypothek hätten aufnehmen können. Niemand lieh einem Millionen bloß auf ein ehrliches Gesicht hin. Dazu war Kapital notwendig, Erfahrung oder wenigstens ein Bürge. Aber Habibs Bruder hatte ihn nie bei den Sozialbehörden gemeldet. Daher war er offiziell nie berufstätig gewesen. Das war zweifellos einer der Gründe, welche die Banken zu ihrer Ablehnung bewogen.

Habib war wütend. Dass man seine Träume durchkreuzte, erbitterte ihn zutiefst. Ich versuchte ihm zu raten, doch Mahmoud um Unterstützung zu bitten. Doch bei dieser Aussicht geriet er völlig außer sich. Mahmoud hatte sich allein durchgeschlagen, und er wollte ihm zeigen, dass er es noch besser konnte, und ihn nicht um Hilfe anflehen! Er hatte Paris verlassen, um seiner Herrschaft zu entrinnen, und würde jetzt nicht den kleinen Bruder spielen ...

Er verfiel in dumpfes Brüten. Ich begann zu begreifen, dass er in meiner Abwesenheit nichts mehr tat. Er wartete auf mich. Meine Freunde, meine Eltern versuchten mich zu beschwichtigen. Es war ja klar, dass er enttäuscht war, aber er würde sich damit abfinden und eine normale Arbeit suchen. Jeder steuerte seinen Rat bei. Habib könnte ja einen Laden auf Franchise-Basis eröffnen, das hörte man jetzt immer häufiger: Das Marken-Unternehmen stellte dem Existenzgründer einen Teil des Kapitals zur Verfügung. Damit würde es ihm leichter fallen, die Banken zu überzeugen.

Er sah uns an, als wären wir die letzten Ignoranten. Unfähig. Habib wollte alles oder nichts. Er weigerte sich, ein einfacher Händler zu sein oder, noch schlimmer, ein kleiner Angestellter. Er hatte andere Ambitionen. Er würde Erfolg in der Luxuskonfektion haben, davon ließ er sich nicht abbringen. Wer nicht wagt, der nicht gewinnt, sagte er immer wieder. Sollten doch andere ihr armseliges kleines Leben führen. Gern hätte ich ihm Recht gegeben, aber ich sah die Zukunft ziemlich düster. Ich begann mir Sorgen zu machen.

Wenn ich ihm riet, sich für den Übergang eine Stelle als Verkäufer zu suchen, nur so lange, bis er sich einen Lebenslauf aufgebaut hätte, dann sah er mich feindselig an. Dabei wirkte er allerdings so unglücklich, dass ich es nicht übers Herz brachte, ihn aufzurütteln. Ganz im Gegenteil, wie meinen Kranken versicherte ich ihm, er müsse zuversichtlich bleiben, dürfe nicht den Mut verlieren. Dann nahm er mich in die Arme. Immer wieder sagte er, das Einzige, was zähle, sei unsere Liebe. Und er hatte ja Recht. Wir liebten uns. Daran bestand kein Zweifel. Wenn wir zusammen unterwegs waren, hielten wir uns immer an der Hand. Ich glaubte an ihn. Er würde einen Weg finden. Dank seiner Beharrlichkeit und Willenskraft, genau wie er unsere Wohnung gefunden hatte.

Und dann, eines Tages, schien der Druck von Habib gewichen zu sein, und er hatte sein Lächeln wiederentdeckt, seinen Optimismus. Ich war mir sicher, dass er die Lösung gefunden hatte. Auch wenn er mir noch nichts verraten wollte.

»Ich werde dir davon erzählen«, sagte er, »sobald alles so weit ist.«

Ich war neugierig. Was verbarg er wohl vor mir? Er hatte mir versprochen, dass ich alles an meinem nächsten freien Wochenende erfahren würde. Wir sollten Zeit haben, um darüber zu reden.

Am ersten Abend kochte er uns ein richtiges Liebesmahl, mit allen persischen Gerichten, die ich so gern mochte. Er hatte den Tisch hübsch gedeckt und Kerzen angezündet. Wir würden einen romantischen Abend verbringen. Er erklärte mir, bald hätten wir etwas zu feiern. Habib nahm mich lange in die Arme. Er flüsterte, er liebe mich und ich sei die Frau seines Lebens. Er habe nur einen einzigen Wunsch, nämlich mich glücklich zu machen, mir alles zu bieten, wovon ich träumte. Er zog mich aufs Sofa. Wir schmiegten uns aneinander. Er wollte mir von der Sache erzählen, die ihm seit Tagen im Kopf herumging. Ich sollte einig mit ihm sein, weil wir für das ganze Leben verbunden waren und er nichts ohne mich unternehmen würde. Kurz und gut, Habib wollte nach Amerika auswandern.

Ich war wie vom Donner gerührt. Sicher, ich hatte ihm gegenüber immer beteuert, dass ich gern reisen würde, aber auswandern – auf diese Idee wäre ich nie gekommen. Schließlich hatte ich mein Leben in Nantes, meine Eltern, meine Freunde, einen Beruf.

»In Amerika«, wiederholte er immer wieder wie einen

Werbeslogan, »fördert man das freie Unternehmertum. Hier misstraut man Menschen, die ihr Glück machen wollen. Aber dort erkennt man ihren Wert an!«

Er hatte bereits Kontakt mit Freunden aufgenommen, die in Los Angeles lebten und uns bei sich wohnen lassen wollten. Wir würden nicht ins Blaue hinein aufbrechen. Wo war denn meine Lust auf Veränderung geblieben? Träumte ich nicht mehr von Kalifornien?

Habib hatte damit gerechnet, dass ich begeistert sein würde, wie damals, als er Gardinen an den Fenstern aufhängte. Aber dieses Thema verlangte eingehendere Überlegungen. Meine vernünftige Seite gewann die Oberhand. Er war enttäuscht.

Den ganzen Abend über bestürmte ich ihn mit Fragen. Ihm zuzuhören, wie er unser neues Leben beschrieb, war allein schon eine Reise. Habib hatte eine Idee. Die Luxusboutique, die man ihm in Nantes vorenthielt, würde er in Los Angeles eröffnen, wo alles, was aus Frankreich kam, Gold wert war.

Eine lange Woche hindurch vermochte ich ihm keine Antwort zu geben, obwohl sein fragender Blick mich ständig verfolgte. Aber ich wollte die Entscheidung nicht auf die leichte Schulter nehmen. Um ihm nach Amerika zu folgen, würde ich auf vieles verzichten müssen. Aber wenn ich mein Leben mit dem seinen verglich – mit achtzehn hatte er sein Land verlassen und war zu Fuß durch den Schnee geflohen, und er hatte nicht gezögert, aus Paris wegzugehen, um zu mir in eine Provinzstadt zu ziehen, in der er niemanden kannte –, dann kam ich mir ziemlich zaghaft vor, zu ängstlich, eine »Kleinbürgerin«, die sich viel zu sehr vor dem Risiko fürchtete.

Nach Kalifornien musste man in unserem Alter gehen. Amerika ist ein junges Land, für junge Leute. Später, wenn die Zeit für Kinder kam, würde es zu spät sein, ins Unbekannte aufzubrechen. Ich war mir meiner Liebe zu Habib sicher; da sollte ich eigentlich auch bereit sein, ihm ans Ende der Welt zu folgen. Warum hatte ich denn vorher schon zwei Heiratsanträge von netten, ordentlichen jungen Männern abgelehnt? Genau deswegen, weil ich fürchtete, mich mit ihnen zu langweilen, in einem eintönigen Leben, das von Anfang bis Ende durchorganisiert war.

Ich konnte Habib nichts abschlagen. Was bedeuteten schon meine Station, die Verbände, die Kranken mit ihren Sorgen, Ängsten und Launen, ja sogar die Pausen in der Cafeteria mit meinen Kolleginnen, gegenüber dem, was er mir bot? Hollywood! Ich versuchte zu vergessen, dass dieses ganze Leid, das ich linderte, meinem Leben auch einen Sinn verlieh, dass ich meine ganze Kraft daraus schöpfte, anderen nützlich zu sein. Dass die tröstlichen Worte, die ich einem Kranken spendete, meine Tage erhellten.

Doch da war Habib, und es gab lauter gute Gründe, mit ihm zu gehen. Man hat schließlich nur ein Leben, ist nur einmal jung. Im Krankenhaus hatte ich schon zu viele Menschen gesehen, die nie wieder hoffen konnten, glücklich zu werden. Da durfte ich mir diese Chance nicht entgehen lassen. Man musste die Gegenwart genießen, ohne an die Zukunft zu denken. Oder besser gesagt, man musste sich klarmachen, dass das Leben einem irgendwann vielleicht alles wieder wegnahm, was es einem geschenkt hatte. Habib hatte gewonnen: Ich erklärte mich einverstanden, nach Amerika zu gehen.

4

Das Kino muss erfunden worden sein, um den Pazifik zu filmen. Los Angeles in November: fünfundzwanzig Grad, blauer Himmel. In Nantes regnete es seit einem Monat ununterbrochen. Hier zog auf der Strandpromenade eine Menschenmenge aus gebräunten, muskulösen Leibern auf Inlineskates vorüber – Blondinen, die aussahen, als wären sie von einer Titelseite gesprungen, junge Männer, die unvermeidlicherweise mit einem Walkman ausgerüstet waren und ins Leere blickten, und alle glitten sie dahin, beschrieben Arabesken, sprangen von einem Bürgersteig zum anderen. Das Gehen als Fortbewegungsart schien den Einwohnern eines anderen Planeten vorbehalten, auf dem wir uns befanden, Habib und ich. Die Wegweiser trugen Namen wie aus Fernsehserien: Long Beach, Palm Beach, Santa Barbara, Santa Monica, Beverly Hills. Habib zweifelte nicht daran, dass er bald seine Rolle in diesem Film spielen würde, auch wenn er im Moment noch Zuschauer war.

Nicht einmal, dass seine Freunde uns vergessen hatten, konnte uns die Laune verderben. Bei unserer Ankunft hatten wir sie, wie abgemacht, vom Flughafen aus angerufen. Aber niemand nahm ab. Monica, die Freundin von Habib, bei der wir wohnen sollten, war schwanger, und wir vermuteten, dass das Baby zu früh gekommen war. Wir machten uns auf die Suche nach einem preiswerten Hotel, was in Los Angeles allein schon eine Herausforderung darstellt, und fanden eine Jugendherberge in Santa Monica, am Strand.

Wir verfügten über eine kleine Barschaft – meine Ersparnisse aus meiner Mädchenzeit und Habibs Geld –, so dass wir die Ereignisse auf uns zukommen lassen konnten. Die Atmosphäre war nicht dazu angetan, sich zu sorgen. Wir waren jung und begeistert, und Amerika war wie für uns geschaffen. Als Monica nach zehn Tagen unter großem Geschrei endlich wieder auftauchte, erzählte sie uns, sie sei eben mit ihrem Baby in ein neues Haus in San Diego gezogen, mehr als zwei Autostunden entfernt. Habib hatte noch die alte Telefonnummer gehabt. Wir sollten ihr bitte nicht böse sein. So sind die Amerikaner: Herzlich, gastfreundlich – und oberflächlich. Aber Monica hatte ihre Meinung nicht geändert und hielt ihre Einladung an uns aufrecht.

Wir nahmen ihren Wagen und fuhren die Westküste hinunter, am Ozean entlang, immer weiter gen Süden, in Richtung mexikanische Grenze. Vor ihrer Heirat war Monica jedes Jahr durch Europa gereist. In Paris hatte sie ein kleines Abenteuer mit Habib gehabt. Wohlweislich hatte er ihr nicht verraten, dass er Iraner war, sondern sich als »Marco« aus Italien vorgestellt. Ich war damit einverstanden gewesen, dieses Täuschungsmanöver fortzusetzen, das mir fast wie ein Spiel vorkam.

Zuversichtlich brachen wir auf, und Habib übernahm wieder die Führung. Er sprach besser Englisch als ich, denn er redete ohne Komplexe einfach los, während ich am liebsten jeden Satz zuerst auf seine grammatikalische Richtigkeit überprüft hätte. Ich war verblüfft; das war seine vierte Sprache nach dem Persischen, dem Türkischen und dem Französischen. Bis jetzt war er neben mir immer der Fremde gewesen. In Nantes hatte er sich in mein Universum begeben, in mein Revier, in dem ich jeden Winkel kannte. Doch dieses Mal waren die Rollen umgekehrt verteilt. Wir waren in die Ferne gezogen, und ich kam mir verloren vor. Aber Habib fühlte sich überall zu Hause.

Monica und ihr Mann Bryan besaßen alles, wovon man

nur träumen konnte: eine große Villa mit Pool, Sportwagen, einen perfekt gepflegten Rasen, Kreditkarten, tragbare Computer. Sie war Anwältin, und er leitete eine Mietwagenfirma. Die beiden empfingen uns mit offenen Armen und brachten uns in ihrem Gästezimmer unter. Das Haus mit seinen vielen Badezimmern war so groß, dass uns das nicht peinlich war.

Für die beiden waren wir »die Freunde aus Frankreich«, ein sichtbares Zeichen ihrer Kultiviertheit. Sie stellten uns all ihren Bekannten vor. Habib hatte sich nicht geirrt: Unser europäischer Pass garantierte uns in diesem wohlhabenden Milieu einen Ruf von Eleganz und Raffinement, was ich ein wenig übertrieben fand. Aber warum sollten wir unsere Gastgeber enttäuschen? Wir hielten die Stellung, und ich hatte rasch eine Möglichkeit gefunden, mich nützlich zu machen.

Monica kam mit ihrem Baby nicht zurecht. Sie war nach nur zwei Tagen im Krankenhaus nach Hause gegangen und hatte noch keine mütterlichen Gefühle entwickeln können. Das Kind habe sie Bryan zuliebe bekommen, hatte sie mir erklärt. Aber sie konnte es kaum abwarten, ihre Idealfigur und ihre geistige Freiheit wiederzugewinnen. Sie hatte nur zwei Wochen, um sich zu erholen, und musste dann schon wieder zur Arbeit gehen.

Ich schlug ihr vor, mich ein paar Tage um das Kind zu kümmern. Sie war begeistert. Der kleine Colin war süß, aber wenn sie aus dem Büro kam, schloss sie sich eine Stunde lang im Bad ein, ohne ihm auch nur einen Blick zu gönnen. Um ihm abends die Flasche zu geben, legte sie ihn in sicherer Entfernung auf das Sofa, während wir beide plauderten. Einmal gingen wir alle zusammen spazieren. »Nimm du den Kinderwagen«, meinte sie plötzlich zu mir. »Mit dem Baby schauen die jungen Männer mich nicht mehr an ...«

Die Amerikanerinnen erstaunten mich.

Habib schien ganz gerührt zu sein, wenn er mich mit dem Kind in den Armen sah. Auch mir gingen Fragen durch den Kopf. Ein Kind – wäre es nicht Zeit dafür? Wir lebten jetzt schon über ein Jahr zusammen und hatten unsere Freiheit genießen können. Ein Kind war für mich der einzige Vertrag, der ein Paar wirklich bindet. Ich liebte Habib so, und ich schaute zu, wie er sich behutsam und liebevoll um das Kind kümmerte. Ich wusste, dass er ein guter Vater sein würde, und ich wollte, dass er der Vater meiner Kinder würde.

Das Leben war leicht. Diese Reise in die Sonne, die zärtlichen Tage und die süßen Nächte löschten die Verstimmungen der letzten Monate aus, die Gedanken an eine Zukunft, die mir so düster erschienen war wie der Winterhimmel über dem Atlantik. Wo es ihm gut ging, fühlte Habib sich zu Hause. In orientalischen Häusern können sich alle möglichen Leute einnisten, ohne dass jemand Anstoß daran nimmt. So war Habib von seinen äußerst gastfreundlichen Eltern erzogen worden.

Ich als Französin hatte andere positive und negative Eigenschaften, zum Beispiel meinen Individualismus, meine Achtung vor dem Eigentum anderer oder meine Vorstellung von der Kleinfamilie. Um mich als Babysitterin in San Diego wiederzufinden, hatte ich mein Krankenhaus in Nantes nicht verlassen. Wir hatten uns in ein allzu weiches Nest gesetzt und liefen Gefahr, es uns zu bequem zu machen. Wenn wir Arbeit suchen wollten, eine richtige Arbeit, mussten wir zurück nach Los Angeles.

Da wir nur ein Touristenvisum für drei Monate hatten, mussten wir uns dringend darüber informieren, wie man ein Geschäft gründet. Unsere Freunde gaben uns einige Telefonnummern von darauf spezialisierten Anwälten, und vor allem stellten sie uns ihre Villa in Woodland Hills zur

Verfügung, einem sehr schönen Viertel in der Nähe von Hollywood.

Auf dem Weg zum Anwalt mussten wir das Zentrum durchqueren, Los Angeles Downtown. Plötzlich befanden wir uns nicht mehr im selben Universum. Die Passagiere in den Limousinen fuhren an den Obdachlosen, die auf den Bürgersteigen neben ihren Siebensachen zusammengesunken waren, vorbei, ohne sie zu sehen. Sie sperrten nur per Zentralverriegelung die Wagentüren ab. In Los Angeles konnte man sein Glück machen, aber man konnte auch verhungern. Aber ich war die Einzige, die diese Seite der Medaille wahrnahm. Habib interessierte sich nicht für die Gestrandeten des »American Way of Life«.

*

Wir hatten unseren Termin im fünfundzwanzigsten Stock eines Gebäudes im Stadtzentrum. Eine lange Rede brauchten wir nicht vorzubereiten, wir hatten eine ganz einfache Frage: Wie bekam man die Greencard, mit der allein man auf amerikanischem Boden arbeiten durfte?

Der Anwalt fragte uns nach unserem Beruf. Ich erklärte, ich sei Krankenschwester und habe bereits Berufserfahrung. Er lächelte mir zu. Ich fiel in eine berufliche Kategorie, die die Amerikaner interessierte. Ich musste nur meine Ausbildung vervollständigen, vielleicht zwei Jahre, und konnte dann einen Abschluss erwerben, der gleichwertig mit meinem Diplom war. Danach könnte ich sicher sein, eine Arbeitserlaubnis zu bekommen. In den USA fehlte es an medizinischen Fachkräften.

Als Habib an die Reihe kam, klang alles plötzlich ganz anders. Seine Lage gestaltete sich schwieriger. Sicher, er hatte die französische Staatsbürgerschaft angenommen, aber damit hatte er noch längst keinen Beruf. Er behauptete, Verkäufer zu sein, aber er hatte nichts, um das zu beweisen.

Abgesehen von seinem Abitur besaß er keinen Abschluss. Er fiel also unter die große Kategorie der unqualifizierten Arbeitskräfte, und von denen gab es in Amerika schon zu viele. Der Staat würde ihm die Greencard verweigern.

Dann zog Habib seine Trumpfkarte, seine geniale Idee: das Geschäft mit französischer Kleidung, eine Luxusboutique, die den Zeitgeist spiegelte. Die Gewissheit, ein Vermögen zu machen. Der Anwalt schüttelte den Kopf. Er war keineswegs beeindruckt.

Um ein Geschäft zu gründen, musste man in der Lage sein, das Doppelte der investierten Summe auf einem Sperrkonto bei einer amerikanischen Bank zu hinterlegen. Die Vereinigten Staaten hatten keine Lust, bei einem Konkurs auf den Schulden sitzen zu bleiben. An einen Kredit war nicht zu denken. Aber ohne Arbeitserlaubnis konnte Habib ohnehin nichts ausrichten. Und in diesem Punkt war die amerikanische Justiz unerbittlich. Sie konnte von einem Tag auf den anderen die Schließung eines Geschäfts anordnen; im besten Fall wurde der Besitzer ausgewiesen, im schlimmsten zu einer Gefängnisstrafe verurteilt, bevor er in sein Land zurückgeschickt wurde und man ihm verbot, je wieder amerikanischen Boden zu betreten. Anders als Habib geglaubt hatte, waren die amerikanischen Gesetze noch strenger als die französischen. Das Land des freien Unternehmertums hatte gelernt, Goldgräbern zu misstrauen.

*

Das Gespräch war beendet. Wir zahlten unsere hundert Dollar, bedankten uns und gingen. Ich war angeschlagen, aber Habib war k.o. Er torkelte aus dem Ring, und ich fragte mich, ob wir den weiten Weg völlig umsonst gemacht hatten.

Eine Zeit lang gingen wir schweigend nebeneinander her, jeder in seine eigenen Gedanken versunken.

»Immer dasselbe«, murmelte er dann vor sich hin. »Man wird mir nie eine Chance geben!«

In seinen Worten lag eine derartige Verzweiflung, dass ich ihn zwang, stehen zu bleiben. Ich nahm ihn in die Arme und küsste ihn. Ich liebte ihn doch. War das nicht die Hauptsache? Hatte er mir das nicht hundertmal gesagt? Meine Beteuerungen trösteten ihn nicht. Zum ersten Mal zuckte er sogar vor mir zurück. Er ertrug meine angebliche Überlegenheit nicht länger – ungerecht fand er das. Mir gab man eine Chance, ihm nicht. Und alles, weil er Iraner war und ich Französin. Die Leute im Westen gaben sich großzügig, aber tatsächlich wussten sie ihren Vorteil zu wahren.

Und trotzdem – ich liebte ihn so sehr, dass es mir lieber gewesen wäre, man hätte mir meine Zukunft verweigert, wenn ihm das weitergeholfen hätte; wenn man ihm erlaubt hätte, seine Ambitionen zu verwirklichen. Ich brauchte eine solche Bestätigung weniger als er, ich hätte mich immer anpassen können, hätte eine Möglichkeit gefunden, mich nützlich zu machen. Ich hatte keine großen Bedürfnisse. Im Grunde gab ich überhaupt nichts auf Luxus, Swimmingpools und sogar Kleider. Ich hatte eine Heimat, Freunde, eine Familie.

Lange blieben wir so stehen, eng umschlungen, mitten auf dem Bürgersteig, unbeweglich, gleichgültig gegenüber dem Verkehr oder den Menschen, denen wir im Weg waren. Ich versuchte ihn zu wiegen wie den kleinen Colin, wenn er grundlos weinte, ihn zu beruhigen. Ich dachte an mein Gespräch mit der Oberschwester; vor meiner Abreise hatte sie mir versichert, dass im Krankenhaus von Nantes immer ein Platz für mich wäre.

Außerdem hatte ich unsere Wohnung behalten und meinen Eltern eine Vollmacht über mein Konto gegeben, damit sie die Miete weiter zahlten. Ich hatte an alles gedacht. Hatte ich nicht zu viel geplant? Wollte ich wirklich zusammen mit Habib die Anker lichten? Hatte ich jemals wirklich an seinen Traum geglaubt? Wir hatten das Bedürfnis, uns in ein Café zu setzen und zu diskutieren.

Unser Visum war noch nicht abgelaufen. Monica und Bryan hatten uns versichert, sie wären entzückt, uns bei sich wohnen zu lassen, in San Diego wie in Los Angeles. Wir hatten ein paar Anlaufpunkte. Wir waren nicht verloren. Und vielleicht existierten ja Möglichkeiten, die ein Anwalt sich nicht vorstellen konnte. Was wusste er schon davon, wie die Einwanderer in den Vereinigten Staaten lebten? Diese studierten Leute glauben immer, dass man sich an die Regeln halten muss. Sie sind Papa und Mama niemals ungehorsam gewesen ... Nicht alle Menschen, die sich in den USA niederließen, waren Milliardäre, sonst wären sie ja zu Hause geblieben. Das war ein Argument. Man sollte die Iraner auf dem Ventura Boulevard fragen, wie sie zurechtkamen ...

Habib schöpfte wieder Hoffnung. Er war ganz meiner Meinung, als ich ihm erklärte, ich wolle meinen Aufenthalt nutzen, um mein Englisch zu verbessern. Endlich hatte ich etwas gefunden, mit dem ich meinen langen Aufenthalt rechtfertigen konnte. Ich ertrug die Vorstellung nicht, meine Zeit zu vergeuden. Wir meldeten uns bei einem Abendkurs für Ausländer an der Universität von Los Angeles an.

Wir hatten unsere Eltern angerufen, um ihnen mitzuteilen, dass alles gut lief. Dabei machten wir viel Aufhebens darum, dass wir dünne T-Shirts trugen, während sie sich in dicke Pullover packen mussten. War das nicht Beweis genug dafür, dass das Leben herrlich war? Inzwischen kannten wir den Trick, mit dessen Hilfe wir länger bleiben konnten als die drei Monate, die unser Visum uns erlaubte. Monica hatte uns erklärt, wenn jemand in den Vereinigten Staaten die Papiere verlange, reiche es aus, einen amerikanischen Führerschein vorzulegen. Ein Ausländer, der ein Auto fuhr, konnte kein kompletter Versager sein. In Frankreich brauchten solche Formalitäten ihre Zeit, aber hier dauerte es nur ein paar Tage, bis wir unseren Führerschein hatten ...

Zum ersten Mal würde ich Weihnachten nicht zu Hause sein, aber dafür würde ich das Fest unter Palmen verbringen, in den Armen des Mannes, den ich liebte. Wir hatten einen VW Käfer für sechshundert Dollar gefunden. Ich wollte unbedingt ein orangefarbenes Auto haben. In dem eleganten Viertel, in dem wir wohnten, wurde es zur Attraktion. Die beiden Franzosen, die ihre Blechkiste orange lackierten, das amüsierte die Nachbarschaft.

Im Abendkurs war die Sache anders. Dort saßen Chinesen, Mexikaner, Puertoricaner, Einwanderer ganz verschiedener Einkommensschichten und Herkunft, aber alle waren von einem ungeheuren Ehrgeiz getrieben. Habib und ich landeten nicht in der gleichen Gruppe. Wir hatten Tests abgelegt, und zu meinem Erstaunen war ich zwei Stufen über ihm eingeteilt worden. Ich verstand das nicht. Amerika gab mir entschieden den Vorzug. Es hatte Unrecht.

Habib hatte sein Lächeln wiedergefunden. Er hatte offenkundig beschlossen, die Augen gegenüber allem, was ihn störte, zu verschließen, in den Tag hinein zu leben, ohne auch nur eine Rechtfertigung dafür zu suchen. Er sprach jetzt weniger von seiner Luxusboutique. Wie geplant zogen wir im iranischen Viertel von Los Angeles Erkundigungen ein. Wir gingen immer noch zum Abendessen hin. Üblicherweise unterstützten Habibs Landsleute sich gegenseitig, und ich dachte, sie könnten vielleicht etwas für ihn tun. Er ging in jeden Laden, um auf Persisch nach Arbeit zu fragen, aber anscheinend gab es nichts.

Die ungewisse Zukunft zwang uns, die Gegenwart zu nutzen. Mehr und mehr hatten wir das Gefühl, in Ferien zu sein. Aber ich konnte meine rationale Seite nicht lange in den Hintergrund schieben. Wenn wir nicht rasch eine Möglichkeit fanden, unseren Lebensunterhalt zu verdienen, mussten wir heimfahren. Monicas Baby war die einzige Lösung.

Also kehrten wir nach San Diego zurück. Drei Monate lang kümmerte ich mich um dieses Kind, und ich spielte meine Rolle aufrichtig. Aber andererseits fragte ich mich, wessen Babysitter ich eigentlich war, der von Colin oder der des dreißigjährigen Habib. Als der Frühling begann, hatten wir fast kein Geld mehr, und unser Visum war seit zwei Monaten abgelaufen. Am liebsten wäre mir gewesen, die Entscheidung wäre von ihm gekommen. Aber er lebte in einer anderen Welt, er hatte bereits die Flucht angetreten.

Damals hatten wir unseren ersten Streit. Habib wollte nicht zurück. Aber ich weigerte mich, den Vogel Strauß zu spielen und den Kopf in den Sand dieser unendlich langen Strände zu stecken. Ich hatte mir fünf Monate Ferien gegönnt, mehr, als ich je erwartet hatte. Der Winter war wunderbar gewesen, aber jetzt war der Frühling schon weit fortgeschritten. Es war Zeit, sich bei unseren Freunden für alles zu bedanken und nach Hause zu fahren.

Ich versuchte, ihn seelisch aufzurichten, aber ich wusste genau, dass es für mich einfacher war als für ihn. Mich würde man wie eine Königin empfangen, aber was würde seine Familie sagen? Er hatte verkündet, er werde eine Boutique in Los Angeles eröffnen, und jetzt kehrte er als mein Anhängsel zurück ... Er wäre der erste junge Mann aus seiner Familie, der scheiterte. Sein Bruder hatte nichts besessen, als er nach Paris gekommen war, und heute leitete er mehrere Geschäfte. Habib war stolz und hätte alles getan, um diese Wahrheit vor den anderen wie vor sich selbst zu verbergen. Um nicht als der »Versager« der Familie dazustehen, wäre er glatt in der Lage gewesen, sich ein Leben in

Amerika zu erfinden, sich in eine Illusion zu verrennen, die ihn teuer zu stehen gekommen wäre. Mir kam dieser Stolz absurd vor. Man konnte doch sein Leben nicht auf einer Lüge aufbauen! In Frankreich würde ich ihm helfen, seinen Weg zu finden, selbst wenn wir dazu nach Paris ziehen müssten.

Dank ihm hatte ich ein wunderbares Abenteuer erlebt, hatte ein Fünkchen Verrücktheit gekostet. Ohne Habib hätte ich nie mein ruhiges Provinzstädtchen verlassen. Und es stimmte, auch mich faszinierten seine Träume; er hatte mich gelehrt, mich in Gefahr zu begeben, Risiken einzugehen, keine Angst zu haben.

Noch im Flugzeug, das uns nach Frankreich zurückbrachte, versuchte ich ihn aufzurichten, aber er war wie zu Eis erstarrt. Ich fragte mich, was ihm wohl wieder Mut schenken könnte.

5

Die Oberschwester der Universitätsklinik von Nantes hatte etwas für mich, wenn ich wollte, gleich morgen ... Ich ging wieder ins Krankenhaus, als ob nie etwas gewesen wäre. Weniger als eine Woche hatte ich gebraucht, um wieder eine feste Arbeit zu finden. Der einzige Unterschied zu früher war, dass ich in einer anderen Etage tätig sein würde. Von nun an arbeitete ich auf der Station für Schwerstverbrannte.

In einem Krankenhaus gibt es mehrere Abteilungen, die den Krankenschwestern höchstes Engagement abverlangen, insbesondere die Intensivstation, wo die Notfallpatienten eingeliefert werden, und die Station für Brandverletzungen. Jetzt begriff ich, warum man die Hölle lange als Glutofen dargestellt hat, in den die Sünder gestoßen wurden. Der Unterschied war nur, dass meine Verdammten niemandem etwas Böses getan hatten, höchstens sich selbst. Dass ich dazu beitragen konnte, Schmerzen zu lindern, war immer mein Trost gewesen. Aber gegen das Leid, das ich auf meiner neuen Station vorfand, konnte ich praktisch nichts tun. Ich war vollkommen machtlos gegen das Böse. Und außerdem fühlte ich mich feige.

Kein Körper, der nicht Folterqualen litt, kein Gesicht, das nicht verunstaltet war, keine Haut, die nicht in Fetzen herabhing. Überall Menschen, die wie bei lebendigem Leib gehäutet wirkten, auf ihren Wasserbetten, Spezialmatratzen, die dazu da waren, ihnen so wenig Schmerzen wie möglich zu bereiten, und dann dieser durchdringende Geruch nach verbranntem Fleisch, der nicht aus den Zimmern wich und der mich überallhin verfolgte, wie einen Metzger, der den Blutgestank nicht abwaschen kann.

Santa Monica war Tausende von Kilometern entfernt. Die Erinnerung an die jungen Leute, die ich dort getroffen hatte, ihre Schönheit im Sonnenschein, kam mir vor wie das Bild des Paradieses. Man hätte meinen können, dass ich in einer Art ausgleichender Gerechtigkeit für diese fünf Monate des Glücks und der Sorglosigkeit an den Stränden des reichsten Landes der Welt, für fünf Monate glücklicher Selbstsucht bezahlen musste.

Der Mythos der ewigen Jugend lag hinter mir, und ich stürzte in den Abgrund der Verzweiflung, des Schmerzes, des Unerträglichen. Unfälle im Haushalt, Grillpartys unter Freunden, die mit einer Tragödie enden, ein Alkoholiker, der das Bewusstsein verliert und auf einem Heizkörper einschläft, Verkehrsunfälle, Selbstmordversuche. Die meisten meiner Kranken waren junge Leute. Sie litten entsetzlich; manche nahmen uns übel, dass wir sie am Leben erhalten wollten. Ihre Überlebenschancen waren minimal, und wenn sie durchkamen, wie konnte man ihnen verhehlen, was darauf folgen würde? Das Elend der Hauttransplantationen, die vielleicht funktionieren, ja – aber Narben hinterlassen, die einen für immer verunstalten.

Der tägliche Verbandswechsel bei einem Patienten hielt zwei Krankenschwestern zwei Stunden lang beschäftigt. Der Umstand, dass die Haut – die äußere Barriere gegen Mikrobenangriffe – nicht mehr da war, zwang uns, mit sterilen Schleusen zu arbeiten, in besonderen Anzügen, in denen man erstickte und die unsere Bewegungen verlangsamten. Dort war der Gestank nach verbranntem Fleisch so schlimm wie nirgends.

Zu Anfang glaubte ich, dass ich mich schon daran gewöhnen würde, dass nach dem ersten Schock das Entsetzen keine Macht mehr über mich hätte. So schnell, wie der Tod hier zuschlug, würde er mir bestimmt gleichgültig werden. Aber ich brachte es nicht fertig, mich zu verhärten, der Schutzpanzer wollte einfach nicht wachsen. Wenn man jemanden mit einer langen Krankheit pflegt, ist der Tod ebenfalls anwesend, aber er schleicht sich langsam an. Man bereitet sich auf den »Abschied« des Kranken vor. Sein Zustand verschlechtert sich Tag für Tag. Auch die Angehörigen finden sich mit der Vorstellung des Sterbens ab. Der Tod nimmt eine menschliche Gestalt an. Manchmal wartet man sogar regelrecht auf ihn, und er kommt als Erlösung. Doch bei schweren Verbrennungen tritt der Tod immer gewalttätig auf. Ich glaube, um sich daran zu gewöhnen, müsste man seine Menschlichkeit verlieren. Jeder Arbeitstag war eine Prüfung.

Ich hätte dringend zu Hause darüber sprechen müssen. Ich hätte jemanden gebraucht, der mir half, diese Last zu tragen, mit den übermäßig starken Emotionen fertig zu werden, die mich überwältigten. Meine Verbrennungsopfer verzehrten mich von innen heraus, ich erstickte daran, meiner Wut, meiner Trauer, der Ohnmacht, die ich mitunter empfand, keinen Ausdruck verleihen zu können. Aber Habib weigerte sich, mir zuzuhören. Ich wusste ja, dass er kein Blut sehen konnte, und früher hatte ich das sogar rührend gefunden. Die Schwäche hinter seinen Macho-Allüren rührte mich. Was für eine dumme Idiotin ich doch war. Es war einfach, die Flucht zu ergreifen, eine zu große Sensibilität vorzuschieben. Hatte ich denn kein Recht auf meine zarten Gefühle? Was sollte ich denn tun, meine Kranken zu Asche zerfallen lassen und einen Kaffee trinken gehen? War das für ihn das Leben? Die schmutzige Arbeit für die anderen, und für ihn rosafarbene Träume.

Es fehlte nur noch, dass er mir erklärte, ich hätte Glück, Arbeit zu haben und dürfe mich nicht beklagen. Ich war immerhin befördert worden und verdiente jetzt fast zehntausend Francs im Monat! Meine Tätigkeit war ein Broterwerb wie jeder andere. Ob man Autos verkaufte oder sich um Verletzte und Sterbende kümmerte, das war alles das Gleiche.

In dem täglichen Drama, in dem ich mich schlug, kam es mir beinahe komisch vor, dass mein Gefährte eifersüchtig war, weil ich einen Platz in der Gesellschaft hatte und er nicht. Wenn ich die Albtraumbilder meines fest in der Realität verankerten Lebens vergessen wollte, konnte ich nur auf mich selbst bauen; musste allein von meiner Kraft zehren, um die Stimmungen Habibs auszuhalten, dieses sanften Utopisten.

Denn dass ich zu Hause auf keinerlei Unterstützung rechnen konnte, war nicht das Einzige. Wenn ich heimkam, fand ich einen zutiefst deprimierten Mann vor. Er hatte seine Koffer immer noch nicht ausgepackt, als könne er sich nicht mit der Vorstellung anfreunden, dass die Reise zu Ende war. Am liebsten wäre er nie aus Amerika zurückgekehrt ...

Zweifellos brauchte er mich mehr denn je, aber ich konnte nicht die Energie aufbringen, ihm zuzuhören. Wir isolierten uns voneinander und verfielen in Schweigen. Automatisch nahm ich meine Tasche, um ins Krankenhaus zu gehen und in eine Welt des Leidens einzutreten, das ich so gern gelindert hätte, aber an dem ich mich oft nur aufrieb. Habib verließ das Haus nicht mehr; sein einziger Kontakt zur Außenwelt war ein Computer, bei dessen Anblick mir schon übel wurde. Wir lebten auf verschiedenen Ebenen. Sogar unsere Zeitpläne waren nicht mehr vereinbar.

Nach neun Monaten war ich nur noch ein Schatten meiner selbst. Habib und ich redeten kaum noch miteinander.

»Was sollen wir heute zu Abend essen? Hast du schon eingekauft?«

Das war das Einzige, das wir noch miteinander sprachen. Jeder behielt seine Gedanken für sich. Wie er seinen Tag verbrachte, wollte ich lieber nicht wissen. Manchmal verlebten wir noch einen angenehmen Abend miteinander, aber der Preis dafür war eine strenge Zensur. Jeden Moment musste ich aufpassen, auf keinen Fall meine Kranken anzusprechen oder seine Zukunft. Abgesehen davon lief alles gut. Ich fragte mich, ob alle Paare eine solche Phase durchmachten, ob ich mich auch daran gewöhnen musste. Trotzdem zwang ich mich, die Hoffnung nicht aufzugeben. Ich vermochte keine Rettung im Glauben an Gott zu suchen; kein ewiges Leben konnte mir Trost schenken. Damit musste ich ganz allein fertig werden. Aber in manchen Momenten war es ebenso schwierig, die Hoffnung zu bewahren, wie die Wüste zu bewässern.

*

An einem Tag wie jedem anderen – das heißt, an einem scheußlichen – wurde ein Verletzter von gerade einmal zwanzig Jahren auf meiner Station eingeliefert. Er hatte versucht, sich umzubringen, indem er sich mit Benzin übergossen und in Brand gesetzt hatte. Gewappnet mit meiner üblichen Mischung aus Zaghaftigkeit und Mut betrat ich sein Zimmer. Aber vor seinem Bett blieb ich stehen. Den Bruchteil einer Sekunde lang fragte ich mich, warum man ihm rote Betttücher gegeben hatte.

Achtzig Prozent seiner Haut waren verbrannt; eigentlich besaß er keine mehr. Er schwitzte praktisch am ganzen Körper Blut aus, und dabei hatte er schon dreißig Beutel übertragen bekommen – aber es nützte nichts; er hatte keine Haut mehr. Es war, als schütte man Flüssigkeit durch ein Sieb.

Die beiden Schwestern, die bei mir waren, ignorierten mein Zögern. Wenn jemand zaudert, geht man am besten darüber hinweg, ohne eine Bemerkung zu machen. Wir fingen also an, so sanft wie möglich seine durchgebluteten Verbände zu entfernen. Er stand unter Vollnarkose, denn nur auf diese Weise spürte er die Flammen nicht, die ihn immer noch verzehrten.

Dafür fühlte ich eine erstickende Hitze und hatte zunehmend Schwierigkeiten, mich zu bewegen. Die Pinzetten schienen Tonnen zu wiegen. Wegen des Geruchs versuchte ich so flach wie möglich zu atmen. Ich konzentrierte mich auf meine Aufgabe, ohne auf meine Gefühle zu achten, und vollführte die Bewegungen ganz automatisch. Vor allem durfte ich nicht denken, nicht beginnen, in Zweifel abzurutschen. Was machte ich da eigentlich? Wozu sollte das gut sein?

Nach einer Stunde war ich am Ende. Ich hörte noch, wie eine Krankenschwester etwas rief, und dann war nichts mehr. Im Ruheraum wachte ich dann auf; man hatte meine Füße erhöht gelagert und mir eine Sauerstoffmaske auf die Nase gesetzt. Ich hatte nicht einmal den Mut, über das Komische der Situation nachzudenken: Da hatte man den Bock zum Gärtner gemacht, und die Krankenschwester war auf der Krankenstation gelandet.

Eine Kollegin maß meinen Blutdruck.

»Nicht besonders hoch«, grummelte sie.

Eine andere ging mir eine heiße Schokolade und Kekse aus der Cafeteria holen. Niemand war geneigt, mich allzu sehr zu bedauern. Man musste standhalten. Alle, die auf dieser Abteilung mit mir zusammen arbeiteten, mussten dasselbe Entsetzen ertragen. Wenn man anfing, sich gehen zu lassen, war Schluss. Bestimmt wirkt deswegen das medizinische Personal manchmal so hart. Das wusste ich ja auch alles. Die Arbeit, die ich nicht hatte tun können, würde eine andere beenden. Ich schämte mich, weil ich im Dienst ohnmächtig geworden war wie eine Anfängerin.

Gierig trank ich meine Schokolade. Jemand fragte mich, ob ich in der Lage sei, allein nach Hause zu gehen. Ich dachte, die frische Luft werde mir gut tun; aber vor allem wollte ich aus der Klinik heraus.

So kam ich zu einer ungewohnten Uhrzeit nach Hause. Immer noch versuchte ich die Bilder zu vergessen, die mich verfolgten. Habib saß auf dem Sofa und sah fern. Er wirkte erstaunt, mich zu sehen. Nach dem Frühstück hatte er einfach alles stehen und liegen lassen.

Ohne ein Wort zog ich meinen Mantel aus, sammelte das schmutzige Geschirr ein und wischte die Krümel weg. Ich schwankte zwischen Tränen und Wut; am liebsten hätte ich ihn geschüttelt, damit er begriff. Ich wusch seinen Teller und sein Besteck ab und veranstaltete dabei so viel Lärm wie möglich, als könne der Krach an Stelle von Worten sprechen. Ich wollte, dass er sich schuldig fühlte, dass er endlich aufwachte. Ich wollte, dass auch er für diesen zwanzigjährigen Jungen büßte, der sterben würde.

Ohne dass ich ihn hörte, war er in die Küche getreten. Er legte mir die Hände auf die Schultern und fragte mich ganz sanft, was los sei. Da ich nicht antwortete, trocknete er mir die Hände mit einem Geschirrtuch ab und zog mich ins Wohnzimmer. Er drückte mich aufs Sofa, kniete sich vor mich hin und fragte noch einmal, was ich habe. Und da sagte ich ihm alles.

Ich konnte gar nicht mehr aufhören zu sprechen. Alles sprudelte aus mir heraus: die schrecklichen neun Monate, die hinter uns lagen, das Krankenhaus, unsere mangelnde Kommunikation. Ich hatte den Eindruck, dass er den ganzen Tag lang nichts tat, und wenn ich nach Hause kam, konnte ich den Haushalt machen und obendrein noch einkaufen. Mir reichte es. Und außerdem trieb mich diese Apathie zum Wahnsinn, in die er seit unserer Rückkehr aus den

USA verfallen war. Wann würde er sich endlich entschließen, Arbeit zu suchen? Von uns beiden strengte nur ich mich an, ich allein kämpfte. Und der Krieg war zu hart.

Irgendwann verstummte ich. Er umarmte mich, drückte mich an sich und begann mich zu wiegen wie ein Kind. Aber er hatte mir nichts entgegenzuhalten.

Einen Monat später wurde ich auf die Intensivstation versetzt. Unterdessen war Habib überglücklich. Nein, Arbeit hatte er nicht gefunden. Er hatte im Lotto gewonnen. Ein Scheck über einhunderttausend Francs gab ihm das Vertrauen an seinen guten Stern zurück. Er schwenkte ihn vor meinen Eltern, als hätte er seine Würde wiederhergestellt. Er konnte ja nicht ahnen, dass für sie im Gegenteil das Spiel ein Laster war, von dem man sich lieber fern halten sollte. Angesichts der großen Summe beharrten sie jedoch nicht auf ihren Prinzipien. Sie dachten wohl, dass ich dadurch ein wenig Erleichterung finden würde. Habib stürzte in ein Einkaufszentrum und kaufte eine Anrichte und einen Küchentisch. Den Rest legte er auf der Bank an. Ich fand das ganz normal. Träume kosteten auch Geld. Ich gab mich damit zufrieden, für die täglichen Ausgaben aufzukommen. So ging das fast zwei Jahre ...

6

Im Juli 1994 erfuhr ich, dass ich schwanger war. Mein Körper hatte einen Weg gefunden, die alles überwuchernden Gedanken an den Tod zurückzuweisen. Einen Monat zuvor, im Juni, hatten Habib und ich beschlossen, dass ich aufhören würde, die Pille zu nehmen. Aber ich hatte fünf Monate gebraucht, um ihn dazu zu überreden. Er hatte es nicht eilig, er wollte noch warten. Nicht, dass er sich je besorgt darüber geäußert hätte, keine Arbeit zu haben, aber er fragte sich, ob wir nicht noch Lust aufs Reisen bekommen würden. Dabei hatte er unseren Freunden schon immer erzählt, er wünsche sich vier oder fünf Kinder. Mir war im Moment allerdings eines genug. Ich war jetzt sechsundzwanzig, meine Mutter war fünf Jahre jünger gewesen, als ich zur Welt kam. Die ersten Schwangerschaftssymptome hätte man noch auf die Müdigkeit schieben können, aber als ich meine Ergebnisse im Kliniklabor abholte, gab es keinen Zweifel mehr. Während ich las, zitterten meine Hände, so freute ich mich.

Ich musste der Versuchung widerstehen, gleich meine Freundinnen und meine Familie einzuweihen, denn ich wollte, dass Habib es als Erster erfuhr. Selig lächelnd saß ich am Steuer meines Wagens. Ich hatte die Testergebnisse in der Hand behalten und wurde es nicht müde, sie immer wieder anzuschauen, als wären sie eine Geburtsanzeige. »Madame und Monsieur Eghbal freuen sich sehr, Ihnen die Geburt von ...« Die Medizin versicherte mir, dass ich ein noch unsichtbares Leben in mir trug. Ich überlegte, wie ich es Habib sagen sollte, aber als er mich wie eine Verrückte hereinstürmen sah, euphorisch, mit Tränen in den Augen, begriff er sofort. Er wirbelte mich herum und stieß Freudenschreie aus. Der Überschwang des Lebens trug all unsere schlimmen Erinnerungen davon.

Von Anfang an schenkte die Schwangerschaft mir Frieden. Ich ging in einer anderen Stimmung ins Krankenhaus. Auf der Intensivstation war es normal, dass wir mehrere Stunden am Bett ein und desselben Kranken verbrachten. Jede von uns hatte nur vier Betten zu betreuen, die eine ständige Überwachung erforderten. Auf der zentralen Anzeigetafel unseres Krankensaales schrillte ständig der Alarm. Mehr als irgendwo sonst hing hier das Leben am seidenen Faden. Aber die Gegenwart eines Kindes in mir schenkte mir eine nie gekannte Kraft und Gelassenheit, die ich brauchte, um den Blicken der Patienten standzuhalten, die von der Maschinerie am Leben erhalten wurden.

Worte wurden selten gewechselt, da die Kranken zu schwach oder durch die Apparate nicht in der Lage waren zu sprechen. Aber man musste die Angehörigen unterstützen, Neuigkeiten berichten, einfache Worte finden, um äußerst komplizierte Dinge zu erklären, behutsam auf Fragen antworten, entdramatisieren. Aber niemals lügen; sinnlos, Geschichten zu erzählen, törichte Versprechungen zu machen. Auf Lügen lässt sich nichts aufbauen, weder im Leben noch im Tod.

Kann jemand verstehen, dass ich mit einem Lächeln zur Arbeit ging? Die Intensivmedizin ist, wie ich schon erklärte, neben den Brandverletzungen die Abteilung, die von der Krankenschwester den höchsten Einsatz erfordert. Man nennt sie auch die »aktive Truppe« der Klinik. Ich musste mit neuartigen Medikamenten umgehen und war von einer richtigen Armee von Robotern umgeben, den Monitoren, die alles überwachten. Und wir waren zu vielen. Zu acht am Morgen und zu sechst am Nachmittag, nur das Pflegepersonal gerechnet. Dazu kamen noch fünf Ärzte, fünf Ärzte im Praktikum und acht Schwesternhelferinnen. Auf der Intensivstation waren wir ein eingespieltes Team, in dem jeder seine Aufgabe kannte. Ich liebte diese Atmosphäre.

Als ich im vierten Monat schwanger war, erfuhr ich, dass ich ein kleines Mädchen erwartete. Habib war außer sich vor Freude. Genau das hatte er sich gewünscht; vielleicht wollte er keinen Rivalen zu Hause haben. Ganz im Gegensatz zu seinem Bruder Mahmoud, der schon eine Tochter von meiner Freundin Pascale hatte und von einem Sohn träumte. Meine Schwangerschaft verlief traumhaft, wenn auch die Vorsichtsmaßnahmen, mit denen Habib mich umgab, mich irgendwann fast in den Irrsinn trieben. Ich war kaum zwei Monate schwanger, als ich schon kein Paket mehr tragen durfte. Mit seiner Kamera, die er immer bei sich trug, verfolgte Habib meine Fortschritte genau. Er war wütend, als die Ärztin, die den Ultraschall durchführte, ihm verbot, den Bildschirm zu filmen, auf dem unser Kind zum ersten Mal zu sehen war. Ich überredete sie, seine Launen zu ertragen; sie war die beste im ganzen Krankenhaus. Habib tröstete sich damit, dass er die Ultraschallaufnahme unseres Babys ins Album klebte.

Habib war nicht länger untätig. Er tapezierte das Kinderzimmer, nähte neue Vorhänge, besuchte alle Spezialgeschäfte, um sich über die Materie zu informieren, und verglich Gebrauchsanleitungen. Keine meiner Freundinnen hatte etwas Ähnliches erlebt. Ihre Ehemänner fürchteten sich oft vor dem, was auf sie zukam, und überließen ihnen die Probleme, während sie sich damit zufrieden gaben, in der Außenwelt den Lebensunterhalt zu verdienen. Bei uns waren die Rollen vertauscht. Von neuem ging Habib ganz in seiner Aufgabe als Hausmann auf. Ich fand mich damit ab;

ich liebte meine Arbeit und war von allen anderen Verpflichtungen befreit. Habib hatte seinen Enthusiasmus zurückgewonnen; aber natürlich konnte er jetzt keine Arbeit suchen. Er wollte mir ganz zur Verfügung stehen und vor allem den großen Tag nicht verpassen.

Eifriger denn je stürzte er sich ins Lottospiel. Die hunderttausend Francs, die er vor einigen Monaten gewonnen hatte, hatten ihn süchtig gemacht. Er betrachtete sie als eine Art erster Anzahlung. Er würde das Geld für das Haus mit Garten, in dem unser Kind spielen sollte, schon auftreiben.

Beide schrieben wir Namenslisten und verglichen dann unsere Auswahl. Wir stellten uns einen Vornamen mit ausländischem Beiklang vor, aber Habib wollte absolut keinen persischen Namen. Wir einigten uns schließlich auf Vera; das klang so schön russisch. Meine Eltern waren die Ersten, die sich empörten: »*verrat*«, so nenne man einen Zuchteber, erklärten sie uns. Da waren wir ja knapp an einer Katastrophe vorbeigeschrammt ... Wir hatten noch einen Monat, um uns zu entscheiden, und verfielen auf Sara. Sara Vera Atefeh sollte unsere Tochter heißen. Ich hatte darauf bestanden, dass sie auch den Namen ihrer Tante tragen sollte, Habibs Schwester, die im Iran ihr Kind verloren hatte, während ihr Mann gefoltert wurde, und nie ein anderes würde bekommen können. Außerdem hatte ich Habib mitgeteilt, wenn er die gleichen Rechte haben wolle wie ich, müsse er unser Kind offiziell anerkennen. Er kannte unsere Gesetze nicht, aber ich wollte, dass ihm alle Rechte und Pflichten eines Vaters zustanden.

Endlich kam der März. Aufbruch zur Entbindungsstation. Meine Tasche war schon lange gepackt, die Kamera ebenfalls. Habib hatte an alles gedacht, er würde sie auf ein Stativ montieren, so dass sie ganz allein drehte. Schneiden würde er den Film später. Ich erinnerte ihn daran, dass er kein

Blut sehen konnte, dass er Gefahr lief, in Panik zu geraten. Aber plötzlich fühlte er sich sehr stark.

Während ich auf die Periduralanästhesie wartete, hielt er meine Hand und munterte mich auf. Schmerzen und Glück konnten sehr gut nebeneinander existieren. Habib war der Erste von uns, der zugleich mit der Hebamme meine kleine Sara erblickte.

Bei ihrem ersten Schrei begriff ich, was es mit dem Leben auf sich hat, dieser Macht, der nichts Einhalt gebieten kann, diesem unkontrollierbaren Sturm. Für mich als Krankenschwester war das eine ebenso große Offenbarung wie für jede andere Frau. Was bedeuteten unsere Medikamente, unsere Instrumente, unsere Hochleistungsmaschinen neben diesem heiligen Hauch, der mich durchfuhr, so wie es vor mir meiner Mutter geschehen war und zweifellos eines Tages meiner Tochter ergehen würde? Mit Saras erstem Schrei begriff ich die Schönheit des Lebens, diese grausame, ungerechte, herrische Schönheit. Schluss mit Sorglosigkeit und Egoismus; mir war die Verantwortung für ein kleines Wesen übertragen worden, das ich bis ins Erwachsenenalter leiten musste, es dabei unterstützen, seine Schwingen zu entfalten. Kinder sind niemandes Eigentum. Sie sind eine Leihgabe an ihre Eltern, damit sie für sie sorgen, und dann gehen sie fort. Ich würde die Liebe, die ich empfangen hatte, zurückgeben. Voll und ganz. Ich war nicht mehr dieselbe. In eine Decke gewickelt, mit meinem Baby auf dem Bauch, wurde ich Mutter.

An diesem Tag war das Gerät defekt, in dem man die Neugeborenen, die noch an die Körpertemperatur ihrer Mutter gewöhnt sind, wärmt. Die Hebamme bat Habib, Sara in den Armen zu halten, solange ich versorgt wurde. In diesem Moment, in dem man auch ihm das Kind auf den Bauch legte, wurde er Vater, und vielleicht mehr als das ...

*

Ich stillte Sara drei Monate lang. Habib gönnte sich dennoch keine Ruhe. Wenn das Baby weinte, stand er auf, um es zu holen. Er liebte es, uns beiden in der Stille der Nacht zuzuschauen. Unser Leben drehte sich um das Kind. Kein Gedanke daran, auszugehen und es einem Babysitter zu überlassen. Habib hatte beschlossen, sich um seine Tochter zu kümmern, wenn ich wieder arbeiten ging. Er behauptete, wegen meiner sich ständig ändernden Schichtpläne würden wir nie eine Kinderfrau finden. Bei ihrem Vater hätte die Kleine wenigstens eine stabile und sichere Umgebung.

Auf gewisse Weise hatte er nicht Unrecht, auch wenn ich mir etwas anderes hätte vorstellen können, nämlich in Teilzeit zu arbeiten, drei Tage pro Woche, sobald Habib eine Stelle gefunden hatte.

Ich nahm meine Arbeit wieder auf, obwohl ich traurig war, Sara nicht selbst aufziehen zu können. In der Klinik war alles beim Alten; die Eile, in der alles erledigt werden musste, die Solidarität unter den Kollegen.

Zu Hause durfte man nicht das geringste Geräusch verursachen, um Sara nicht zu wecken. Habib hatte überall Teppiche verteilt und sogar im Bad Teppichboden verlegt, was ich unhygienisch fand, vor allem, seit Sara da war.

»Ach, hier ist doch kein Krankenhaus«, gab er zurück.

Und ich hatte mich an diese wie mit Watte gepolsterte Umgebung gewöhnt. Schließlich arbeitete ich in der Klinik in einem Höllenradau, immer mit dem Brummen von Motoren im Hintergrund und unter Neonlicht, das niemals verlosch. Wie gern wäre ich öfter bei meiner Tochter gewesen! Ich träumte davon, ganze Nachmittage mit ihr zu verbringen. Ihre Haut, ihr Duft, ihre neugierigen Augen fehlten mir. Meine ganze Verwandtschaft bemühte sich, eine Arbeit für Habib zu finden. Immer wenn jemand von einer Stelle als Verkäufer hörte, gab er oder sie mir die

Adresse und Telefonnummer des Geschäftes und den Namen des Verantwortlichen.

Voller Hoffnung beeilte ich mich, sie an Habib weiterzugeben. Aber jedes Mal war die Stelle schon besetzt, oder der Posten sagte ihm nicht zu. Eines Tages kamen mir Zweifel, und ich rief an, um festzustellen, ob Habib sich vorgestellt hatte. Doch man hatte nie von ihm gehört, und die Stelle war immer noch frei ...

Ich nutzte die Zeit, in der Sara Mittagsschlaf hielt, um ihm meine Entdeckung mitzuteilen und ihm ein Ultimatum zu stellen: Er musste ehrlich Arbeit suchen und durfte mich vor allem nicht mehr anlügen. Für mich war das ein unerträglicher Verrat. Ohne eine Vertrauensbasis konnte ich mir ein Zusammenleben zu zweit nicht vorstellen. Dann würde ich schon lieber allein leben, als bei ihm auf dieses Prinzip zu verzichten. Ich gab mir Mühe, ruhig zu sprechen und die Stimme nicht zu erheben, damit unser Kind nicht aufwachte. Habib wirkte zutiefst niedergeschlagen. Er hatte davon geträumt, seine Boutique in Nantes zu eröffnen, er hatte an Amerika geglaubt. Und er erlebte eine Enttäuschung nach der anderen. Aber war er nicht zumindest teilweise selbst daran schuld?

Schon oft hatte ich Zweifel an ihm gehegt, doch zum ersten Mal fasste ich sie jetzt deutlich in Worte. Ich versuchte ihn zu der Einsicht zu bewegen, dass es Zeit für ihn war, ein normales Leben zu führen. Für Sara, für uns. Er antwortete mir, niemand liebe uns beide so wie er. Mit einem Mann, der arbeitete, wäre ich nicht glücklicher; zwischen uns lief doch alles so gut ...

Dieses Mal ließ ich mich nicht emotional erpressen. Jetzt ging es nicht mehr nur um mich. Für mich selbst hätte ich niemals Ansprüche gestellt, aber mit meiner Tochter war das etwas anderes. Für sie wollte ich alles, vor allem, dass sie glücklich wurde. Sie hatte ein Recht darauf, von allem das Beste zu bekommen. Wie sollten wir das allein mit meinem Gehalt bewerkstelligen? Und was sollte sie von ihrem Vater halten, wenn sie alt genug war, um zu verstehen? Als Berufsanfänger mit vierzig hätte er bestimmt nicht mehr Möglichkeiten als heute.

Habib brach zusammen. Er fing an zu weinen wie ein Kind. Ich wollte ihn nicht in die Arme nehmen, um ihm neue Zuversicht zu schenken, wie ich das so oft getan hatte. Diese Falle kannte ich. Ich war die Mutter eines kleinen Mädchens, nicht die seine.

Sobald er sich beruhigt hatte, stand er auf, nahm seine Jacke und ging fort. Er sagte nur knapp, er müsse frische Luft schnappen. Als er nach zwei Stunden noch nicht zurück war, machte ich mir Sorgen. Ich ließ Sara bei einer Nachbarin und fuhr mit dem Auto los, um ihn zu suchen. Habib war der Vater meiner Tochter; auch ihretwegen fürchtete ich um ihn.

Es zog mich zum Loireufer, weil ich seit jeher der Loire meinen Kummer, meine Qualen anvertraute. Lange fuhr ich dahin, bis ich am Ufer seine Gestalt entdeckte. Vollkommen reglos sah er auf den Fluss. Es wurde schon dunkel. Ich hielt bei ihm an und rief leise nach ihm. Er drehte sich kaum um. Ich fragte ihn, ob es ihm gut gehe, ob ich ihn nach Hause fahren solle. Er antwortete mir, er werde bald heimkommen, aber er müsse noch etwas gehen.

Da ahnte ich noch nicht, dass ein Tag kommen würde, an dem auch ich zehn, zwanzig Kilometer an den Ufern der Loire entlanglaufen würde ... Die einzige Medizin, die mir Ruhe schenken konnte.

Habib kam kurz nach mir nach Hause, gerade als ich Sara ins Bett brachte. Er sah noch schlimmer aus als beim Verlassen der Wohnung. Ohne ein Wort ging er ins Wohnzimmer und ließ sich aufs Sofa fallen. Ich konnte kaum verstehen, was er in abgehackten Worten hervorstieß.

Wie im Wahn schwor er, dass er mich liebe, dass ich sein ganzes Leben sei. Unsere Liebe sei das Einzige, das er nicht verpatzt habe. Ohne mich sei seine ganze Existenz ein Fehlschlag. Wenn ich ihn verlasse und Sara mitnehme, bleibe ihm gar nichts mehr.

Bis zu diesem Tag hatte ich ihn noch nie in Tränen gesehen, nicht einmal, wenn er über den Tod seines Bruders Aref sprach. Ein Mann weint nicht, sagte er. Es tat mir weh, ihn so zu sehen. Flehend streckte er mir die Arme entgegen. Ich hatte nicht den Mut, ihm zu widerstehen, sondern stürzte mich hinein. Wir weinten zusammen. Ich liebte ihn ja auch. Er war der Vater meines Kindes, und ich wollte nicht, dass wir uns trennten. Ich beruhigte ihn, so gut ich konnte, und sagte ihm immer wieder, er sei der Mann meines Lebens. Er dürfe sich nicht verlassen fühlen, ich sei ja bei ihm. Ich würde ihm helfen, sich durchzuschlagen. Ich wollte doch nur, der er ein wenig guten Willen bewies.

7

Ich begann zu lügen, genau wie er. Wenn meine Freunde oder meine Familie eine Bemerkung über Habibs Untätigkeit wagten, warf ich ihnen die gleichen Argumente an den Kopf, die er mir entgegenhielt. Ich konnte es nicht mehr hören, dass der, der arbeiten will, auch Arbeit findet. Manchmal geriet ich richtig in Zorn. Es war nicht Habibs Schuld, dass er keine Arbeit hatte, wenn man es in Frankreich vorzog, Menschen durch Maschinen zu ersetzen und kleine Läden durch Warenhäuser ...

In Wahrheit wusste ich, dass Habib aus der Kartei des Arbeitsamts gestrichen worden war, weil er sich nicht einmal mehr die Mühe machte, die obligatorischen Fragebögen auszufüllen – drei Kästchen, die auf einer Aktualisierungskarte anzukreuzen waren. Nie hatte er die Stellenangebote gelesen, sich niemals mit einem Berater getroffen, der ihm eine Orientierung hätte geben können. Seit unserer Aussprache hatte ich nicht einmal mehr gewagt, ihm deswegen Vorwürfe zu machen. Ich versuchte ihn weiterhin zu verteidigen, aber ich begann zu fürchten, dass bald ein Punkt erreicht wäre, von dem es kein Zurück gab.

Immer wieder sagte ich mir, dass allein Saras Glück zähle. Sie sollte nicht mit einer zerstörten Beziehung aufwachsen. Selbst fühlte ich mich meinem Vater so stark verbunden, dass ich meiner Tochter nicht diese erste Liebesgeschichte vorenthalten wollte, die sie für ihr ganzes Leben prägen würde. An diesen Gedanken klammerte ich mich, je unausweichlicher die Frage wurde: Warum blieb ich bei einem Mann, der mich nicht ernst nahm, der mir auf der

Tasche lag, mich unglücklich machte und dem ich vor allen Dingen nicht mehr vertraute?

Denn das Allerschlimmste war, dass ich ihm nicht glauben konnte. Wenn er mir erzählte, was er den Tag über getan hatte, dann dachte ich, dass er mich anlog. Tief in meinem Inneren, denn ihm gegenüber tat ich, als glaubte ich ihm. Hätte ich sein Wort in Zweifel gezogen, wären die Konsequenzen für mich unausweichlich gewesen. Und da war noch Sara ...

Im Gegensatz zu Habib kann ich nicht mit Widersprüchen leben. Er war in der Lage, von Reichtümern zu träumen, und konnte sich gleichzeitig weigern, den einfachsten Anruf zu tätigen, um Arbeit zu suchen. Aber ich vermochte nicht, an ihm zu zweifeln und ihm gleichzeitig meine Tochter anzuvertrauen. Ich musste mir seiner sicher sein, um abends an ihn geschmiegt einschlafen zu können. Also versteifte ich mich darauf, ihm zu vertrauen; und das so sehr, dass ich keinen Widerspruch wagte, als er vorschlug, meine Ersparnisse in seinen Bausparvertrag einzuzahlen, weil der höhere Zinsen einbrächte als meiner. Geld war für mich immer nur ein Mittel zum Zweck gewesen und nie das Ziel. Meine Eltern hatten mich gelehrt, dass nicht das Geld dem Leben seinen Sinn verlieh. Seit jeher hatten sie gegen diejenigen gekämpft, die daraus den Dreh- und Angelpunkt der Gesellschaft machten. Liebe, gegenseitige Unterstützung und Solidarität waren für sie viel wichtigere Werte. Die politische Realität hatte sie gezwungen, den kommunistischen Idealen ihrer Jugend abzuschwören, aber sie hatten sich ihre unverbesserliche Güte bewahrt.

Jede Feministin hätte sich angesichts meines Verhaltens die Haare gerauft, denn jede Feministin weiß, mit welchen Kämpfen die Frauen ihre Unabhängigkeit errungen haben. Aber die Frauenrechtlerinnen gehörten in ein anderes Zeitalter und zu einer anderen Generation. Ich hatte immer erlebt, wie meine Eltern einander als Gleichgestellte behandelten: Papa kochte und kümmerte sich um uns, ich war in gemischte Schulen gegangen, und ich hätte Medizin studieren können, wenn ich die Sache ernster genommen hätte. Meine Freiheit schien mir eine ausgemachte Sache zu sein, und ich machte keinen Fetisch aus meiner finanziellen Unabhängigkeit.

Ich hatte keine Ahnung davon, dass in fast allen muslimischen Ländern die Frauen keinerlei Rechte genießen, dass die Männer für gewöhnlich ihr Gehalt einbehalten, sich ihrer Bankkonten bedienen und sie ohne Gerichtsverfahren verstoßen. Ich wiegte mich in der Sicherheit, dass die kulturelle und soziale Lage im Frankreich der neunziger Jahre eine universale Norm sei.

Habib hatte ganz genau begriffen, wie ich dachte, und stellte mich verstohlen auf die Probe. Wenn er zu mir sagte: »Mein Bausparvertrag bringt mehr ein als deiner – das müssen wir nutzen; denk doch an das Haus, das wir für Sara kaufen wollen ...«, dann hörte ich unwillkürlich: »Du behauptest, dass du mich liebst, dass du weiter mit mir zusammenleben willst. Beweise es mir.« Ich saß in der Falle. Entweder ich erklärte, dass wir nichts mehr gemeinsam hatten – das wäre der Krieg gewesen, den ich nicht wollte. Oder ich vertraute ihm mein Geld an und damit den Schlüssel zu meiner Freiheit.

Auf keinem Schlachtfeld der Welt bleiben die Soldaten stocksteif und unbeweglich stehen und warten auf den Feind. Sie lernen, sich zu verstecken, zu tarnen. Doch man lehrt die Mädchen die Gesetze des Krieges nicht. Man macht sie glauben, dass sie in einer behüteten Welt leben, dass sie ihre Emanzipation, ihre Gleichheit gewonnen haben. Und dabei sind sie schutzlos dem Dschungel und dem Gesetz des Stärkeren ausgeliefert.

Ich glaubte daran, dass Liebe Güte, Großmut und Selbstlosigkeit bedeutete. Noch hatte ich nicht begriffen, dass meine Aufrichtigkeit mich dem Mann, den ich liebte, noch stärker auslieferte, als wenn er mich in jedem Moment überwacht hätte; dass meine Naivität ihm erlaubte, mich wie die unterwürfigste Orientalin zu behandeln. Unschuldig und töricht ließ ich mich manipulieren. Aber diese Naivität, die mir heute so dumm vorkommt, war damals ein Teil von mir; sie war untrennbar mit dem Wertvollsten verbunden, das ich besaß: meinem Glauben an die Menschen.

Jeder Mensch hat seinen eigenen Gott. Der meine verbarg sich nicht im Himmel, er war nicht geschützt vor den Wechselfällen den Lebens, sondern er wohnte im Herzen aller lebendigen Wesen. Vielleicht sah ich das Leben ja rosiger, als es war; auf jeden Fall vereinfachte ich es. Um Saras willen stellte ich mich blind.

Ich besaß keine Waffe, um mich gegen Habib zu verteidigen. Ich wusste nichts vom »Krieg der Geschlechter«, diesem Kräftemessen, das sich durch die Zweierbeziehungen zieht; ich konnte mich nicht damit abfinden, dass eine Liebesgeschichte auf eine Beziehung zwischen Herdentieren hinauslaufen sollte, zwischen Herrschern und Beherrschten. Statt Schneewittchen zu lesen und schlafend auf den edlen Ritter zu warten, der mich in eine ideale Welt führen würde, hätte ich mich besser für Scheherezade interessiert, die orientalische Heldin, die sich darauf versteht, ihrem Sultan Geschichten zu erzählen, um ihn einzuschläfern und ihren Kopf zu retten.

Ich verdiente das Geld, machte den Haushalt – ich hatte ihm alles gegeben, mein Vertrauen und meine Kreditkarte, meine Liebe und meine Zukunft. Da konnte ich ihm ebenso gut noch meine Ersparnisse anvertrauen. Meine Eltern hatten mir hunderttausend Francs geschenkt, und ich hatte noch einmal ungefähr die gleiche Summe auf der hohen

Kante. Habib war inzwischen zu der Ansicht gelangt, ich sei »sein Eigentum«. Alles, was ich besaß, gehörte ihm. Der Form halber tat ich so, als glaube ich an die Gegenseitigkeit dieses Austauschs. Jeder von uns hatte eine Vollmacht über das Konto des anderen; allerdings war ich es, die ein Gehalt bezog.

Er besaß alle technischen Errungenschaften: einen Computer, den sein Bruder ihm geschenkt hatte, eine Videokamera. Wenn er einen größeren Kauf tätigen wollte, zum Beispiel ein Teleskop, dann erweichte er mich, indem er erklärte: »Ich bezahle ja die Hälfte.«

Das war mir genug. Aber was er so nebenbei ausgab, konnte er nicht mehr zu den laufenden Kosten beitragen. Um seine Ehre zu retten, verlangte er, dass ich ihm Bargeld gab, damit er selbst die Miete für die Wohnung bezahlen konnte, die er auf seinen Namen hatte eintragen lassen. Vergeblich erklärte ich ihm, ein Scheck von mir täte es genauso gut; er ließ sich nicht davon abbringen. Der Schein musste gewahrt bleiben.

Ich hatte mich in meinen eigenen Prinzipien verstrickt. Man brauchte nicht besonders schlau zu sein, um zu erkennen, dass ich mich ausnutzen ließ. Jeder Dummkopf hätte das begriffen. Na und, hätte ich antworten können. Wenn mir das so gefiel ... Es gab nichts mehr zu sagen, ich konnte nur noch warten. In der Situation, in der ich mich befand, war der Zweifel wie das Zögern eines Seiltänzers mitten auf dem Seil: die Gewissheit, tief hinabzustürzen. Ich wusste, dass ich gegen eine Mauer fuhr, also schloss ich die Augen, um keine Angst zu haben. Ich wollte nicht sehen, wie sich der Belagerungsring um mich langsam schloss.

Die Geschichte ist voller Beispiele, in denen ganze Länder in dieser Art von Apathie versinken. Wer wollte den ersten Stein auf mich werfen? Vielleicht muss man leiden, um etwas zu lernen. Im Glück verliert man seine Unschuld nicht. Habib hatte in diesem Kampf einen Vorsprung.

Seit Saras Geburt hatte Habib sich noch stärker mit seiner Tochter isoliert. Er hatte das Baby hüten wollen, während ich arbeitete, und jetzt hatte ich den Eindruck, dass er mir böse war, weil er zu Hause bleiben musste. Aber gleichzeitig stellte er klar, dass er der Einzige war, der sich richtig um unser Kind kümmern konnte.

Ich verbrachte schließlich meinen Tag im Krankenhaus, behauptete er, und wisse gar nicht, warum sie weinte, wie sie angezogen werden musste, ob ihr heiß oder kalt war oder ob sie Hunger hatte. Wenn ich sie baden wollte, kam er mir zuvor. Wenn ich mit ihr spielte, mischte er sich zuerst ein und schloss mich dann aus. Wenn ich beschloss, sie im Park spazieren zu fahren, ging er mit und nahm mir den Kinderwagen aus der Hand. Wenn die Kleine zu weinen begann, war das meine Schuld, weil ich mich ungeschickt anstellte.

»Sie will ihren Papa, das arme kleine Schätzchen«, das war die Erklärung für alles.

Wenn ich nicht klein beigab, wurde Habib wütend und warf mir vor, ihm seine Tochter wegnehmen zu wollen. Ich war eifersüchtig – weil er ein guter Vater war und ich eine schlechte Mutter. Ich gehörte ihm, also war Sara ebenfalls sein Eigentum. Er versuchte, mir ihre Liebe wegzunehmen.

Seine Anschuldigungen verletzten mich zutiefst. Ich hätte nichts darauf geben und mir sagen können, dass sie ungerechtfertigt waren, aber der Gedanke tat mir weh, dass der Mann, den ich mir gewählt hatte, mich einer solchen Gemeinheit verdächtigte. Er war sogar eifersüchtig auf die Liebe, die mich mit meiner Tochter verband, versuchte mich ihr zu entfremden und der Einzige in ihrem Herzen zu sein.

Letztendlich sah ich, dass er bei ihr dasselbe wiederholte wie bei mir: Er errichtete eine Mauer aus vorgeblicher Fürsorge, damit niemand anderer sich ihr nähern konnte.

Ich sagte mir, wenn sie erst in die Vorschule ginge, würde die Seifenblase platzen und frische Luft eindringen lassen. Sara würde beginnen, kleine Freunde zu finden, und ihr Vater könnte nichts dagegen tun. Diese Zeit würde schneller kommen, als er dachte. Ich brauchte nur Geduld zu haben. Und auf diesem Gebiet besaß ich ja anscheinend unerschöpfliche Reserven.

*

Ich hatte nie vergessen, dass Sara iranischer Herkunft war, und wollte, dass sie ihre Wurzeln, ihre Kultur kennen lernte. Wenn sie zweisprachig aufwuchs, würde ihr das in ihrem zukünftigen Leben bestimmt einen Pluspunkt einbringen. Schon vor ihrer Geburt hatte ich darauf bestanden, dass ihr Vater von Anfang an Persisch mit ihr sprechen sollte. Aber auch ich wollte das ausnutzen und ebenfalls die iranische Sprache lernen. Zu Beginn unserer Beziehung hatte ich versucht, Kurse an der Universität von Nantes zu belegen, aber die gab es nicht mehr. Immerhin hatte Habibs Familie mir ein paar Schulbücher geschenkt. Schließlich wäre es das Natürlichste, wenn ich die Sprache gleichzeitig mit einem kleinen Kind erlernte, und ich freute mich schon darauf, gemeinsam mit Sara Fortschritte zu machen. Aber ich war anderweitig zu sehr beschäftigt, um so rasch voranzukommen wie sie, mit der ihr Vater den ganzen Tag über in dieser Sprache redete. Jetzt sprach Habib in meiner Anwesenheit Persisch mit ihr, als wolle er mich damit provozieren. Ich verstand nicht alles, was er unserer Tochter erzählte, aber ich hatte das Gefühl, dass er mich vor ihr herabsetzte. Die Ereignisse hatten mich überholt.

Während meiner Schwangerschaft hatten wir beschlossen, dass unser Kind ohne jeden religiösen Einfluss aufwachsen würde. Es sollte seine Wahl treffen, wenn es den Wunsch dazu verspürte, in einem Alter, in dem es selbst abwägen könnte.

Mich selbst, ebenso wie meine Brüder, hatten meine Eltern in einer für sie untypischen Sorge um die Konventionen taufen lassen. Papa und Mama hatten bis nach Rèze fahren müssen, dem hundert Kilometer von Nantes entfernten Wohnort meiner Großmutter, um einen Geistlichen zu finden, der bereit war, einem Kind das Sakrament zu erteilen, dessen Eltern demonstrativ betonten, dass sie nicht gläubig waren. Mit religiösen Problemen hatten wir nichts zu tun. Wir waren nicht gläubig, aber auch nicht intolerant. Ich hegte keinerlei Vorurteile gegen die muslimische Religion; eher war es Habib, dem sie zumindest am Beginn unseres gemeinsamen Lebens wie ein Relikt einer anderen Epoche vorkam.

Er hatte mir versichert, er glaube an einen einzigen Gott, der kein Sektierertum kenne. Aber als Sara geboren wurde, hatte er beschlossen, das seine Tochter »ihrer« Religion gemäß kein Schweinefleisch essen sollte. Ich hatte keine Geschichte daraus gemacht; schließlich reichte es aus, wenn sie Geflügel aß.

Eines Abends jedoch traf ich Habib zu meinem Erstaunen beim Lesen des Korans an. Ich kannte ihn jetzt seit vier Jahren und hatte nie erlebt, dass er seine Religion praktizierte. Sein Bruder verhielt sich nicht anders, was übrigens für ihre Eltern und Schwestern ein Quell großer Sorge war. An diesem Abend begriff ich, dass Habib sich anschickte, in den Schoß der Familie zurückzukehren.

Er hatte begonnen, zwei- bis dreimal täglich mit seiner Mutter zu telefonieren, und zweifellos entdeckte er seine Religion wieder, um ihr eine Freude zu machen. Wenn wir alle sechs Wochen während meiner fünf Tage Freischicht zu ihr fuhren, wurden wir mit einer Art Weihrauch besprengt, um böse Geister zu vertreiben, und traten dreimal unter dem Koran hindurch, um göttlichen Schutz auf uns zu ziehen. Alles an seiner Mutter war Überschwang und Großmut. Ich liebte sie sehr, und Habib – er warf sich auf den Boden, um ihr die Füße zu küssen.

Alle Frauen der Familie beteten Habib an, den jüngsten Sohn. Der Tradition entsprechend war er ihnen gegenüber immer großzügig gewesen; da kam es nicht darauf an, dass dafür jetzt ich aufkommen musste. Seine Eltern machten keinen Unterschied zwischen ihren Töchtern und mir. Sie luden uns zu den traditionellen Festen ein wie dem persischen Neujahr, das mit unserem Frühlingsanfang auf einen Tag fällt. An diesem Tag beschenkten sie uns mit frisch gedruckten Banknoten, die sein Vater extra bei der Bank bestellt hatte. Das sollte uns Glück bringen. Aber sie achteten auch die christlichen Feste und schickten mir immer ein Geschenk, das ich mir zu Weihnachten unter den Baum legen sollte.

Habib nutzte unsere Aufenthalte bei seiner Familie, um seine Freiheit zu genießen. Oft ließ er mich ganz allein mit Sara und traf sich mit seinem Bruder oder seinen alten Freunden, aber das machte mir nichts aus. Bei seinen Eltern fühlte ich mich zu Hause, obwohl sie kein Französisch sprachen. Ich begleitete sie zum Einkaufen, und seine Mutter versuchte mir beizubringen, wie man die persischen Gerichte kochte, die ihr Sohn liebte. Aber in diesem Punkt hatte sie keinen Erfolg: Mir war es lieber, wenn er sie weiterhin selbst zubereitete.

Der Vater hatte die Pilgerfahrt nach Mekka absolviert und von dort kleine traditionelle Teppiche mitgebracht, auf denen er fünfmal täglich seine Gebete sprach. Er klagte darüber, dass sein Sohn sich wie ein Ungläubiger benahm. Vor

Saras Geburt hatte Habib ganz gern ein bisschen Bier getrunken und sich über den Aberglauben seiner Familie amüsiert. Damals schien er schon in einer anderen Welt zu leben.

Ich respektiere die religiösen Ansichten anderer und verlangte keine Rechenschaft von ihm; aber plötzlich sah ich ihn den Koran lesen, auf Arabisch ... Ich versuchte zu erfahren, wofür er sich interessierte, und bat ihn, mir Verse zu übersetzen. Er freute sich, er glaubte, ich fühle mich so zu ihm hingezogen, dass ich seinen Glauben annehmen wollte; er wählte Verse, in denen von den Frauen die Rede war, um mir zu zeigen, dass seine Religion sie nicht ausgrenzte, wie uns die Journalisten ständig erzählten. Das sei eine Erfindung der Islamisten. Nichts im Koran, so sagte er, zwinge die Frauen, sich zu verschleiern. Er fordere vor allem zum Respekt vor ihnen auf.

Geraucht hatte ich nie. Aber eines Tages verlangte er von mir, kein Schweinefleisch mehr zu essen und keinen Alkohol mehr zu trinken. Dieses Mal ließ ich mich nicht unter Druck setzen. Seine religiöse Freiheit achtete ich gern, aber daraus sollte er nicht schließen, dass ich bereit war, auf die meine zu verzichten. Doch Habib wollte, dass ich zum Islam übertrat. Zu meiner Bestürzung hatte er das sogar schon meinen Eltern erzählt. Ich interpretierte das als weitere Provokation. Er hatte nur noch eins im Sinn: mich von meiner Familie zu entfremden.

*

Sara war etwas über zwei, als Yves, mein Patenonkel und einer der jüngeren Brüder meines Vaters, beschloss, zu seinem dreißigsten Hochzeitstag ein großes Fest zu geben. Wir würden mehr als hundert Gäste sein, und er hatte einen Saal in Vertou gemietet, der zehn Minuten von Nantes entfernt gelegenen Stadt, aus der die Familie meines Vaters stammt. Er hatte einen Diskjockey bestellt, und wir würden bis in die Nacht tanzen.

Ich war begeistert, denn ich hatte so selten Gelegenheit, zu feiern und meine Verwandten zu sehen. Seit der Geburt meiner Tochter ging ich nicht mehr aus. Habib weigerte sich, sie einem Babysitter anzuvertrauen, ja er überließ sie nicht einmal meinen Eltern, die sie praktisch nie zu sehen bekamen. Außerdem hatte er mich nach und nach von allen meinen Freunden abgeschottet. Stets ging es nur nach ihm, nicht nach mir. Aber dieses Mal war er ausnahmsweise einverstanden gewesen, uns zu begleiten. Ich hoffte, dass dieses Familienfest für ihn eine Gelegenheit sein würde, den Menschen, die ich liebte, wieder näher zu kommen.

Ich war sehr stolz auf meine hübsche Tochter und hatte ihr ein schönes Kleid gekauft. Für uns beide fing das Fest schon am Morgen an, als wir uns im Bad einschlossen, um uns fertig zu machen.

Sara war jetzt schon sehr kokett. Sie beobachtete mich, und ich sah, dass sie versuchte, die Geheimnisse der Weiblichkeit zu ergründen. Sie lachte unter dem Luftstrom des Haarföhns, spielte mit der Bürste, dem Kamm, schaute zu, wie ich mich schminkte, und bat mich, ihr ebenfalls Puder aufzulegen. Ich strich also mit der Puderquaste über ihre Pfirsichwangen, und sie kniff entzückt die Augen zusammen. Sie studierte die Kunst, Lippenstift und Mascara aufzutragen, und wollte, dass ich ihr die Nägel lackierte. Diese kleinen weiblichen Verschwörungen konnte Habib mir nicht nehmen.

Als sie fertig war, gut angezogen, schön frisiert und leicht parfümiert, ging Sara zu ihrem Vater, um sich bewundern zu lassen. Sie erwartete ein Kompliment, aber Habib tat, als hätte er nichts bemerkt. Mit abwesender Miene küsste er sie. Enttäuscht kam sie zu mir zurück, und ich sagte ihr immer wieder, sie sei die Schönste, wie sie das gern hören wollte. Ich wusste nicht, ob er unsere Mädchengeschichten töricht fand, ob er eifersüchtig war oder ob er darüber schmollte, dass er den Tag mit meiner Familie verbringen sollte.

Und ich war so glücklich, sie alle wiederzusehen! Ich konnte Sara vielen Menschen vorstellen, die mich als Kind gekannt hatten oder mit denen ich aufgewachsen war, und die meine Tochter kaum oder nur sehr flüchtig kannten. Niemand vergaß, Habib Komplimente zu machen, ihm zu sagen, wie stolz er sein müsse, eine so hübsche kleine Tochter zu haben. Er antwortete einsilbig und fühlte sich sichtlich unwohl. Aber keiner achtete auf seine schlechte Laune. Rasch zog er sich zurück, spielte mit seiner Tochter und tanzte später mit ihr. Doch wir waren so sehr damit beschäftigt, die schönen Momente zu genießen, dass wir uns gar keine Gedanken darüber machten, dass er für sich blieb, nicht an unseren Gesprächen teilnahm und sich von unseren Grüppchen fern hielt.

Gegen ein Uhr morgens gingen wir auseinander. Wir waren immer noch sehr fröhlich und hatten bestimmt mehr als gewöhnlich getrunken. Als wir uns verabschiedeten, fand mein Vater, es sei vernünftiger, wenn er sich nicht mehr ans Steuer setzte. Er hatte meinen Bruder Bruno im Wagen mitgenommen und bat ihn nun, ihn nach Hause zu fahren.

Wir fuhren ebenfalls los. Sara schlief gleich auf dem Rücksitz ein. Aber das Auto hatte sich kaum in Bewegung gesetzt, als Habib schon herumzubrüllen begann. Ob er seine Tochter weckte, scherte ihn nicht. Mein Vater, schrie er, habe ihn vor der ganzen Familie beleidigt.

Er war wütend, weil Papa nicht ihn gebeten hatte, ihn heimzufahren. Schließlich wohnten wir ganz in der Nähe. Vergeblich erklärte ich ihm, Bruno habe seinen Wagen vor dem Haus, in dem meine Eltern wohnten, geparkt, daher sei diese Entscheidung ganz logisch. Doch er gab nicht nach. Im Unterschied zu meinem Bruder habe er keinen Tropfen Alkohol getrunken, ereiferte er sich. Aber natürlich, mein Vater habe ihn ja noch nie leiden können und ihm nie vertraut. Heute sei das vor aller Augen offensichtlich geworden. Immer noch betrachtete man ihn als Fremden. Diese Leute verachteten ihn. Er würde es nicht länger hinnehmen, dass sie ihn wie den letzten Hund behandelten.

Sein Wutanfall traf mich völlig unerwartet, und ich war bestürzt. Ich hatte getanzt, ich war glücklich gewesen, ich hatte einen Abend erlebt, von dem ich gar nicht mehr gewusst hatte, dass es so etwas gab, und vor allem hatte ich dieses Glück mit Sara geteilt. Dabei hätte ich mir denken können, dass ich dafür bezahlen musste, dass von nun an jede schöne Minute von einer Prüfung gefolgt sein würde. Ich hatte die Augen verschlossen und nicht gesehen, wie Habib sich veränderte, wie in ihm Hass und Aggressivität wuchsen. Zum ersten Mal fürchtete ich mich vor ihm. Ich versuchte ihn zu beruhigen, ich war bereit, auf alles einzugehen, damit er uns in Ruhe ließ, meine Familie, meine Tochter und mich.

Er stellte seine Bedingungen. Papa und Mama durften uns nicht mehr besuchen, und Bruno ebenso wenig. Keine Diskussion. Einen solchen Affront konnte Habib nicht hinnehmen. Erfolglos widersprach ich, erklärte, mein Vater habe ihn nicht verletzen wollen. Habib blieb dabei. Man würde ja sehen, ob er sich Respekt verschaffen würde!

Ich schob dieses Ultimatum auf seine Wut. Bestimmt würde es keine Woche dauern, bis er seine Entscheidung zurücknahm. Doch ich sollte mich irren; er hatte endlich den Vorwand gefunden, die Trennung zu vollziehen. Einen Bruch, der mich noch weiter isolierte.

Von diesem Tag an weigerte Habib sich, einen Fuß in die

Wohnung meiner Eltern zu setzen. Ich musste ihnen sagen, was los war, zumindest einen Teil. Davor gab es kein Entrinnen. Ich erklärte ihnen, dass wir nicht mehr zum Essen kommen würden. Papa wollte, dass ich Habib ans Telefon holte. Ohne ein Wort hörte er ihn an. Als er auflegte, wiederholte er, mein Vater habe ihn nie leiden können und er wolle ich nicht mehr sehen.

Ich erklärte Bruno, was passiert war, und mein Bruder war bereit, Habib alles zu sagen, was er hören wollte, um die Sache in Ordnung zu bringen. Er würde sich mit ihm aussprechen, und die Geschichte wäre erledigt. Alles war nur ein Missverständnis. Bruno konnte es nicht begreifen; dieses Verhalten war uns einfach zu fremd. Doch Habib wollte nicht mit ihm reden.

Als er eine Woche nach dem Fest mitbekam, dass ich mit meiner Schwägerin Sandra telefonierte, zog er einfach ohne ein Wort den Stecker aus der Dose. Ich war wie vor den Kopf geschlagen, schämte mich so sehr, dass ich nicht einmal wagte, zurückzurufen und alles zu erklären.

Was hätte ich meiner Familie auch sagen sollen? Dass der Vater meiner Tochter den Verstand verloren hatte? Dass ich eine Gefangene war oder dass ich aus freiem Willen handelte? Welche Erklärung sollte ich ihnen geben? Jetzt war ich es, die die Zukunft in düsteren Farben sah. Wie hatte es nur so weit mit mir kommen können?

Habib träumte immer noch davon, sein Glück zu machen, indem er die Kästchen auf seinem Lottoschein ankreuzte. Ich sagte mir, dass er sich mit der Zeit schon beruhigen würde. Wenn ich etwas erreichen wollte, durfte ich mich vor allem nicht aufregen und ihn erst recht nicht anlügen. Er musste mir unbedingt vollständig vertrauen. Und das war nur möglich, wenn ich ihm gegenüber ehrlich blieb, wenn ich nicht hinter seinem Rücken handelte. Immer noch glaubte ich, verhandeln zu können, und war doch längst seine Geisel. Ich wollte abwarten, bis Habib mir erlaubte, mit meinem Bruder zu sprechen.

Unterdessen hatte ich versprochen, jeden Kontakt zu Bruno abzubrechen. Ich hatte meine Familie verraten. Obwohl ich mir sagte, dass ich sie trotzdem im Herzen trug, hatte ich sie in meinen Taten verleugnet. Zwei Jahre lang sollte ich meinen Bruder nicht sehen. Meine Eltern durfte ich besuchen, aber meist allein. Wenn ich Sara mitnehmen wollte, ließ Habib sich jedes Mal eine andere Ausrede einfallen. Drei Tage vor solchen Besuchen war ich bereit, jede Demütigung hinzunehmen, immer in der Hoffnung, er würde sie mit mir zu meinen Eltern gehen lassen. Aber Habib beruhigte sich nicht. Er ließ sich keine Gelegenheit entgehen, meine Verwandten zu kritisieren. Ich widersprach ihm nie, um mich nicht auf sein Spiel einzulassen.

Habib hatte sich sein Bild gemacht: Die ganze Familie Brin hatte etwas gegen ihn und versuchte mich gegen ihn aufzuhetzen, damit ich ihn verließ und sie Sara an sich reißen konnte. Ich trug keine Schuld daran; ich war so naiv, dass ich nichts bemerkte. Sie hatten mich unter ihren Einfluss gebracht. Auch Bénédicte, eine Kollegin von der Intensivstation, mit der ich befreundet war, fiel unter die Geächteten, die ich nicht mehr zu mir einladen durfte. Sie hatte es gewagt, ihm zu sagen, er solle sich eine Stelle als Verkäufer suchen. Was für ein Affront!

Unerbittlich schuf Habib ein Vakuum um uns. Nur Nathalie, eine meiner Cousinen, entkam dem Sturm. Er gab ihr gute Ratschläge, wenn sie ihr Sofa beziehen oder sich einen Computer zulegen wollte, und sie überschüttete ihn dafür mit Komplimenten. Sie hatte es geschafft, ihn um den Finger zu wickeln. Es lohnte sich, über dieses Beispiel nachzudenken. Alles in allem behandelte sie ihn so, wie ich mit einem Kranken auf dem Weg der Besserung umging.

Mir war nur noch mein Beruf geblieben. Dort handelte ich stoisch, ruhig, ohne die Beherrschung zu verlieren. Die Intensivstation in der Klinik von Nantes mit ihren zwanzig Betten, wo sich Patienten, die der Tod berührt hatte, abwechselten, wurde zu meiner letzten Zuflucht. Die Station war der einzige Ort, an dem ich wie ein verantwortungsvolles menschliches Wesen behandelt wurde, ein Sauerstoffzelt, in dem ich durchatmen konnte, bevor ich in den immer dickeren Kokon zurückkehrte, in dem nur Sara dafür sorgte, dass ich nicht erstickte.

Dann strich Habib mir wie einem folgsamen Hund über den Kopf, um mich für meinen Gehorsam zu belohnen. Er erklärte, er liebe mich über alles. Ich sei die Frau seines Lebens. All unsere Probleme würden durch die anderen verursacht. Man durfte ihnen nicht erlauben, unsere Beziehung zu stören.

Nur was Sara anging, blieb er unerbittlich. Ich war wunderbar, vollkommen – aber ich war eine schlechte Mutter. Das war nicht meine Schuld, ich ging eben arbeiten und verstand nichts davon. Zum Glück war er ja da und konnte beim kleinsten Fehler eingreifen! Er hinderte mich daran, mit ihr zu schimpfen, wenn sie eine Dummheit gemacht hatte oder nicht hören wollte. Er widersprach mir vor dem Kind ...

Wenn ich etwas zu Sara sagte und ihr Vater dazwischenging, sah sie mich an. Sie wusste, dass ich im Grunde Recht hatte. In ihrem Herzen hatte ich einen ganz eigenen Platz. Sie war meine »Sarabella«, ob das Habib nun gefiel oder nicht.

8

Manche unserer Patienten landen nach einem Selbstmordversuch auf der Intensivstation. In diesem Fall sind sie verpflichtet, vor ihrer Entlassung ein Gespräch mit einem Psychiater zu führen. Bei einem solchen Besuch bat ich schließlich einen dieser Ärzte um Rat. Im Vorübergehen, auf dem Flur. Ich gab nicht zu, dass ich selbst betroffen war, sondern sagte, ich kenne eine Frau, die ...

Der Psychiater lieferte eine ausgezeichnete Analyse der Situation. Die Person, von der ich sprach, dieser Arbeitslose, lebte zweifellos schon zu lange von der Welt isoliert. Dieser Mann hatte ein schlechtes Selbstbild und projizierte seine persönlichen Ressentiments auf andere. Sicher fühlte er sich nur in seinem engsten Kreis, unter seinen unmittelbaren Familienangehörigen. Außerdem durfte dieser Kreis auf keinen Fall durch Eindringlinge von außen aufgebrochen werden. Da war es nachvollziehbar, dass er ein Vakuum schuf, um die schlechten Einflüsse auszuschalten. Alle Handlungen von Menschen, die nicht in den Kreis gehörten, wurden fehlinterpretiert. Trotz ihrer offensichtlichen Absurdität folgte seine Haltung einer strengen Logik.

In diesem Licht gesehen konnte ich das Szenario besser deuten. Habib machte einen deutlichen Unterschied zwischen mir und allen anderen Menschen. Alles, was er an mir für schlecht hielt, stammte von den anderen. Also reichte es, mich von diesen negativen Einflüssen abzuschneiden, so wie man ein krankes Glied amputiert.

Sein engster Kreis, in dem er sich sicher fühlte, bestand aus Sara und ihm selbst. Danach kam ich. Und sein Vertrauen zu mir schwand bereits; wir konkurrierten um die Liebe unserer Tochter. Er wollte sie ganz für sich allein haben. Inzwischen weigerte er sich, Sara und mich längere Zeit allein zu lassen. Jedes Mal, wenn ich mit ihr in den Park ging, wenn wir Einkäufe machten oder meine Eltern besuchten, legte er eine Uhrzeit fest, zu der wir zurück sein mussten. Um keine neuen Szenen zu provozieren, zog ich es vor, mich seinen Anweisungen zu beugen.

Ich fragte den Psychiater, welchen Rat ich meiner »Freundin« geben solle, die mit diesem Mann zusammenlebte. Er erklärte mir, wenn irgendwie möglich solle man diesen Mann motivieren, die Verbindung zur Außenwelt wieder aufzunehmen, wieder ein soziales Leben zu führen und seine Arbeitslosigkeit nicht das Leben bestimmen zu lassen. Aber Habib hatte in Nantes keine Freundschaften geschlossen. Ihn zu einem Psychologen zu schicken war aussichtslos. Jedes Mal, wenn ich diese Frage mit aller Vorsicht anschnitt, starrte er mich entsetzt an und erklärte, ich sei verrückt. Er war zu stolz, um das Problem bei sich zu suchen oder zuzugeben, dass er Hilfe brauchte.

Er schnitt mir dann gleich das Wort ab und fragte mich, ob ich ihn liebe. Eine positive Antwort reichte ihm. Er brauche nur meine Liebe, sagte er. Alles andere war unwichtig.

Am persischen Neujahrsfest versuchte ich, mit meiner Schwiegermutter zu sprechen.

»Ich weiß, Fabienne«, sagte sie. »Habib müsste arbeiten, wie alle Männer, und den Lebensunterhalt für seine Familie verdienen. Ich bete jeden Tag darum, dass er eine Stelle findet.«

Ich versuchte ihr zu klarzumachen, dass sie besser von Habib verlangen sollte, sich eine zu suchen, ihm Rat geben. Ihre Meinung zählte für ihn so viel. Aber sie beendete das Gespräch.

»Ich weiß, dass er Unrecht hat, aber er ist mein Sohn«, sagte sie.

Niemand konnte oder wollte mir helfen. Mit Habib wurde es immer schlimmer. Seine Rolle als Hausmann ertrug er kaum noch. Nach außen hin demonstrierte er seine Liebe zu seiner Tochter, erklärte, wie stolz er sei, sich um sie zu kümmern. Aber wenn ich aus der Klinik nach Hause kam, hatte ich meinen Mantel noch nicht ausgezogen, da stürzte er schon nach draußen, um frische Luft zu schnappen, als sei er am Ersticken.

Sobald ich aus dem Dienst kam, verfiel ich in Laufschritt. Ich hatte den Eindruck, niemals stehen bleiben zu können. Nie nahm ich mir die Zeit, mit einer Freundin essen zu gehen oder für einen Schaufensterbummel. Um ihn abzulösen. Wir hätten es leichter gehabt, wenn er arbeiten gegangen wäre und wir eine Kinderfrau gesucht hätten.

Wenn ich alles tat, was er wollte, wenn ich ihm nicht widersprach, verbrachten wir immer noch schöne Stunden miteinander. Zum Beispiel an Saras zweitem Geburtstag. Wir drei waren ganz allein. Ich versuchte, nicht an meine Eltern zu denken, die nicht zur Feier kommen durften. Ich hatte einen Kuchen gebacken und mit Kerzen verziert und die Nachbarn zum Kaffee eingeladen; Isabelle, die Mutter von Saras kleinem Spielkameraden Maël, und einen neuen Freund von Habib, ein Tunesier, und dessen Frau.

Es war nur eine Kleinigkeit, aber genug, um mir wieder Hoffnung zu schenken: Ich hielt es für einen großen Sieg, dass Habib sich angewöhnt hatte, mit den Hausbewohnern Boule zu spielen. Ich hatte gelernt, mit wenig zufrieden zu sein ... Dabei hatte er sich mit diesem Bauarbeiter angefreundet, einem Tunesier, der mit einer französischen Verkäuferin verheiratet war.

So entspannt hatte ich Habib lange nicht mehr erlebt.

Unsere neuen Freunde erzählten von ihren Urlaubsplänen. Sie hatten ein Haus in Tunesien gemietet, in der Nähe von Hammamet. Sie schlugen uns vor, mit ihnen zu fahren. Zu meiner großen Überraschung nahm Habib an, und wir beschlossen sogar, vielleicht noch eine Woche länger zu bleiben, in einem Hotel.

Der Psychiater hatte Recht gehabt: Seitdem Habib wieder ein paar soziale Kontakte hatte, ging es ihm besser.

Wie schnell wir doch glauben, was uns gelegen kommt! Und wie viel einfacher nimmt man das Glück an als das Leiden ... Bald hatte ich alle Szenen vergessen, die mein Leben und das meiner Familie belasteten. Ich war mir sogar sicher, dass Habibs Ärger über meine Verwandten nicht von langer Dauer sein würde. Unser tunesischer Freund hatte ihn völlig verändert. Auch er war auf Arbeitssuche: Von acht Uhr morgens an stellte er sich bei Zeitarbeitsvermittlungen vor, lief zum Arbeitsamt, antwortete auf Kleinanzeigen. Er würde jede Arbeit annehmen, um sich seinen Lebensunterhalt zu verdienen und seine Familie zu ernähren, erklärte er.

Und Habib folgte seinem Beispiel! Nein, nicht so weit, dass er bei jedem Stellenangebot vor Freude in die Luft gesprungen wäre. Aber wenigstens hatte er angefangen, die Anzeigen zu lesen und in meiner Gegenwart zu telefonieren, wobei er den Lautsprecher einschaltete. Ich erinnere mich an eine Gelegenheit, bei der man ihm gesagt hatte, die Stellung als Verkäufer sei schon vergeben.

»Das liegt an meinem Akzent«, erklärte er mir sofort.

Wenn er klagen konnte, triumphierte er. Gemeinsam empörten wir uns über den Rassismus, den gewisse Franzosen an den Tag legten. Trotzdem hoffte ich wieder. Das Wichtige war seine Entschlossenheit, nicht die Hindernisse, die sich ihm in den Weg stellten. »Wer arbeiten will, der findet auch Arbeit«, sagte man damals. Ich hatte es eilig, meine Albträume zu vergessen. Schon interessierte ich mich nur für die Zukunft. Eine bestimmte Art von Zukunft. Ich stellte ganz andere Berechnungen an. Meine Tochter war jetzt zwei. Drei Jahre sind ein guter Abstand zwischen zwei Kindern.

Ich weiß, das mag verblüffend klingen und manchen sogar schockieren. Wieso wünschte ich mir nach all diesen Prüfungen ein weiteres Kind von einem Mann, mit dem das Zusammenleben so schwierig war, selbst wenn er seit einiger Zeit bereit zu sein schien, sich zu bessern, sich zu »ändern«? Genau das ist der Grund, das große Wort, in dessen Namen alle Frauen, die sich selbst zu Opfern machen, ihre Fehler begehen: Sie glauben, ihr Peiniger könne sich »ändern«. Das große Wort, in dessen Namen die Liebe sich zu sterben weigert.

Aber vor allem war da Sara. Sara, die mir wie das Fundament der Familie erschien, die ich aufbauen wollte. Und dabei wollte ich nicht versagen. Ich hatte vielleicht mein Liebesleben verpfuscht, aber bei meiner Familie wollte ich nicht scheitern. Zweifellos folgte ich unbewusst dem Vorbild meiner eigenen Kindheit. Wie ich schon sagte, ist mein Bruder Bruno drei Jahre nach mir zur Welt gekommen. Mein ganzes Leben lang war er mein Gefährte gewesen. Wir waren so eng verbunden, dass er vielleicht damit den Zorn meines krankhaft eifersüchtigen Liebsten auf sich gezogen hatte. Meine biologische Uhr tickte: Wenn Saras kleiner Bruder oder ihre kleine Schwester käme, wäre sie alt genug, um in die Vorschule zu gehen. Und außerdem, würde ein zweites Kind Habib nicht zwingen, sich wieder dem Leben zuzuwenden, eine Arbeit anzunehmen, selbst wenn es nicht die war, von der er geträumt hatte? Immer noch belog ich mich selbst mit dieser Argumentation.

Ich sprach mit Habib über meinen Wunsch nach einem Kind. Er war verblüfft, gerührt. Damit hatte ich ihm wohl die Gewissheit zurückgegeben, dass er im Zentrum meines Lebens stand, dass ich nicht die Absicht hatte, ihn fallen zu lassen. Als die Ferien näher kamen, wusste ich immer noch nicht, ob ich mir einen Jungen oder ein Mädchen wünschte. Aber das war nicht so wichtig; ich würde mich auf jeden Fall freuen. Habib für seinen Teil zögerte nicht: Er hätte gern noch ein Mädchen gehabt.

Der blaue Himmel über Tunesien erinnerte uns an die fünf Monate, die wir an der Küste des Pazifiks verbracht hatten. Ich vergaß meine Ängste. Ich hatte Habib wiedergefunden, den weltgewandten Globetrotter. In dem muslimischen Land fühlte er sich wohl und gewann sein Selbstvertrauen zurück. Ich hatte Recht gehabt, als ich nicht aufgegeben hatte. Jetzt wurde ich damit belohnt, Sara zusammen mit uns beiden zu erleben, mit ihrem Vater und ihrer Mutter.

Habib scherzte wieder. Er hatte Lust darauf, mich zum Lachen zu bringen. Wir ließen unsere Tochter auf einem Kamel reiten, feilschten in den Souks, besichtigten Ruinen. Uns dreien ging es gut.

Einige Wochen nach unserer Rückkehr nach Frankreich wusste ich, dass ich schwanger war. Ich hatte nicht lange zu warten brauchen. Schlussendlich war das die Hauptsache: meine Familie.

Wie ich gehofft hatte, begriff Habib sofort, dass er jetzt Geld verdienen musste. Wie besessen begann er wieder Lotto zu spielen. Das Wunder war ausgeblieben.

*

Die zweite Schwangerschaft erschöpfte mich weit stärker als die vorangegangene. Ich fand die Euphorie nicht wieder, die mich getragen hatte, als ich Sara erwartete. Am Ende des vierten Monats musste ich sogar aufhören zu arbeiten. Ein Problem kam zum anderen. Nachdem der

Frauenarzt einen Riss in der Fruchtblase festgestellt hatte, fürchtete er, ich könnte das Kind verlieren. Ich war zutiefst niedergeschlagen. Eine Woche musste ich im Krankenhaus verbringen und dann zu Hause einen Monat lang liegen.

Mit Habib und Sara kam ich nach Hause. In dem Moment, in dem ich das größte Bedürfnis danach gehabt hätte, mich durch Aktivität zu betäuben, mich bei meinen Kranken nützlich zu machen, um meine eigenen quälenden Sorgen zu vergessen, lag ich da, ohne mich zu rühren, eingesperrt, zum Nachdenken verurteilt. Mein einziger Trost war, dass ich jetzt Zeit für Sara hatte. Wir sprachen miteinander über das Baby. Sie legte die Hand auf meinen Bauch und erzählte ihm Geschichten. Wir wussten schon, dass es ein kleines Mädchen werden und Eva heißen würde. Aber was sollte ich tun, wenn sie auf der Welt war? Wem konnte ich sie anvertrauen? Denn jetzt wusste ich, was bei uns vorging, wenn ich in der Klinik war.

Ich hatte mir vorgestellt, dass Habib Kalkulationen für seinen Modeladen anstellte, aber stattdessen saß er am Schreibtisch, vor seinem Computer. Ganze Tage verbrachte er mit der Suche nach dem System, mit dessen Hilfe er den Hauptgewinn beim Lotto landen würde. Mit meiner Kreditkarte hatte er sämtliche Programme angeschafft, die ihm bei seiner Recherche von Nutzen sein konnten. Diese neue Herausforderung nahm in derart in Beschlag, dass er sogar das Mittagessen vergaß und sich gegen drei Uhr zu Tisch setzte.

Währenddessen spielte Sara in ihrem Zimmer. Nie ging er mit ihr spazieren. Die Kleine kam nur aus dem Haus, wenn sie ihren Vater ins Computergeschäft begleitete. Jetzt begriff ich, warum meine Tochter sich jedes Mal, wenn ich heimkam, in meine Arme warf und mich bat, mit ihr nach draußen zu gehen. Sie verbrachte den größten Teil ihrer

Zeit in der Wohnung und war praktisch sich selbst überlassen.

Und ich lag im Bett, konnte nicht das Geringste unternehmen und verfluchte meinen Leichtsinn. Ich erwartete mein zweites Kind, ich durfte keinen Fuß auf den Boden setzen; ich war fern von meiner Familie, die mich nicht besuchen konnte, und dazu verurteilt, untätig zuzuschauen, wie mein Leben zerfiel. Da ich nicht wusste, wen ich um Hilfe bitten sollte, rief ich schließlich Mahmoud an und bat ihn, er möge doch Habib drängen, sich Arbeit zu suchen.

Er versprach, mit ihm zu reden. Einige Wochen lang überlegten wir sogar, nach Paris umzuziehen. Ich hatte nie Lust gehabt, in der Hauptstadt zu wohnen, aber vielleicht hatte ich mich geirrt. Selbst wenn die Lebensbedingungen für die Kinder dort weniger gut waren, hätte Habib doch mehr Möglichkeiten, eine Stelle aufzutun. Ich selbst wusste ja aus Erfahrung, dass ich in jeder Stadt der Welt Arbeit finden konnte.

Zuerst sah es aus, als stimme Habib mir zu, doch dann fand er eine andere Lösung. Sein Bruder schlug vor, sich mit ihm zusammenzutun und bei öffentlichen Versteigerungen Gebrauchtwagen zu kaufen, die er dann reparieren und weiterverkaufen würde. Er war sich sicher, dass man mit diesem neuen System Geld verdienen konnte.

Nun ist das normalerweise nicht die Art von Beschäftigung, die Ehefrauen gern sehen. Dieser Handel ist nicht ganz legal. Tatsächlich ist es gesetzlich verboten, mehr als zweimal pro Jahr auf diese Weise ein Auto zu kaufen, so dass Habib die Wagen auf die Namen verschiedener Mitglieder seiner Familie eintragen lassen musste. Für die Ausstellung des Kraftfahrzeugscheins genügten der Führerschein und eine Meldebescheinigung. Ich überzeugte mich selbst; die Papiere, die er mir zeigte, waren in Ordnung. Wieder so ein kleiner Trick, eine kleine Gesetzesumgehung wie damals, als sie in der Schweiz und in Belgien Fabriküberschüsse aufgekauft hatten, um sie dann in den Secondhandläden in Paris anzubieten.

Jetzt kaufte Habib alle sechs Wochen ein Auto und verkaufte es weiter. Jede dieser Transaktionen brachte ihm ungefähr fünfzehntausend Francs ein. Das Projekt hielt ihn beschäftigt; er überholte die Wagen selbst und sprach davon, eine Werkstatt zu kaufen – aber ich gab nichts mehr auf seine Träume von einer großen Zukunft. Die eigentlich positive Veränderung waren seine Reisen. Er war regelmäßig zwei oder drei Tage fort.

Ohne ihn hatte ich den Eindruck, wieder atmen zu können. Ich nutzte die Gelegenheit, um meine Eltern zu besuchen. Papa fuhr jetzt Taxi, und Mama hatte wieder eine Stelle in der Fabrik angenommen. Leider konnte ich Sara nicht zu ihnen bringen; wenn Habib wegfuhr, vertraute er sie seiner Familie an. Meine Entscheidung, sie zweisprachig zu erziehen, war ein voller Erfolg gewesen. Von allen Enkelkindern, die seine Eltern hatten, war Sara die Einzige, die Persisch sprach. Aber auch das drückte mich nun wie eine schwere Last.

Obwohl er jetzt Geld verdiente, beteiligte Habib sich immer noch nicht an den Kosten für den Haushalt. Er sagte, er spare, um ein Haus zu kaufen, und nahm weiterhin meine Scheckkarte, wenn er einkaufen oder zum Friseur ging. Eines Tages sprach ich ihn darauf an.

»Du weißt genau, dass ich kein Geld habe«, hielt er mir entgegen. »Alles, was ich verdiene, ist für unser Haus bestimmt. Wenigstens einer von uns muss sparen.«

Es stimmte, ich konnte nichts mehr zur Seite legen. Aber mit meinen zweihunderttausend Francs, zu denen noch einmal fast genauso viel von Habib kam – seine Lottogewinne und die Ersparnisse aus der Zeit, als er für Mahmoud gearbeitet hatte – würden wir bald genug haben, um aufs Land zu ziehen. Unsere Kinder sollten in einem Garten spielen.

Einen Monat vor der Entbindung erfuhr ich, dass eine Steißgeburt auf mich zukam. Man versuchte, das Kind zu drehen, aber ohne Erfolg. Wirklich, eine schlechte Nachricht nach der anderen. Ich wollte einen Kaiserschnitt vermeiden, den ich nur als allerletzten Ausweg betrachtete. Mit einer Periduralanästhesie und genauester ärztlicher Überwachung müsste ich eigentlich auf natürlichem Weg entbinden können.

Als ich die ersten Wehen spürte, blieb ich ruhig. Ich wollte erst im letzten Moment ins Krankenhaus fahren. So gab Habib mitten in der Nacht Isabelle Bescheid, der Mutter des kleinen Maël, und bat sie, auf unsere kleine Tochter aufzupassen.

Bis man den Anästhesisten geweckt hatte, war es zu spät. Die Füße meiner kleinen Eva waren schon zu sehen. Jetzt war keine Zeit mehr für die Rückenmarksnarkose. Ich erlebte die Schmerzen ungedämpft. Unwillkürlich musste ich an den schrecklichen Anblick denken, den die Geburt eines Kälbchens bietet: die Beine, die strampeln, während der Rest des Körpers noch nicht durchkommt.

Zum Glück verlaufen diese Steißgeburten, die so gefährlich und schmerzhaft sind, auch sehr schnell. Bei der zweiten Presswehe schrillte der Alarm los. Der Herzschlag des Kindes fiel auf vierzig. Man wollte mich schon in den Operationssaal bringen, als mit einer weiteren Wehe Eva geboren wurde. Ein Aufblitzen von Freude über einem Ozean aus Schmerzen. Lachen mischte sich mit Tränen.

Habib war noch da, mit seiner Kamera, die er auf ein Stativ montiert hatte. Zum zweiten Mal in meinem Leben schenkte er mir einen Blumenstrauß. Er war wieder Vater geworden; er war wie verwandelt. Ich war glücklich und froh, denn ich liebte meine ältere Tochter so sehr, dass ich Angst gehabt hatte, nicht mehr genug Liebe für die zweite übrig zu haben. Aber sie hatte nur zur Welt kommen müssen, damit ich begriff, dass die Liebe eine seltsame Substanz ist: Sie kann sich ausdehnen, ohne an Dichte zu verlieren.

Meine Schwiegermutter war zu uns gekommen, um ihrem Sohn zu helfen. Alle zusammen verbrachten wir den Tag in meinem Zimmer auf der Entbindungsstation. Sara drückte Eva an ihr Herz, sie brachte mir die Windel, als ich sie wickelte, passte auf, während sie schlief. In ihrem Stolz, eine große Schwester zu sein, fand sie schon Geschmack an der Verantwortung. Sie konnte es kaum abwarten, dass Eva nach Hause kam und groß wurde. Jetzt würde sie nie mehr allein spielen müssen ...

Ich war sehr glücklich, zwei Töchter zu haben. Niemand würde uns je trennen können; zwischen uns würde ein unausgesprochenes Einverständnis herrschen, wir würden dieselbe Identität, dieselben Parfüms teilen. Sie würden mir ihre Liebesgeschichten erzählen. Ich könnte ihnen helfen. Wir würden einander immer nahe sein. Wir gehörten zur selben Welt, waren aus demselben Holz geschnitzt.

Zum ersten Mal seit der Szene bei der Familienfeier sahen meine Eltern und Cedrick, mein jüngerer Bruder, Habib wieder. Es herrschte eine Atmosphäre wie im Theater; jeder redete in einer gekünstelten Sprache, niemand konnte wirklich sagen, was er dachte. Alle spielten eine Rolle, man war höflich und lächelte, das war alles. Immerhin flüsterten meine Eltern mir ins Ohr, Bruno sei bei ihnen. Er war extra aus Verneuil-sur-Seine in der Nähe von Paris gekommen, wo er inzwischen lebte, um mich zu sehen, und wartete auf eine Nachricht, ob er mich besuchen dürfe.

Seit der Geburt unserer zweiten Tochter war Habib so aufmerksam, so liebevoll gewesen, dass ich keinen Zweifel hegte. Ich war mir sicher, dass der Moment gekommen war, in dem ich ihn umstimmen konnte. Eva würde unser neues Leben zusammenhalten.

Als meine Eltern gegangen waren, erklärte ich Habib, ich wolle Bruno gern sehen. Da veränderte sich seine Miene, sein Blick verhärtete sich. Er war wieder der hasserfüllte Mann, der mir Angst einflößte.

»Völlig ausgeschlossen. Dein Bruder kann nicht kommen«, beschied er mich eiskalt.

Ich war niedergeschmettert. Also war alles nur eine Illusion gewesen. Seine Zuvorkommenheit, seine Freundlichkeit waren ein Teil seiner Maske. Liebte er mich überhaupt? Denn wenn er mich wirklich liebte, dann hätte er es nicht ertragen, mich leiden zu sehen ...

Die ganze Nacht weinte ich. Eva lag in ihrer kleinen durchsichtigen Babywanne neben mir. Ich sah sie an, wie sie so friedlich schlief, so anders als ihre Schwester und doch auch so hübsch, und ich begriff nicht, warum wir uns bei ihrer Ankunft nicht zusammengerauft hatten. Was für ein Familienleben wollten wir ihr bieten, wenn wir zur Feier ihrer Geburt nicht einmal in der Lage waren, eine Meinungsverschiedenheit zu vergessen? Wenn Habib jetzt nicht einlenkte, würde er es niemals tun.

Ich entschloss mich, offen mit der Situation umzugehen, meiner Familie alles zu erzählen. Wenigstens das war ich ihnen schuldig. Ich rief bei meinen Eltern an, um mit Bruno zu sprechen. Immer noch höre ich meinen kleinen Bruder.

»Aber ich könnte ja kommen, wenn er nicht da ist ...«

Dann brach seine Stimme.

Ich war eine solche Närrin! Immer noch war ich blind und naiv. Ich stotterte, dass ich nichts hinter Habibs Rücken unternehmen wolle, dem Vater meiner Kinder. Mein Bruder begann zu weinen.

Mein eigenes Leid konnte ich ertragen; noch war ich nicht an meine Grenzen gelangt. Aber plötzlich sah ich in seiner ganzen Ungeheuerlichkeit vor mir, welchen Schmerz ich meiner Familie bereitete, und das war unerträglich. Jetzt ging es nicht mehr nur um mich. An diesem Tag, an dem ich meinen Bruder zum Weinen brachte, begriff ich, dass ich mich zur Komplizin meines Peinigers gemacht hatte.

*

Als ich mit dem Baby nach Hause kam, war ich fest entschlossen, mich nicht länger manipulieren zu lassen. Ohne Habib um Erlaubnis zu bitten, beschloss ich, in Teilzeit zu arbeiten, vier Tage pro Woche, und in der verbleibenden Zeit meine Kinder zu betreuen.

Den ganzen Sommer über hatte Habib seinem Bruder geholfen, ein altes Haus zu renovieren, das Mahmoud in Pornic gekauft hatte. Wieder einmal wurde mir klar, dass er alles konnte, mauern und schneidern, Fliesen verlegen und Elektroarbeiten verrichten. Er hätte jede Möglichkeit gehabt, seinen finanziellen Beitrag zu leisten ...

Einmal mehr wollte Habib nicht zurückstehen. Es war ein Ding der Unmöglichkeit, dass sein Bruder ein Ferienhaus in der Vendée besaß und er weiter als Mieter in einer Sozialwohnung lebte.

Er beschloss, auch wir müssten unbedingt ein Haus kaufen.

Wir hatten Herbst. Begeistert studierten wir die Kleinanzeigen. Wir waren Pioniere, die auskundschafteten, wo sie ihr Zelt aufschlagen und ihre Kinder aufwachsen lassen wollten. Sara ging ins erste Jahr der Vorschule. Ich hatte mein Baby drei Monate lang gestillt. Alles lief gut. Habib beschäftigte sich mit seinen Autos. Er hatte beschlossen, dass wir vier Zimmer brauchten. Er wollte seine Eltern zu uns einladen können. Meine allerdings hatten immer noch keinen Zutritt.

Nachdem wir ein Dutzend Häuser besichtigt hatten, fanden wir in Vertou eines, das uns gefiel. Es besaß die richtige Anzahl Zimmer, das Grundstück war groß. Allerdings war es deutlich teurer, als wir geplant hatten. Aber Habib hatte verhandelt, und wir waren alle hingerissen.

Doch eine Ausgabe in dieser Größenordnung durfte man nicht auf die leichte Schulter nehmen. Mit den Tilgungsraten ging ich ein großes Risiko ein. Sie beliefen sich auf viertausendfünfhundert Francs monatlich, über fünfzehn Jahre. Wir würden das Haus auf beider Namen kaufen; Habib würde die eine Hälfte der Einlage übernehmen, ich die andere. Aber die Ratenzahlungen machten nun, da ich nur noch eine Dreiviertelstelle hatte, fast die Hälfte meines Monatslohns aus.

Wieder einmal baute ich auf Habib und argumentierte wie immer, obwohl mir das bisher nie etwas eingebracht hatte: Ich erlegte ihm Verantwortung auf in der Hoffnung, dass er sie wahrnahm und sich gezwungen sah, sein abgeschlossenes Universum zu verlassen.

Ausgerechnet zu diesem Zeitpunkt erfuhr ich, dass mein Vater an Lungenkrebs litt. Vor einigen Monaten hatte er wieder mit dem Rauchen angefangen. Niemand wollte mir Genaueres sagen, aber ich konnte erraten, wie sich alles abgespielt hatte. Der von Habib verursachte Bruch in meiner Familie hatte ihn so geschmerzt, dass er das Bedürfnis gehabt hatte, in seine alte Gewohnheit zurückzufallen.

»Ich habe meinem Vater Kummer bereitet.« Diesen Satz sagte ich mir immer wieder, wie ein verzweifeltes kleines Mädchen, das eine Dummheit begangen hat und das jetzt bereut. Nach den Tränen meines kleinen Bruders war das ein weiteres Verbrechen an meiner Familie. Aber dieses hatte Folgen, die ich mir nie vergeben würde: Ich konnte mich des Gedankens nicht erwehren, dass dieser Krebs kein Zufall war. Und wenn man mir tausend Mal sagte, eine solche Krankheit könne nicht innerhalb von Monaten entstehen; mein Vater habe schließlich jahrelang geraucht – für mich war dieser Krebs das Ergebnis der Sorgen, die Papa sich um uns machte, um Sara, Eva und mich.

Wenn hier jemand schuld war, dann nicht einmal Habib und seine Unvernunft, sondern ich und mein Verrat.

9

Immer öfter stritten wir uns. Jetzt widersprach ich, sagte meine Meinung. Ich hatte keine Lust mehr, ständig Rücksicht auf ihn zu nehmen, mir seinen Willen aufzwingen zu lassen. Dazu war ich zu böse auf ihn. Also ließ er sich etwas Neues einfallen, um unsere Diskussionen zu beenden. Er warf mich hinaus. Ohne irgendwelche Umstände. Er zerrte mich in die Diele, öffnete die Tür, stieß mich in den Hausflur und schlug die Tür zu. Die Kinder schliefen, so dass sein Bild als mustergültiger Vater nicht ins Wanken geriet.

Als ich mich zum ersten Mal allein auf den Treppenabsatz wiederfand, glaubte ich es einfach nicht. Ich schämte mich, hatte Angst, jemand könnte mich dabei ertappen, wie ich an die Tür trommelte oder Habib anflehte, mich hereinzulassen. Wir hatten den Vertrag für das Haus noch nicht unterzeichnet und lebten weiter in dieser freundlichen kleinen Mietskaserne, in der sich alle kannten und gegenseitig unterstützten. Da konnte ich klopfen und auf die Tür einschlagen, wie ich wollte, Habib machte nicht auf. Nach mehreren erfolglosen Versuchen ging ich zum Loireufer hinunter. Um nachzudenken. Ich schwankte zwischen Wut, Widerspruch, Trauer und Furcht.

Ich ging dahin und zwang mich, mit aller Kraft Luft einzusaugen, versuchte, eine Leere in meinem Inneren zu schaffen. Wie sollte ich mich jetzt verhalten? Ich war mir sicher, dass ich alles getan, alles versucht hatte, um meine Beziehung zu retten und meinen Töchtern ein Familienleben zu bieten. Aber ich hatte dabei mich selbst vergessen, ich existierte nicht mehr. Alles, was ich unternommen hatte, wandte sich gegen mich. Meine einzigen ruhigen Momente hatte ich jetzt auf der Arbeit. Nur dort konnte ich nachdenken. Ich fragte mich, wie ich, ein Mädchen, das mit beiden Beinen auf der Erde stand, in diese Lage gerutscht war. Welcher Makel in meiner Persönlichkeit hatte diese Metamorphose ermöglicht? Wie war ich bloß in diese Falle geraten? Zusammen mit meinen zwei Kindern steckte ich als Geisel in einer Liebesgeschichte fest, die in den letzten Zügen lag.

Habib erpresste mich, und die Mädchen waren dabei der Einsatz. Es fiel ihm nicht schwer zu verstehen, dass sie das einzige Bindeglied waren, das mich noch zu Hause hielt. Aber ich hatte niemanden, dem ich mich anvertrauen konnte. Niemand kannte Habib so gut wie ich, sodass ich allein mit den Entscheidungen stand, die ich treffen musste. Dieses Mal konnte ich das Problem nicht beiseite schieben, ich musste mich der Situation stellen. Ganz allein.

Nach einer Stunde, die ich in tiefer Verzweiflung verbrachte, ging ich wieder nach Hause. Ich hoffte, dass Habib sich beruhigt und nachgedacht hatte. Immer noch wollte ich an das Gute in ihm glauben: Vielleicht tat ihm seine Handlungsweise ja schon Leid, vielleicht wartete er auf mich? Man hört niemals auf zu hoffen.

Ich klingelte. Er kam nicht sofort. Einige Minuten vergingen, bis die Tür sich einen Spaltbreit öffnete. Habib gab mir ein Blatt Papier und einen Stift: Er hatte beschlossen, mich unter der Bedingung einzulassen, dass ich mich schriftlich entschuldigte. Er wollte, dass ich meine Fehler eingestand.

Zuerst hielt ich ihm entgegen, das sei lächerlich. Ich weigerte mich. Da schlug er die Tür zu. Ich hatte nicht vor, die Nacht auf der Fußmatte zu verbringen; am nächsten Morgen musste ich um fünf Uhr aufstehen. Zähneknirschend tat ich, was er verlangte. Ich schrieb, was er mir diktierte, und versuchte dabei an etwas anderes zu denken. Versuchte zu vergessen, wie sehr ich mich schämte. Ich war sein willenloses Objekt.

Während der darauf folgenden Tage tat Habib, was er konnte, um sich freundlich zu geben, aber zum ersten Mal in unserem gemeinsamen Leben wollte ich nichts vergessen. Ich konnte keinen Schlussstrich unter den Vorfall ziehen. Vor allem war ich mir sicher, dass er sich wiederholen würde. Ich hatte ja erlebt, wie unsere Beziehung sich entwickelte. Sie veränderte sich schleichend und stets zum Schlechteren.

Papas Krankheit war ziemlich weit fortgeschritten. Die Prognose war nicht gut. Er hatte mit den Chemotherapie-Behandlungen begonnen, zwei Etagen unter meiner Station. Ich tat mein Bestes, um ihn zu unterstützen, ihm Mut zu machen, ihn zu motivieren. Ich wollte die verlorene Zeit aufholen und wieder gutmachen, was ich ihm angetan hatte. Wenn ich vor seinem Sessel stand und automatisch seine Infusion überprüfte, überfielen mich die Erinnerungen an unsere Wanderungen in den Bergen. Ich sah uns beide, wie wir Hand in Hand im Sonnenschein über die Pfade stapften. Ich hatte meine Kindheit in einem Paradies verlebt, umgeben von Menschen, die ich liebte und die mich liebten; Menschen, die glaubten, dass Liebe bedeutete, dem anderen Gutes zu wollen. All diese Zeit hatte ich gebraucht, um das zu verstehen und dankbar zu sein.

Weihnachten stand vor der Tür. Ich flehte Habib an, mich das Fest mit den Mädchen bei meinen Eltern verbringen zu lassen. Mir war egal, ob er mitkam oder nicht. Ich hatte Angst, es könnte das letzte Weihnachten mit Papa sein.

Seit er erfahren hatte, dass mein Vater krank war, hatte Habib sich weniger launisch verhalten. Er schien Gewissensbisse zu haben. Er meinte, bald könnten wir unsere Eltern in unser eigenes Haus einladen, wo sie sich im Garten ausruhen könnten. Aber die Entscheidung, ob wir jetzt zu ihnen zum Essen gehen durften, das war eine andere Sache. Bis zum Morgen des 25. Dezember wusste ich nicht, ob er mir erlauben würde, an unserem kleinen Familienfest teilzunehmen. Schließlich erklärte er sich einverstanden, bestand aber darauf, uns zu begleiten.

Obwohl ich mich freute, war ich nervös. Ich wusste, dass Bruno und seine Frau da sein würden. Seit zwei Jahren hatte ich ihn nicht gesehen, meinen kleinen Bruder, den ich so oft zur Schule gebracht hatte ...

Als Bruno eintrat, ging er auf Habib zu und streckte ihm offen die Hand entgegen. Doch Habib wandte sich demonstrativ ab und weigerte sich, sie zu nehmen. Bruno, der ihn um Haupteslänge überragte, nahm es hin, weil er an meine Eltern dachte, an mich und die Kinder.

Den ganzen Abend hindurch bekam Habib praktisch die Zähne nicht auseinander. Gleich nach der Vorspeise stand er vom Tisch auf, um mit Sara zu spielen. Wieder einmal zog er sich mit seiner Tochter zurück. Wir taten, als hätten wir nichts bemerkt. Das Wichtigste war, dass wir alle zusammen waren, und Papa in unserer Mitte. Alles Weitere würde ich später sehen ...

Ich brauchte nicht lange zu warten. Kaum waren wir zu Hause, ließ Habib seiner Eifersucht und seinem Zorn freien Lauf. Ein neuer Streit brach aus, er überhäufte mich mit Beleidigungen. Von diesem Zeitpunkt an verging keine Woche ohne Auseinandersetzung.

Unser Zusammenleben war die Hölle geworden. Schließlich ließ ich ihm immer das letzte Wort, um den Streit nicht in Anwesenheit meiner Töchter zu schüren. Aber von nun an begannen unsere Zänkereien gleich morgens nach dem

Aufstehen und endeten am Abend, wenn ich schlafen ging. Ich legte mich immer früher hin und er immer später. Wir gingen uns aus dem Weg, so gut wir konnten.

Atefeh, meine Lieblingsschwägerin, kam uns damals für ein paar Tage besuchen, und leider erlebte sie diese ständigen Szenen mit. Eines Tages vertraute ich ihr an, dass mir eine Trennung unvermeidlich erschien. »Wenn du gehst, nimm die Kinder mit«, sagte sie nur.

Ich fand diese Vorstellung abscheulich. Ein Kind gehört niemandem, weder seinem Vater noch seiner Mutter. Außerdem war Habib ein guter Vater; es kam gar nicht in Frage, dass ich ihm unsere Töchter wegnahm. Das war unvorstellbar. Ich hatte sogar schon überlegt, ob wir das Sorgerecht teilen könnten; dazu würde es reichen, dass wir uns zwei Wohnungen nahmen, die nicht allzu weit voneinander entfernt lagen. Unsere Töchter brauchten uns beide.

Doch Atefeh ließ sich nicht weiter aus. Sie sagte bloß noch einmal: »Wenn du gehst, nimm die Kinder mit.«

Zu Silvester hatten wir vier befreundete Paare eingeladen. Als es an die Vorbereitung der Feier ging, warnte mich Habib: »Ich werde keinen Alkohol im Haus dulden.«

Ich war wie vom Donner gerührt. Eine Silvesterfeier ohne Champagner – ich wusste, dass das mehr als einen erstaunen würde. Ich schämte mich; er hatte nicht die geringste Achtung vor meinen Freunden, vor mir. Aber es war zu spät, um abzusagen ...

Ich begann mich daran zu gewöhnen, dass er mich vor die Tür setzte. Seit Januar dachte ich daran, mir meinen Mantel zu schnappen – in der Tasche hatte ich die Wagenschlüssel. Ich flüchtete zu meiner Cousine Nathalie, der, die Habib so gut leiden konnte. Zwei Stunden lang sprach ich mit ihr. Sobald ich mich beruhigt hatte, fuhr ich nach Hause. Anschließend musste ich noch schriftlich niederlegen, wie sehr es mir Leid tat, dass ich es dem Vater meiner Kinder gegenüber an Respekt hatte fehlen lassen. Er diktierte, ich schrieb. Ich klagte mich aller Schandtaten an. Ich mochte nicht darüber nachdenken; ich ahnte ja noch nicht, wozu er diese schwachsinnigen Geständnisse missbrauchen würde.

Meist brachen unsere Streitereien am Abend aus, nachdem die Kinder ins Bett gegangen waren, aber Sara hatte auch schon miterlebt, wie Habib mich vor die Tür setzte. Einmal warf sie mir sogar die Wohnungsschlüssel nach, bevor er die Tür zuschlug. Da war sie drei Jahre alt. Ich war entsetzt. Wie sollte ich sie nur beschützen? Dabei hatte sie mir selbst die Lösung verraten.

»Ich wünschte, mein Papa und meine Mama würden sich nie wieder streiten«, sagte sie nur.

Sie hätte es mir nicht zu sagen brauchen. Um ihretwillen hatte ich meine Beziehung retten wollen, aber jetzt musste ich sie lösen, ebenfalls um ihretwillen. An diesem Tag traf ich für mich die Entscheidung.

Wir hatten den Vorvertrag für das Haus unterschrieben, die Bank hatte uns den Kredit bewilligt, alles war bereit. In ein paar Tagen würden wir umziehen; überall in der Wohnung standen schon Kartons herum. Und plötzlich hatte Habib keine Lust mehr, seinen kleinen Autohandel weiter zu betreiben. Er würde nicht mehr nach Paris fahren.

Meine Eltern waren völlig außer sich.

»Wie willst du das denn schaffen?«, fragten sie.

Sie, die selbst das Risiko, Eigentümer zu werden, nicht hatten eingehen wollen, verstanden nicht, wieso ich mir eine solche Verantwortung auflud. Und dabei hatte ich ihnen nicht einmal erzählt, was bei uns los war. Auch ich hatte Angst. Aber vor etwas anderem. Habib hatte mich gewarnt.

»Wenn du mich verlässt, siehst du deine Kinder nie wieder.«

Ich wusste, dass unsere Trennung unvermeidlich war; es war nur noch eine Frage der Zeit. Ich musste nur noch den richtigen Weg finden. Das Wichtigste waren nicht das Geld oder das Haus, sondern meine kleinen Töchter.

*

Vierzehn Tage vor dem geplanten Umzug erklärte Habib mir bei einem neuen Streit eiskalt, er habe nicht vor, jemals wieder zu arbeiten. Ich war wie erstarrt. Da hatte er mich ja schön hereingelegt. Jetzt brauchte er sich nicht mehr zu verstellen, ich saß fest. Natürlich verkündete er mir gleichzeitig, dass er sich an der Abzahlung des Hauses nicht beteiligen würde. Ich müsste halt sehen, wie ich zurechtkomme. Er war sich sicher, dass ich nicht mehr zurückkonnte; er hatte ja erlebt, wie ich all seinen Einschüchterungsversuchen nachgegeben hatte, seinen Erpressungen, seinen Gewaltausbrüchen ...

Er sollte sich irren. In seinem Beisein rief ich den Notar an, um ihm zu sagen, wir hätten ein großes Problem und müssten vom Kauf des Hauses zurücktreten. Als Jurist erklärte er mir, alle Fristen seien bereits verstrichen. Wenn ich kein Papier von der Bank vorlegen könne, das bescheinigte, dass mir der Kredit verweigert wurde, müsste ich die Summe in den Wind schreiben, die ich bei der Unterschrift des Vorvertrags hinterlegt hatte, fast neunzigtausend Francs. Und wahrscheinlich würden auch die Eigentümer, deren Besitz länger als drei Monate blockiert gewesen war, eine Entschädigung verlangen.

Man hatte mich gelehrt, dass Geld nicht das höchste Ziel im Leben war. Ich würde nicht meine ganze Freiheit aufs Spiel setzen, um meine letzten Ersparnisse zu hüten. Ich hatte beschlossen, den Kauf rückgängig zu machen, wie hoch auch der Preis dafür sein mochte. Habib tobte. Wie sollte er seiner Familie begreiflich machen, dass er das Haus nicht mehr kaufen würde? Aber mir war das egal; das war nicht mehr mein Problem.

Die ganze Woche lang nahm ich mein Problem unter die Lupe. Unter welchem Blickwinkel ich die Dinge auch betrachtete, ich musste mich von Habib trennen, um meiner selbst und um meiner Töchter willen.

Wenn ich unser gemeinsames Leben wie einen Film vor mir ablaufen ließ, fragte ich mich, wieso ich so lange ausgehalten hatte. Und was war dabei herausgekommen? Meine einzige Entschuldigung war, dass ich Habib leidenschaftlich geliebt und mit allen Mitteln versucht hatte, unsere Familie zu retten.

Am Freitag, dem 12. Februar 1999, verbot Habib mir morgens, Sara das Frühstück herzurichten.

»Dafür bin ich zuständig«, erklärte er mir in ihrer Gegenwart.

Am Abend nahm ich meinen ganzen Mut zusammen. Vor mir lag ein freies Wochenende. Ich wollte Zeit haben, um mit ihm zu reden.

Ich machte den Mädchen ihr Abendessen. Ich versuchte, so ruhig wie möglich zu bleiben, um niemanden vorzuwarnen oder in Aufregung zu versetzen. Dann badete ich die beiden. Es war mir eine Freude zu sehen, wie sie anfingen, im Wasser zusammen zu spielen. Egal, was auch geschehen würde, sie würden ihre Kindheit gemeinsam verleben, Erinnerungen, die ihnen niemand nehmen konnte. Sie würden das ganze Leben lang zu zweit sein. Sara fütterte Eva schon jetzt mit dem Löffel, sie tanzte, um sie zu unterhalten, sie nahm meine Stelle ein, wenn die Mädchen allein mit ihrem Vater waren. Mich beruhigte es, sie bei ihrer kleinen Schwester zu wissen. Ich legte die beiden schlafen, Eva in ihr weißes Gitterbettchen und Sara in ihr Kinderbett.

Ich wollte einfach glauben, dass wir in der Lage waren, uns in aller Ruhe zu trennen. Ich war unglücklich, aber

Habib bestimmt auch. Unsere Beziehung war gescheitert; das musste doch ausreichen, um unser gemeinsames Leben zu beenden.

Ich atmete tief durch und stürzte mich ins kalte Wasser. Ich sagte Habib, ich wolle mit ihm sprechen, bat ihn, sich zu mir ins Wohnzimmer zu setzen. Ich begann diplomatisch, fragte ihn, ob er glücklich sei – er gab mir keine Antwort.

Darauf erklärte ich ihm, ich sei es nicht mehr. Wir sprächen nicht mehr miteinander, wir liebten uns nicht mehr. Ruhig, ganz behutsam sagte ich Habib, ich hätte meine Entscheidung getroffen. Ich hätte lange darüber nachgedacht, aber wir müssten uns trennen ...

Ich hatte nicht einmal Zeit, meinen Satz zu beenden. Er sprang auf; in seinem Blick stand blanker Hass. Er fing an zu schreien, wenn ich wolle, könne ich sofort verschwinden, aber dann würde ich meine Kinder nie wiedersehen.

Er würde mit ihnen in den Iran gehen, wo er genug Freunde habe, um Hilfe zu finden. Wenn nötig, würden sie sich verstecken. Er brüllte. Ich war verängstigt, und dabei wusste ich noch nicht einmal, dass nach islamischem Gesetz der Vater automatisch die elterliche Gewalt über alle Kinder ausübt. Dort hat die Mutter keinerlei Rechte.

Er begann mir Fußtritte zu versetzen und mich mit aller Kraft zu schütteln, als wäre ich ein giftiges Tier, das man nur zerquetschen muss, um es loszuwerden. Dann zerrte er mich in den Flur und schleuderte mich auf den Treppenabsatz.

Ich fiel hin, und er warf mir meinen Mantel und meine Handtasche hinterher. Dann knallte er die Tür zu und legte den Riegel vor. Ich erkannte die Szene wieder, die ich in den letzten Monaten so oft durchgespielt hatte. Ich kannte Nantes bei Nacht und Kälte. Ich war benommen, wie vor den Kopf geschlagen, fragte mich, wie ich mich hätte verhalten sollen, ob ich irgendwann einen Fehler gemacht hatte. Aber ich sah nicht, welche Taktik ich sonst hätte anwenden können. Ich stammte aus einem zivilisierten Land, ich hatte Rechte, ich wurde durch das Gesetz geschützt, und trotzdem fühlte ich mich ohnmächtig.

Ich spürte noch seine Schläge. Ohne zu wissen, wie ich dorthin gekommen war, stand ich irgendwann vor dem Haus meiner Eltern. Instinktiv hatte ich den Weg gefunden. Es gab auch keinen anderen Ort mehr, an den ich hätte gehen können.

Ich klingelte. Mama öffnete. Drinnen war es still; es war sehr spät. Mit einem Blick begriff sie alles. Ich trat ein. Bruno und Sandra saßen im Wohnzimmer. Sie waren über das Wochenende gekommen. Ich hatte nichts davon gewusst. Ich bekam nicht einmal mehr mit, was in meiner eigenen Familie vor sich ging. Aber es war gut, sie in diesem Moment wiederzusehen, meinen Bruder an mich zu drücken. Es war, als fände ich das Leben wieder, das weitergegangen war und von dem ich ausgeschlossen gewesen war. Ich schöpfte wieder Hoffnung.

Am nächsten Morgen wollte ich mit Sandra alle Formalitäten erledigen. Zuerst würden wir in aller Frühe zur Bank gehen und Habibs Vollmacht über mein Konto annullieren lassen. Dann zur Polizei, um Anzeige zu erstatten. Ich lebte in Frankreich; man würde nicht zulassen, dass ein Mann mit zwei kleinen Mädchen flüchtete. Ich musste zur Ruhe kommen. Der Albtraum würde zu Ende gehen, auch wenn noch schwierige Zeiten vor mir lagen.

10

Wir fingen bei der Bank an, wo wir Habibs Vollmacht über mein Konto annullierten. Wegen des Bausparvertrags konnten wir nichts unternehmen, denn das Postamt in Saint-Leu war sonnabends geschlossen. Bis zum Montag musste ich meine zweihunderttausend Francs dort lassen. Als Nächstes gingen wir aufs Polizeirevier.

Der Dienst habende Beamte erklärte uns, er könne höchstens ein Protokoll darüber aufnehmen, dass mein Freund mich vor die Tür gesetzt habe und mir verweigere, meine Kinder zu sehen. Ich versuchte zu argumentieren, zu erklären, dass Habib mich bedroht und geschlagen hatte, dass er mit meinen Töchtern fliehen wollte und dass man handeln müsse und die Sache nicht einfach unter »Vermischtes« aufnehmen dürfe. Aber der Polizist wiederholte, dass da nichts zu machen sei. Ein Protokoll! Ich hatte damit gerechnet, dass man Habib alle Gendarmen von Nantes auf die Fersen hetzen würde, und stattdessen erklärte man mir, man werde eine Notiz anlegen, die zweifelsohne nie jemand lesen würde. Ich solle das Aktenzeichen notieren, nach Hause gehen und abwarten.

Ich war bestürzt. Das musste ein Missverständnis sein. Diese Männer weigerten sich, Kindern, die in Gefahr waren, Hilfe zu leisten. Verständnislos starrten sie mich an. Ich verlangte den Kommissar zu sprechen. Schließlich veranstaltete ich einen solchen Radau, das der Beamte einverstanden war, mich zu empfangen.

Sein gemessener Tonfall und seine joviale Miene brachten zum Ausdruck, dass er ein geistig vollkommen gesunder

Mann war, der sich einer Verrückten gegenüberstehen sah. Aufmerksam hörte er mich an, und als ich fertig war, erklärte er mir, in dreißig Dienstjahren habe er schon alles Mögliche erlebt. Dass Frauen von ihren Partnern vor die Tür gesetzt wurden, war nicht selten. Normalerweise kam das wieder in Ordnung, wenn man bloß einen oder zwei Tage abwartete. Und was die Kinder anging, da war er sich ganz sicher: Die Zeitungen berichteten nur zu gern über solche Entführungen, aber er habe so etwas noch nie erlebt.

Er begleitete mich zur Tür und riet mir, mich von meinen Eltern verwöhnen zu lassen und zu warten, bis mein Freund sich beruhigt habe. Er redete mit mir wie mit einem kleinen Mädchen, das sich auf dem Schulhof das Knie aufgeschlagen hat. Erfolglos versuchte ich ihm klarzumachen, dass der Vater meiner Töchter Iraner war, dass sein Bruder Mohamad im Irak eine hohe Stellung bekleidete. Er lächelte nur unerschütterlich.

Ich war zehn Jahre mit Habib zusammen gewesen, und dieser Polizist tat, als kenne er ihn besser als ich! Er nahm mich nicht ernst. Wir vergeudeten unsere Zeit. Sandra machte mir ein Zeichen: nutzlos, weiter zu drängen. Wir mussten anderswo Hilfe suchen.

Am Montagmorgen war ich nicht in der Lage, zur Arbeit zu gehen. Das ganze Wochenende hatte ich nicht geschlafen, und ich konnte einfach nicht zu weinen aufhören. Der Arzt schrieb mich für eine Woche krank. Ich rief Habib an, weil ich ein paar Sachen holen und vor allem die Mädchen sehen wollte. Aber er sagte nur, ich habe in seiner Wohnung nichts mehr zu suchen, und legte auf. Nicht einmal mit Sara sprechen durfte ich. Ich fragte mich, was sie wohl dachte, was er ihr erzählt hatte. Und Eva, mein Baby, wie würde sie ohne mich zurechtkommen?

Anschließend rief ich bei der Post in Saint-Leu an, wo

»unser« Bausparvertrag lag. Der Angestellte teilte mir mit, meine Vollmacht sei annulliert worden. Bestimmt hatte Habib das von zu Hause aus erledigt, per Internet. Meine zweihunderttausend Francs waren verloren, aber ehrlich gesagt war mir das egal. Mir war noch nicht klar, dass ich viel Geld benötigen würde und dass es vom Vorteil wäre, wenn Habib so wenig wie möglich davon hätte. Ich war zu den einfachsten strategischen Überlegungen nicht in der Lage ...

Jetzt war noch der Besuch beim Anwalt zu erledigen. Endlich hörte mir jemand richtig zu. Endlich nahm jemand Habibs Drohungen richtig ernst. Der Anwalt erklärte mir, obwohl Habib und ich nicht verheiratet seien, übten wir das Sorgerecht gemeinsam aus, denn die Kinder waren bei ihrer Geburt vom Vater anerkannt worden und trugen beide Familiennamen. Und ich hatte auch noch darauf bestanden!

Die Vorgehensweise war einfach: Ich musste einen Familienrichter einschalten, der das Sorgerecht für unsere Kinder und das Besuchsrecht regeln würde. Juristisch gesehen war die Sache kein Problem. Man musste nur schnell reagieren. In meinem Beisein rief der Anwalt den Richter an und legte ihm die Situation dar. Er bekam einen Termin für den 26. Februar, also in knapp zwei Wochen. Ich hätte ihn küssen können!

Ich war beruhigt, wie einfach und rasch die Prozedur in Gang kam. Der Anwalt hatte mir geraten, mich bis zur Verhandlung ruhig zu verhalten und nicht nach Hause zurückzukehren, um Habib nicht weiter aufzubringen. Ich höre noch, wie er mir diesen Rat gibt, während ich in der Tür seines Büros stehe. Er kannte sich mit solchen Auseinandersetzungen aus und wusste, dass eine Vorladung vor Gericht oft die wütendsten Streithähne beruhigt.

Nachdem ich die Kanzlei verlassen hatte, ging ich mir eine lange Hose kaufen, Unterwäsche, ein paar Teile zum Wechseln bis zu dem Sühnetermin, da Habib mir nicht erlaubte, meine Sachen zu holen. Ich hatte keine Lust auf einen Schaufensterbummel, aber immerhin gewann ich so etwas wie ein wenig Lebensfreude zurück, während ich mich auf die erste Begegnung mit der Justiz vorbereitete. Dieses Treffen bedeutete Hoffnung, und ich würde meine Kinder wiedersehen. Ich war mir sicher, dass ich nach dem Termin beim Richter nach Hause zurückkehren konnte, und ich würde meine Koffer packen, ob Habib wollte oder nicht. Und wenn ich dazu Polizeischutz in Anspruch nahm. Dieses Mal würde die Polizei mir helfen müssen.

Unterdessen begriff ich immer noch nicht richtig, dass ich nichts mehr besaß, weder Papiere noch Kleidung. Immer wieder kam mir automatisch der Gedanke, ich bräuchte nur dorthin zu greifen, wo ich den entsprechenden Gegenstand hingelegt hatte.

Die Zeit verstrich langsam, bedrückend. Ich fuhr nach Paris zu Habibs Eltern; ich wollte Habibs Mutter um ihr Eingreifen bitten. Wie gewohnt empfingen sie mich sehr freundlich, aber sie wussten keinen anderen Rat für mich, als dass ich zu ihrem Sohn zurückkehren solle. Seine Mutter behauptete sogar, Habib rede nicht mehr mit ihr. Das konnte ich unmöglich glauben; er hatte sie immer zwei- oder dreimal täglich angerufen. Seine Eltern schlugen mir vor, meine Familie zu verlassen und zu ihnen zu ziehen. Sie meinten, auf diese Weise würde Habib sich beruhigen – und dann könnten wir unsere Probleme auf iranische Weise bereinigen.

Ihr Vorschlag interessierte mich nicht. Ich hatte genug gewartet, genug gehofft, zwischen uns waren so viele schlimme Dinge geschehen, dass ich nicht den geringsten Wunsch verspürte, unser gemeinsames Leben fortzusetzen. Darauf würde ich nicht wieder hereinfallen. Es hatte lange gedauert, bis ich mich zu meiner Entscheidung durchgerungen hatte, aber jetzt war ich entschlossen, mir meine Freiheit zurückzuholen.

Jeden Tag rief ich Habib an und bat ihn, Sara ans Telefon zu holen, und regelmäßig legte er einfach auf. Zweimal schaffte ich es jedoch, mit meiner Tochter zu sprechen. An dem Tag, an dem sie mich ganz unglücklich fragte, warum ich sie verlassen habe, ob es stimme, dass ich sie nicht mehr lieb habe, ob ihr Opa und ihre Oma sie wirklich nicht mehr gern hatten, da musste ich mir große Mühe geben, nicht loszuschluchzen. Habib hatte also begonnen, ihr Bild von mir zu zerstören. Er manipulierte sie, wie er es mit mir getan hatte. Aber sie war erst drei! Welche Schäden würde sie durch unsere Trennung davontragen? Er ließ mir keine Zeit, meine Tochter zu beruhigen. Er hatte den Lautsprecher eingeschaltet, um unser Gespräch zu verfolgen, und legte abrupt auf.

Ich wusste nicht mehr, an wen ich mich wenden sollte. Ich versuchte es bei Isabelle, Maëls Mutter, die Sara zu sich genommen hatte, als ihre kleine Schwester geboren wurde. Zum Glück hatte Isabelle den Kontakt zu Habib gehalten. Ihr hatte er erzählt, ich sei mit einem Liebhaber durchgebrannt. Er spielte die Rolle des betrogenen Ehemannes, den eine Rabenmutter mit seinen Kindern hatte sitzen lassen. Er hatte ihr sogar die Bekenntnisse gezeigt, die er mir diktiert hatte, wenn er mich hinauswarf. Dann hatte er plötzlich die Beherrschung verloren. Er fing an, mich auf das Übelste zu beschimpfen, er tobte.

»Für das, was sie getan hat, muss sie bestraft werden!«, hatte er Isabelle angeschrien.

In einem solchen Zustand hatte sie ihn noch nie erlebt. Aber sie hatte nichts zu meiner Verteidigung gesagt, um die Verbindung zu erhalten. Sie hatte verstanden, dass die Sache ernst war. Immerhin eine Chance: Während der folgenden Tage konnte sie mir Bericht erstatten. Sie versuchte, mit Sara zu sprechen, um sie zu beruhigen. Einmal erzählte sie mir, wie meine Tochter sie ins Badezimmer gezogen hatte. Sie wollte, dass Isabelle sie an meinem Parfüm riechen ließ ...

Eine Woche funktionierte unsere kleine Scharade, so lange, bis Isabelle bemerkte, dass Eva krank war und vierzig Grad Fieber hatte. Sie gab mir Bescheid, und ich konnte mich nicht zurückhalten.

Sofort fuhr ich hin, trommelte an die Tür und drohte Habib, einen Skandal zu machen, wenn er mich nicht hereinlasse, damit ich meine Tochter zum Arzt bringen konnte. Er gab nach, zusammen gingen wir zur Kinderärztin. Ich hatte einen Plan: Ich wollte der Ärztin zu verstehen geben, Eva müsse unbedingt ins Krankenhaus. Dann wäre zumindest eine meiner Töchter in Sicherheit.

Die Kinderärztin untersuchte sie; eine Mittelohrentzündung. Kein Grund, sie in die Notaufnahme zu bringen. Ich erfand die schwersten Symptome, aber Habib widersprach mir und gab dabei der Ärztin unterschwellig zu verstehen, dass ich mich nicht richtig um Eva kümmere und nur er sich für das Kind interessiere. Unsere Kinderärztin spürte genau, dass dies keine normale Sprechstunde war. Sie bemerkte die ungute Stimmung zwischen uns, Habibs aggressives Verhalten, aber was konnte sie tun? Eva trat um sich. Mein sanftes Baby hatte sich in ein wildes Kätzchen verwandelt. Zutiefst niedergeschlagen verabschiedete ich mich von der Ärztin.

Mein Plan war gescheitert, aber immerhin hatte er mir Gelegenheit gegeben, in die Wohnung zurückzukehren. Ehe Habib mich wieder hinauswarf, konnte ich noch meine Wagenschlüssel und die Papiere von ihm verlangen. Zuerst weigerte er sich, doch ich erinnerte ihn daran, dass der Opel auf meinen Namen zugelassen war und warnte ihn, ich werde Anzeige wegen Diebstahls erstatten. Da wurde er ruhiger. Aber als ich meine Kleidung holen wollte, gab er zurück, ich sei nicht hier, um eine Modenschau zu veranstalten. In diesem Moment begriff ich, dass ich nichts von meinem Eigentum wiedersehen würde.

Ich erkannte die Wohnung nicht wieder. Sie sah total heruntergekommen aus, als hätten sich Hausbesetzer eingenistet. In der Spüle türmte sich schmutziges Geschirr. Das Spielzeug der Kinder lag im Wohnzimmer auf dem Boden verstreut. Zwischen den gepackten Umzugskartons herrschte ein unbeschreibliches Durcheinander. Es tat mir weh, Sara und Eva in diesem Chaos zurückzulassen, aber ich tröstete mich mit dem Gedanken an den Anwalt und den Richter: nur noch fünf Tage bis zur Verhandlung.

Nachdem ich zu meinen Eltern zurückgekehrt war, machte ich mir große Hoffnungen, das Jugendamt werde eingreifen und mir freien Zugang zu meinen Töchtern verschaffen. Doch eine Angestellte antwortete mir, solange der Vater seine Kinder nicht schlage, sei da nichts zu machen.

In meiner Verzweiflung rief ich Saras Lehrerin an, aber wir hatten Februarferien, und sie konnte die Sozialbehörden nicht einschalten. Diese Ohnmacht war eine wahre Folter. Ständig spürte ich die Blicke meiner Töchter, sah sie verwirrt und verlassen vor mir.

Erneut wandte ich mich an die Polizei. Man schickte eine Streife vorbei, doch die bemerkte nichts Ungewöhnliches. Habib weigerte sich, mit mir zu sprechen, mir zu sagen, wie es den Kindern ging. Über Isabelle konnte ich nichts mehr erfahren; seit sie gewagt hatte, mir wegen Eva Bescheid zu geben, hatte er den Kontakt zu ihr abgebrochen.

Meine Krankschreibung war abgelaufen. Zum Glück, denn bei meinen Eltern, wo ich den ganzen Tag vor mich hin brütete und telefonierte und nichts anderes zu tun hatte, als die Stunden bis zur Verhandlung zu zählen, wurde ich verrückt. Im Dienst konnte ich mich wenigstens auf meine Arbeit konzentrieren und brauchte nicht zu denken. Es würde mir gut tun, die anderen Krankenschwestern und meine Freundin Bénédicte wiederzusehen. Auf der Suche nach Vergessen kehrte ich ins Krankenhaus zurück.

Zwei Tage später rief Habib mich an. Er wollte mit mir reden. Seit damals, als ich nach unserer ersten Begegnung auf seinen Anruf wartete, war ich nicht mehr so aufgeregt gewesen, seine Stimme zu hören ... Mein Herz raste. Seit zwölf Tagen konnte ich nicht mehr nach Hause, und ich hatte fast keine Nachricht von meinen Kindern. Und jetzt gab er sich freundlich, erklärte mir, ich habe ihn bestimmt missverstanden. Er habe mich nie daran hindern wollen, die Kinder zu sehen! Ich könne kommen, wann ich wolle! Auch wenn wir uns trennten, würde ich doch immer die Mutter seiner Kinder bleiben. Außerdem fehle ich ihnen sehr, und Sara frage ständig nach mir. Ich traute meinen Ohren nicht.

Im Moment war ich stumm vor Überraschung. So glücklich war ich bei dem Gedanken, meine Kleinen wiederzusehen, dass ich nicht misstrauisch wurde. Ich wollte diesen radikalen Meinungsumschwung nutzen. Außerdem blieb mir nichts anderes übrig. Habib wollte mich sicher umstimmen, aber ich würde standhaft bleiben. Vielleicht hatte er ja begriffen, dass wir unsere Angelegenheiten besser auf freundschaftliche Weise regelten, um der Zukunft unserer Töchter willen.

Gleich organisierte ich meinen Besuch. Da ich am nächsten Tag um 14 Uhr Dienstschluss hatte, konnte ich gegen 14.30 Uhr in der Wohnung sein. Habib war einverstanden, obwohl er hinzusetzte, er könne mir nur eine Stunde Zeit geben, da er noch einen Termin habe. Eine Stunde mit meinen Töchtern – damit hatte ich nicht gerechnet. Ich erhob keine Einwände. Beinahe hätte ich ihm gedankt.

Sofort berichtete ich Mama von dem Gespräch. Papa war noch im Krankenhaus, und wir beide waren allein. Meine Mutter war müde, besorgt. Sie reagierte skeptisch und verstand nicht, warum Habib seine Meinung geändert haben sollte. Das war zu schön, um wahr zu sein. Aber mir fiel plötzlich die Erklärung ein: Er musste die Vorladung für Freitag erhalten haben! Bis dahin waren es nur noch zwei Tage, und er hatte sich dieses kleine Manöver einfallen lassen, um sich nicht ins Unrecht zu setzen. Ein Versöhnungsversuch mit mir würde ihn besser dastehen lassen. Bestimmt fürchtete er, seine Rechte zu verlieren, wenn er mir verbot, meine Töchter zu sehen. Ich war zufrieden; das klang alles logisch.

Voller Freude dachte ich nur noch an den morgigen Tag. Ich würde Eva und Sara sehen, und am Freitag, nach der Anhörung, hätte ich sie endlich wieder. Erleichtert sah ich Licht am Ende des Tunnels. Die Dinge kamen schneller in Ordnung, als ich erwartet hatte. Habib schickte sich ins Unvermeidliche, er hatte begriffen, dass er einen Kompromiss schließen musste. Die Aussicht, vor den Richter zu treten, hatte ihn zum Einlenken bewogen. Endlich sah er ein, dass ein höflicher Umgang miteinander in unser beider Interesse war.

Die ganze Nacht schlief ich nicht, so aufgedreht war ich. Ich würde meine Töchter wiedersehen, sie endlich in die Arme schließen, sie küssen, sie streicheln können. Sie hatten mir so schrecklich gefehlt!

Mit einem Lächeln auf den Lippen ging ich zur Arbeit und verkündete jeder einzelnen meiner Kolleginnen die gute Neuigkeit.

Doch die zeigten sich überrascht, eher zurückhaltend, machten sich sogar Sorgen um mich. Ich war zu glücklich, um etwas darauf zu geben. Die Stunden wollten gar nicht vergehen.

Um ein Uhr trat Bénédicte ihren Dienst an, und ich erzählte ihr alles. Auch sie wirkte besorgt. Sie glaubte nicht mehr an den Weihnachtsmann. Als Habib sie aus der Wohnung wies, hatte sie verstanden, wozu er hinter seiner sanften Fassade fähig war. Seit zwei Jahren erlebte sie im Krankenhaus mit, wie ich immer weiter herunterkam. Und dann hatten ihr afghanische Freunde davon erzählt, wie die Frauen unter dem Regime der Mullahs leben mussten.

»Geh nicht hin, das gibt eine Tragödie«, bat sie mich.

Und sie riet mir, mich von jemandem begleiten zu lassen. Aber ich wollte Habib nicht brüskieren. Jetzt machte er schon einmal einen Schritt auf mich zu; da wollte ich ihm nicht demonstrieren, dass ich jedes Vertrauen zu ihm verloren hatte. Die Verhandlung rückte näher, er musste dort in guter Stimmung auftreten, damit wir zu einer Übereinkunft kamen, wie es mir mein Anwalt geraten hatte. Wenn ich nicht allein ging, würde Habib das äußerst negativ aufnehmen. Und auf jeden Fall war es jetzt zu spät, noch jemanden aufzutreiben. Ich versprach Bénédicte, sie gleich nach dem Treffen anzurufen. Ich wollte meine Kinder wiedersehen, sonst nichts. Und dafür würde ich alles wagen.

*

Erst als ich meinen Wagen auf dem Parkplatz abstellte, spürte ich zum ersten Mal Angst. Endlich wurde mir klar, dass diese wundersame Wandlung nicht ins Bild passte. Warum hatte Habib mich herbestellt? Wir hätten uns auch irgendwo anders treffen können. Ich hätte ihn bitten können, mir die Kinder nach draußen zu bringen. Warum manövrierte ich mich in eine unterlegene Position, indem ich in unsere – das hieß ab jetzt seine – Wohnung ging? Er hatte mir eine Stunde gegeben, und ich würde nicht eine Minute länger bleiben.

Klopfenden Herzens stieg ich die Treppen hinauf. Habib öffnete die Tür. Sein Blick war finster. In diesem Moment wurde mir klar, dass ich diesen Ort nicht heil verlassen würde. Aber ich konnte nicht mehr zurück. Sara kroch zwischen seinen Beinen hindurch und warf sich in meine Arme.

»Mama! Mama!«

Ich drückte sie an mich, sog den süßen Duft ihres Shampoos ein, vergrub mein Gesicht in ihrem seidigen Haar. Sie umklammerte meinen Hals, wies in Richtung Kinderzimmer. Sie wollte, dass wir Eva holten, »ihr« Baby, das gerade aus dem Mittagsschlaf aufwachte. Sie hatte es eilig, unser Trio wieder vereint zu sehen.

Gleich als ich mit meinem Baby auf dem Arm aus dem Zimmer kam, begann Habib, mich mit Beleidigungen zu überschütten. Er warf mir vor, mit dem ganzen Viertel zu schlafen.

»Habib, Sara hört doch, was du sagst!«, gab ich empört zurück.

Er befahl mir, ins Wohnzimmer zu gehen. Die anderen Zimmer durfte ich nicht betreten. Ich gehorchte, beugte mich seinen Befehlen und akzeptierte die Grenzen, die er setzte. Alles, um nicht vor den Kindern zu streiten. Ich war so froh über die Erlaubnis, sie zu sehen, dass ich kaum bemerkte, dass sich in der Wohnung etwas Entscheidendes verändert hatte: Sie war leer geräumt.

Ich sah Habib an. Er erwiderte meinen Blick. Hasserfüllt. Im Wohnzimmer setzte ich Eva ab, zog den Mantel aus und verdoppelte meine Bemühungen, meine Angst nicht zu zeigen. Sofort brachte Sara mir ein Puzzle, und ich machte mich daran, es mit ihr zusammenzusetzen, so als wäre das alles ganz normal. Zuerst ließ Habib sich auf einem Sessel nieder, um mich besser mit Schmähungen überschütten zu können. Ich reagierte nicht, erinnerte ihn noch einmal daran, dass Sara uns zuhörte. Plötzlich verließ er das Zimmer, als wolle er die Beherrschung wiederfinden, und ließ uns drei im Wohnzimmer allein.

Meine Tochter stellte mir eine merkwürdige Frage.

»Sag mal, Mama, kommst du zu meinem Geburtstag?«

Wir hatten den 24. Februar, und ihr Geburtstag war am 14. März, in weniger als einem Monat. Ich versprach ihr, dass ich an ihrem vierten Geburtstag bei ihr sein würde, und um die Wahrheit zu sagen, hegte ich keinen Zweifel daran. Bis dahin war die Verhandlung vorbei. Meine Töchter und ich würden zusammen bei Papa und Mama wohnen. Alle zusammen würden wir die vier Kerzen ausblasen, ruhig, wieder vereint, friedlich, weit weg von Habib, der uns das Leben schwer gemacht hatte.

Während Eva auf ihrem Spielteppich plapperte, holte ich den Imbiss hervor, den ich mitgebracht hatte: Schwarzwälder Kirschtorte, Saras Lieblingskuchen. Aber sie rührte ihn nicht an, sondern saß mit offenem Mund da, den Löffel in der Luft. Da begriff ich, dass etwas Schreckliches geschehen würde.

Als ich meine Sarabella zum letzten Mal sah, schrie sie. Ihre kleine Hand lag in der blutbeschmierten Hand ihres Vaters. Ich bot sicher keinen schönen Anblick, doch das war mir nicht bewusst. Ich dachte nicht einmal darüber nach. In ihren Augen erkannte ich, wie furchteinflößend ich aussah. Das Blut sprudelte aus meinem Auge wie aus einem Springbrunnen. Mein Gesicht war nur noch eine klaffende Wunde. Über meine rechte Wange verlief ein vierundzwanzig Zentimeter langer Schnitt von der Stirn bis zum Unterkiefer. Ich sah wie durch einen schwarzen Schleier. Ich stürzte hinter den beiden her, ich rannte, ich schrie, doch ich konnte sie nicht einholen ...

*

Dies ist ein Albtraum, aus dem ich nie erwachen werde. Eine Treppe, die kein Ende nimmt, und unten zwei Schatten, die verschwinden. Das Universum verschluckt meine Tochter, die vielleicht tot oder verletzt ist, die vielleicht nach mir verlangt, meine Tochter, die fern sein kann oder auch ganz nah. Die ich an jeder Straßenecke sehe, jedes Mal, wenn die Schule wieder beginnt, jedes Weihnachten, die ich nachts im Traum sehe. Meine Tochter wie eines dieser Trugbilder, die in der Wüste erscheinen. Wie soll ich ohne meine Sara leben?

Ich weiß, jeden Tag sterben Kinder, verschwinden Kinder. Ich stelle mir vor, welche Qualen ihre Eltern erleiden. Meine Tochter dagegen ist da, zum Greifen nahe. Ich weiß, wer sie entführt hat, ich weiß, wenn man die richtigen Maßnahmen ergreift, kann man sie wiederfinden. Doch ich stehe allein da, ganz allein, im Angesicht einer gleichgültigen oder feindseligen Welt. Eine Welt voller Männer, die mich ansehen, ohne mich zu verstehen.

Ich bin die Verrückte von Nantes, so wie die Verrückten von der Plaza de Mayo dort auf der anderen Seite des Atlantiks, diese Mütter Argentiniens, die wie ein Uhrwerk auf der Straße im Kreis herumgehen und verlangen, dass man ihnen ihr Kind zurückgibt. Aber ich habe meinen Kerkermeister selbst ausgesucht, ich habe ihn geliebt. Für mich gibt es keine mildernden Umstände. Mit Recht könnte man behaupten, dass ich nur bekommen habe, was ich verdiente, dass ich all das geradezu herausgefordert habe.

Ich werde der Polizei zusetzen, der Justiz. Ich werde mich nicht abspeisen lassen. Für Sara gehe ich bis ans Ende der Welt. Und ich werde sie wiederfinden.

Sagt man nicht, die Kinder seien der Augapfel ihrer Eltern? Ich weiß das besser als jeder andere, denn ich habe es buchstäblich am eigenen Leib erlebt. Der Mann, den ich zehn Jahre lang geliebt habe, hat eine unserer beiden Töchter entführt, nachdem er versucht hat, mir ein Auge auszustechen. Aber ich spüre meine Verletzung nicht, denke nicht daran. Mein Schmerz, das ist Sara. Kein Arzt wird mein Leiden lindern, meine überfließende Hoffnung stillen können, keine Naht mich am Leben festhalten. Ich hatte zwei Beine, zwei Füße, zwei Töchter, zwei Menschen, die ich liebte. Jetzt bin ich wie amputiert, ich lebe nur noch zur Hälfte.

TEIL 2

1

Zuerst höre ich nur Entsetzensschreie. Auch ich kreische, aber aus einem anderen Grund. Und niemand hört mir zu.

»Haltet ihn auf, haltet ihn auf«, flehe ich die Umstehenden an.

Und sie fragen, wer mich überfallen hat, wollen wissen, ob ich allein in der Wohnung war, ob ich Schmerzen habe ... Sie versuchen mich zu beruhigen, während ich sie beschwöre, sich zu beeilen, ihn nicht entkommen zu lassen. Niemand kann sich vorstellen, dass der nette Habib ein Folterknecht geworden ist, keiner hat geahnt, dass er in der Lage war, so etwas zu tun.

Denis, der Motorradpolizist, unser neuer Nachbar aus dem Erdgeschoss, steht unter Schock.

»Einer Frau so etwas anzutun ... einer Frau so etwas anzutun«, wiederholt er immer wieder.

Wovon redet er? Von dem Gemetzel oder von der Entführung? Er ist so nervös, dass ich ihm den Weg zeigen muss. Ich klammere mich an eine einzige Notwendigkeit. Wenn ich je wieder mit Sara Geburtstag feiern will, darf ich nicht sterben. In einem Monat wird Sara vier, und ich habe ihr versprochen, dass wir alle zusammen sein werden, Eva, Opa und Oma. Ich muss am Leben bleiben, weil meine kleine Tochter mich braucht.

Dic Nachbarn sollen keinen Krankenwagen rufen. Ich spüre, dass eine Arterie durchtrennt ist, das Blut sprudelt nur so aus mir heraus. Wenn ich noch länger warte, ist es aus mit mir. Also habe ich darum gebeten, dass mich jemand ins Krankenhaus fährt. Denis hat sich angeboten. Ich habe ihm gesagt, er solle meinen Wagen nehmen, damit ich seinen nicht verschmutze. Ich weiß, was Liter von Blut anrichten können. Man kann meine Spur aus dem Badezimmer, über die Treppe und bis zum Parkplatz verfolgen, und es sind noch vier Kilometer bis zum Krankenhaus. Denis' Schwägerin ist in die Wohnung gegangen, um Eva zu holen. Eva – mein Sieg.

Denis plappert weiter, dass er so etwas nicht versteht, dass man einen Typen, der so etwas macht, umlegen muss, anders geht es gar nicht ... Ich bin es, die ihm den Weg zeigt, »jetzt nach rechts, links abbiegen, Vorsicht Stoppschild«. Ich spüre, wie meine Kräfte schwinden. Ich bin nur noch ein einziger roter Fleck. Wir müssen anhalten.

»Tut mir schrecklich Leid, aber wenn ich die Verletzung nicht abdrücke, verblute ich.«

Wir schauen uns um, aber wir haben nichts. Er trägt unter seinem Lederblouson nur ein T-Shirt. Doch er zögert nicht, zieht sich aus und gibt mir das noch warme Kleidungsstück. Ich drehe es zusammen und presse es auf meine Wange. Wir fahren wieder los.

»Ich habe mein Auge verloren.«

Den ganzen Weg über sage ich mir diesen Satz immer wieder vor. Ich habe mein Auge verloren und meine Tochter. Plötzlich sehe ich die Leuchtschrift *Notaufnahme*. Endlich kann ich mich gehen lassen.

Ich wurde ohnmächtig. Dennis trug mich hinein. Anscheinend hielten die Notfallmediziner ihn zuerst für einen Rowdy, der mich angegriffen hatte. Während er Erklärungen abgab, brachte man mich in den Untersuchungsraum. Dort wachte ich wieder auf. Die Ärztin, die mich abhörte, kannte ich gut; sie hatte in ihrer Facharztausbildung die Intensivstation durchlaufen. Sie hielt mir die Hand, aber es war ihre Hand, die zitterte. Eine Notoperation war nötig; die

Wunde, die sehr tief ging, musste genäht werden. Sie fragte mich, wann ich zuletzt etwas zu mir genommen hätte. Ich hatte vor zwei Stunden zu Mittag gegessen, das war nicht lange genug her für eine Narkose.

Man benachrichtigte Bénédicte. Meine Freundin, die auf meinen Anruf wartete und mich angefleht hatte, nicht allein zu gehen! Ihr war gleich klar, was passiert war. Sie versuchte mich zu beruhigen, aber eigentlich war sie in Panik. Alle sprachen von meiner Verletzung, und ich redete von Sara. Die anderen dachten für mich, trafen die Entscheidungen. Bénédicte hatte den besten Chirurgen des Krankenhauses benachrichtigen lassen, wegen der Narbe. Welche Narbe? Das kam mir so belanglos vor. Nein, ich durfte den Mädchen später keine Angst einjagen. Ich hörte noch, wie Sara gekreischt hatte, als ich aus dem Badezimmer kam.

Mein Blutdruck sackte ab, ich hatte zwei Liter Blut verloren. Später erzählte man mir, dass die Nachbarn zu diesem Zeitpunkt schon dabei waren, die Wände und die Treppenstufen abzuwaschen. Ein richtiges Blutbad war das gewesen. Ich kämpfte darum, nicht wieder das Bewusstsein zu verlieren, und ich klammerte mich an das, worauf ich mich am besten verstand, den Beruf.

Ich stellte alle technischen Fragen. Wie würde man mich operieren, welche Art von Anästhesie sollte vorgenommen werden? Der Chirurg meinte, man könne nicht länger warten. Es war gefährlicher, mich weiter bluten zu lassen, als mich in Narkose zu versetzen. Er sagte, er werde das Risiko eingehen. »Jetzt muss sie schlafen«, hörte ich noch. Wo bist du, Sara?

*

Im Aufwachzimmer des Krankenhauses kam ich wieder zu mir. Bénédicte saß an meinem Bett. Sie hatte sich in ihrer Abteilung abgemeldet, um mir beizustehen. Sofort nahm sie meine Hand und erklärte mir, die Operation sei gut verlaufen.

Der Chirurg glaubte, dass es ihm gelungen war, mein Auge zu retten. Offenbar war der Sehnerv nicht getroffen worden. Das Messer war von der Stirn aus gerade heruntergefahren und hatte das Augenlid zerschnitten, war aber an der Augenhöhle abgerutscht und um das Auge herumgeglitten. Die Wunde ging bis auf den Knochen; das Messer hatte eine Arterie durchtrennt, Nerven und einen Teil der Muskeln auf der linken Gesichtshälfte. Natürlich würde ich eine große Narbe zurückbehalten, und mein Gesicht würde sogar einige Monate lang gefühllos bleiben. Es würde einige Zeit dauern, lange Zeit, bis bestimmte Reflexe zurückkehrten, aber ich würde wieder in Ordnung kommen. Zehn Minuten später hätte man nichts mehr für mich tun können.

Mein Verband war riesengroß. Ich fühlte mich wie in Watte gewickelt. Genau wie ich versuchte Bénédicte, jeden dramatischen Ton zu vermeiden. Wir gaben uns Mühe, neutral zu bleiben, wie man es uns bei unseren Patienten gelehrt hatte. Wir redeten ruhig, gelassen. Bénédicte versuchte, mir ein wenig von ihrer Kraft abzugeben. Ihre Stimme besänftigte mich.

Sie erzählte, dass die übrige Station nicht informiert worden war. Damit, wie sie sagte, nicht zu viele Menschen um mein Bett saßen. »Verstehst du, dann wäre ja niemand mehr auf der Intensivstation. Alle hätten ihren Posten im Stich gelassen, um dich zu besuchen ...«, witzelte sie. Dabei hatte sie selbst ohne Erklärung ihren Dienst verlassen.

Nach zwei Stunden wurde ich in ein Einzelzimmer verlegt. Ich brauchte Ruhe. Am Abend kam eine Freundin vorbei. Sie war fast so blass wie ich. Sie wollte mich wegen Eva beruhigen, die meine Mutter abgeholt hatte. Mama hatte sie nicht allein lassen wollen, deswegen war sie mich nicht im Krankenhaus besuchen gekommen. Eine meiner Cousinen hatte ihr alles Fehlende geliehen: Windeln, Kleidung, Babygläschen, Fläschchen, ein Klappbett ... Meine Tochter hatte gegessen, Mama brachte sie gerade ins Bett. Sie hatte beschlossen, Papa nicht sofort zu unterrichten. Er war noch in der Chemotherapie und zu schwach, um mit dem Schock fertig zu werden. Sie wollte nicht, dass er mich sah, bevor ich mich besser fühlte. Er brauchte seine ganze innere Kraft, um gegen den Krebs zu kämpfen.

Als der Arzt kam, um nach mir zu sehen, konnte ich nicht anders und fragte ihn, wie lange ich noch hier bleiben müsse. Obwohl ich selbst Fachkraft war, benahm ich mich wie jeder andere Patient. Er lächelte: Meine Entlassung stand erst einmal nicht im Vordergrund. Das Wichtigste war, dass ich mich erholte und ich eine gute Nacht verbrachte.

Draußen unternahm meine Anwalt die ersten Schritte. Er hatte auf der Polizeipräfektur beantragt, Habib festzunehmen, wenn er versuchte, das Land zu verlassen. Theoretisch sah das so aus, dass Habib sofort nach Nantes zurückgebracht würde, wenn man ihn an einem Grenzposten erkannte. Doch das war reine Theorie. Ich wusste, dass Habib monatelang zwischen Belgien und der Schweiz gependelt war, dass er seine alten Adressen behalten hatte und mit Leichtigkeit unter falschem Namen reisen konnte. Ohnehin wurde an den Grenzen kaum noch kontrolliert.

Mein Anwalt hatte Anzeige wegen schwerer Körperverletzung erstattet. Um Anzeige wegen Vorenthaltung des Umgangsrechts zu erstatten, musste man jedoch warten, bis ein Richter mir das alleinige Sorgerecht für meine Tochter zuerkannte. Das französische Recht kennt den Tatbestand der Kindesentführung durch einen Elternteil nicht. Juristisch gesehen hatte Habib im Moment noch jedes Recht, mit Sara wegzufahren.

Schon am Tag nach dem Angriff versuchte ich aufzustehen. Beim ersten Versuch fiel ich aufs Bett zurück, und beim zweiten brach ich in Tränen aus: Ich wollte meiner Tochter nachlaufen, und ich saß in einem Krankenhauszimmer fest und konnte nicht auf den Beinen stehen. Ich konnte die Vorstellung nicht ertragen, untätig zu sein. Ich wollte nicht warten. Meine Tochter war verschwunden, und ich musste mich auf die Suche nach ihr machen, Himmel und Hölle in Bewegung setzen, um sie wiederzufinden.

Ich bat um ein Treffen mit dem Psychiater, den ich wegen meiner »Freundin« um Rat gebeten hatte. Ich beschrieb ihm Habibs Verhalten in den zwei Wochen, die der Tragödie vorausgegangen waren. Er wirkte nicht überrascht. Habib war zur Tat geschritten, das war alles. In seiner Überzeugung, dass ich ihm übel wollte, hatte er die Falle aufgestellt, in die ich gegangen war. Er hatte den Angriff lange im Voraus geplant, und ebenso die anschließende Flucht mit unseren beiden Töchtern, für die er – wie ich später feststellen sollte – sämtliche Kleidung und sogar die Stofftiere gepackt hatte.

Menschen, die von etwas besessen sind, können sehr einfallsreich sein und sich ausgezeichnet tarnen, um ihre Ziele zu erreichen. Und sie können gefährlich werden, auch für sich selbst. Eine Frage speziell ließ mich nicht schlafen; sie nagte seit gestern an mir. War Habib selbstmordgefährdet?

Mehrmals hatte er mir gesagt, ohne seine Kinder könne er nicht leben. War es denkbar, dass er nach seiner Tat – in dem Gefühl, von der Justiz verfolgt zu sein, verzweifelt – auf die Idee kam, sich umzubringen und Sara mitzunehmen?

Der Psychiater antwortete nicht gleich. Er überlegte, zögerte. Ich wiederholte meine Frage; er durfte sich auf keinen Fall um die Antwort drücken. Ich musste es unbedingt wissen. Er konnte nicht umhin, mir zu sagen, dass ein solches Risiko durchaus bestand. Aber seiner Meinung nach eher in der unmittelbaren Folge des Gewaltausbruchs. Wenn Habib sich umbringen wollte, hätte er es schon getan – doch niemand hatte seine oder Saras Leiche gefunden. Das war ein Grund zur Hoffnung: Demnach hätte ihn, sobald er auf der Flucht war, die Notwendigkeit, sein Verschwinden und das seiner Tochter zu organisieren, von seinen Todesgedanken »abgelenkt«.

Mir kam die Einschätzung des Arztes sehr optimistisch vor. Ich kannte schließlich Habibs »Depression« und setzte mir eine Frist von einem Monat. Wenn wir bis dahin nicht entdeckt hatten, dass er sich für den Tod entschieden hatte, würde ich aufatmen. Dann hätte er nicht mehr den Mut, sich zusammen mit Sara umzubringen.

Der Psychiater erklärte mir, ich dürfe das Erlebte nicht in mir verschließen, das Drama, das ich erlebt hatte, nicht verdrängen. Im Gegenteil, ich müsse über die Aggression, der ich zum Opfer gefallen war, sprechen; das sei das einzige Mittel, mich von den traumatisierenden Bildern, die ich erlebt hatte, zu befreien. Ansonsten bestehe die Gefahr, das ich darauf fixiert bleibe wie eine Fliege, die in einem klebrigen Spinnennetz gefangen ist. Wenn ich mich von dieser ständigen Angst lösen und weiterkommen wolle, müsse ich meine Geschichte erzählen.

Er schlug vor, mich bis zu meiner Entlassung aus dem Krankenhaus täglich besuchen zu kommen, um mich zu unterstützen. Dankbar nahm ich sein Angebot an. Diese schmerzhaften Gespräche haben mir zweifellos geholfen, wieder aktiv zu werden und Kraft zu schöpfen. Ich wusste, dass ich sie brauchen würde für die paar Tage – höchstens Wochen –, die ich auf Sara würde warten müssen.

Zwei Tage nach dem Überfall kam endlich Mama und brachte Eva mit. Ich hatte sie darum gebeten; zu groß war mein Bedürfnis, mein Baby zu sehen und an mich zu drücken. Eva erinnerte mich daran, das ich den halben Sieg über Habib schon errungen hatte. Sie war mein erster Triumph, das Zeichen für den endgültigen Sieg, den ich bald gewinnen würde, da war ich mir sicher. Sie zu sehen würde mir den Mut zurückgeben.

Und doch, seit sie im Zimmer war, kam es mir vor, als fehle ihr ihr Schatten ... Hinter ihr suchte ich nach ihrer Schwester. Eva war da, aber wo war Sara? Ich konnte Eva nicht ansehen, ohne an Sara zu denken, und obwohl ich mich freute, fing ich gleich zu weinen an. Dabei musste ich aufhören, Weinen schadete meiner Wunde. Mein Gesicht brannte. In meiner zerschnittenen Wange pochte mein Kummer.

Am nächsten Tag war ich immer noch nicht in der Lage, einen Fuß auf die Erde zu setzen. Ich hatte zu viel Blut verloren. In den Lehrbüchern stand ja alles erklärt: Es dauert mindestens vierzehn Tage, bis der Körper wieder die richtigen Mengen an Eisen, Blutplättchen und Blutkörperchen aufgebaut hat. Die kleine Maschine in mir lief auf Hochtouren, aber ich hatte keine Zeit, geduldig zu sein. Ich war wütend auf mich selbst, weil ich mich nicht so schnell erholte, wie mir das notwendig erschien. Im Alter von dreißig Jahren entdeckte ich, dass der Körper nicht immer dem Willen gehorcht. Ich fühlte mich schwach wie eine alte Frau. In diesem Moment, in dem ich gegen mich selbst wütete, sah ich, wie sich die Tür meines Zimmers öffnete. Da stand Papa, sehr mager, gealtert, kahlköpfig. Aber voller Mut.

Es brauchte nicht viel, damit ich von neuem in Tränen ausbrach. Mein Vorrat an Tränen war anscheinend unerschöpflich, unstillbar. Ich wusste, dass ich sogar mit meinem riesigen Verband, mit meinen Blutergüssen, meiner verquollenen gesunden Gesichtshälfte immer noch sein kleines Mädchen war. Ich hatte ihm wehgetan, aber er hatte mich nie verraten, nie vergessen; er hatte immer mein Glück über das seine gestellt. Mein Vater. Gibt es solche Väter überhaupt noch? Männer, die arbeiten, um ihre Kinder zu ernähren, die sie mehr lieben als sich selbst? Dieses altmodische Modell ...

Als er nach Beendigung seiner Chemotherapie in seinen ein wenig flatternden Kleidern das Krankenhaus verließ, hatte er sich darüber gewundert, dass seine Tochter ihn nicht wie gewohnt besucht hatte. Niemand wollte ihm etwas sagen, aber er ahnte, dass etwas passiert war. Schließlich ließ ein Sanitäter, ein Freund der Familie, die Katze aus dem Sack. Papa lief gleich los, um mich zu sehen. Jetzt fühlte er sich schuldig. Er hatte immer gewusst, dass meine Geschichte mit Habib schlecht ausgehen würde, und er machte sich Vorwürfe, nichts unternommen zu haben, um all das zu verhindern. Wenn er gekonnt hätte, dann hätte er mich vor der Tragödie beschützt, wie damals, als ich sein Kind war. Und er fühlte sich krank, machtlos.

Ich wusste besser als jeder andere, was er empfand. Wir waren beide gescheitert. Zwischen uns herrschte nicht länger diese Distanz, die im Erwachsenenalter Väter von ihren Töchtern trennt, Eltern von ihren Kindern. Auf einmal hatte ich meinen Papa wiedergefunden. Wir weinten zusammen. Er versprach, mich bei meiner Entlassung abholen zu kommen, und streichelte meine angeschwollene Wange.

Jeden Tag bekam ich mehrmals Besuch. Oft kamen meine Kolleginnen herunter, um ihre Pause in meinem Zimmer zu verbringen. Ich war von meinen liebsten Menschen umgeben, Menschen, die mir ihre Zuneigung bezeugten und liebevoll mit mir sprachen.

Doch dann bekam ich einen Anruf von Pascale, Mahmouds Frau, meiner Freundin von der Schwesternschule, die mir Habib vorgestellt hatte. Da schlug ich einen anderen Ton an. Am liebsten hätte ich diese Leute vergessen – auf welcher Seite stand sie? Konnte ich sie zu meinen Verbündeten zählen, oder gehörte sie zu den Komplizen? Ich hatte kaum noch Illusionen. Die Zeit der Sanftheit und Toleranz, der Naivität war vorbei. Während der zehn Tage, die der Tragödie vorausgegangen waren und in denen Habib mich daran hinderte, meine Töchter zu sehen, hatte ich sie angerufen, sie und Mahmoud, und sie um Hilfe gebeten. Und was hatten sie getan? Nein, jetzt gab es zwei Lager; zwei Arten von Menschen, die nichts mehr gemeinsam hatten.

Kühl versuchte ich ihr zu beschreiben, was geschehen war, wie Habib mich verstümmelt hatte, bevor er mit Sara geflüchtet war. Dann stellte ich ihr die einzige Frage, die mir noch wichtig war, der sie nicht ausweichen konnte. Sie war Mutter von drei Kindern, sie musste mich verstehen ... Wusste sie etwas über Sara?

Nein, behauptete sie. Das reichte mir. Sie hatte ihre Wahl getroffen. Der Rest war nur noch Geschwätz. Mahmoud ließ mir ausrichten, dass er mir den besten Schönheitschirurgen besorgen werde; eine gute Operation könne Wunder vollbringen – wie konnte er sich so sehr irren? Wie konnte er nur glauben, er könne mich mit einem Scheck kaufen, dass ich mich noch um mein Aussehen sorgte, nachdem man mir die Hälfte meines Lebenssinns entrissen hatte?

Am vierten Tag nahm man mir den Verband ab, und ich konnte endlich aufstehen. Zum ersten Mal war ich in der Lage, bis ins Badezimmer zu gehen, ein beträchtlicher Fortschritt. Doch meine anfängliche Freude wurde rasch durch das Bild zunichte gemacht, das sich mir im Spiegel bot.

Zuerst erkannte ich mich selbst nicht wieder. Dieses Quasimodo-Gesicht, das konnte doch nicht ich sein: ein verschwollenes Gesicht voller violetter Blutergüsse, die mich aussehen ließen, als trüge ich eine dunkle Brille, aber vor allem durchzogen von einer Narbe, die von oben nach unten verlief und deren gerade Ränder noch von schwarzen Fäden zusammengehalten wurden.

Ich sah mich an, ohne zu begreifen: Musste ich mich an *das da* gewöhnen? Ich hatte viele Verletzte gesehen und wusste, dass ein Gesicht schnell die Form verliert, aber lange braucht, um sein normales Aussehen wiederzuerlangen. Trotzdem konnte ich mich des Gedankens nicht erwehren, dass dieses andere Ich, mit dem zu leben ich gewohnt war, dieses Mädchen, das andere hübsch fanden, das gern tanzte, flirtete und hübsche BHs kaufte, dass dieses Mädchen in mir gestorben war. Die Frau, die seinen Platz eingenommen hatte, würde für immer dieses Gesicht tragen, das eines Boxers nach dem K.o., das der lebenden Toten, die aus einem Badezimmer, das zu einem Schlachthof geworden war, gestürzt war, um ihrem Kind nachzulaufen, und die erst Ruhe – und das Leben – wiederfinden würde, nachdem sie es zurückgeholt hatte.

*

Nur eines konnte mich jetzt noch von meinem Kummer ablenken: Eva. Zuerst einmal, weil sie mein Kind war, aber auch, weil ich mir sicher war, dass sie mich verstehen konnte, obwohl sie erst neun Monate alt war. Teilten wir nicht den gleichen Kummer? Genau wie mir hatte man ihr genommen, was ihr am kostbarsten war, ihre große Schwester, deren Albernheiten sie zum Lachen gebracht hatten, die angefangen hatte, sie mit dem Löffel zu füttern, die mit ihr sprach, sie ihre ersten Spiele lehrte und sie in ihr Kinderleben einführte.

Wie ich schon sagte, wollte ich nie ein Einzelkind haben. Mein Vater hatte vier Brüder und Schwestern, meine Mutter zwei, und ich selbst habe zwei Brüder. Kinder, die allein aufwuchsen, habe ich immer als merkwürdige Wesen betrachtet, die unsere Spiele, unser Lachen, ja auch unsere Streitereien nicht kannten, beinahe wie Waisenkinder. Warum gibt es eigentlich kein Wort für jemanden, der eine Schwester verloren hat? Ich hatte mir mit meinen zwei kleinen Töchtern eine Familie aufgebaut, und meine Familie war zerbrochen.

Ich war mir sicher, dass Eva nach ihrer Schwester suchte, und dass es für sie noch schmerzhafter war, weil sie keine Worte hatte, um es auszudrücken. Sie war noch so klein, dass sie nicht den geringsten Zeitbegriff hatte. Ich konnte sie nicht damit beruhigen, dass Sara bald wiederkommen würde. Wäre das nicht außerdem eine Lüge gewesen? Wie hätte ich ihr diese Ungeheuerlichkeit erklären können, ihr sagen, dass ihr Vater ihre Schwester entführt hatte und wir nicht wussten, wo sie war?

Jeder, der kam, erzählte mir eine neue Episode aus Evas Leben bei ihrer Großmutter, die sie bis dahin so wenig gekannt hatte und jetzt plötzlich, in dieser Weltuntergangsstimmung, entdeckte. Die beiden lernten sich jetzt kennen. Zum ersten Mal hatte Mama eine ihrer Enkelinnen ganz für sich; ich hätte mir nur gewünscht, die Umstände wären andere gewesen.

Ich fand meine große Familie wieder, die ich wegen eines Mannes, der mir den Kopf verdreht hatte, so lange vernachlässigt hatte. Ich schämte mich, weil ich diesem Mann mein Leben und das meiner Kinder anvertraut hatte, und zugleich fand ich die Zuneigung der Meinen wieder, unseren Zusammenhalt. Meine Cousinen hatten sich im Kreis um mein Bett versammelt. Sie saßen mit dem Gesicht zur Tür, und ich sah sie an.

Mit einem Mal, mitten im Satz, verstummten sie fassungslos. Ich drehte mich um. Auf der Schwelle standen

Habibs jüngste Schwester Mary und seine ältere Schwester Fahimeh, die in meinem Alter war und an ihrer Doktorarbeit in Physik schrieb. Sie brachten einen riesigen Blumenstrauß »von der ganzen Familie«, wie sie mir gleich versicherten. Sie waren mit dem Zug aus Paris gekommen, um mich zu besuchen, und würden anschließend sofort wieder zurückfahren.

Nach den ersten Sekunden des Erstaunens fragte ich sie, wo Habib und meine Tochter seien. Ihre Antwort lautete, dass sie nichts darüber wüssten, aber ich glaubte ihnen nicht. Mein Gesicht schien sie zu hypnotisieren. Ich war froh, dass ich nicht mehr meinen dicken Verband trug, der die Hälfte meines Gesichts verborgen hatte. Am liebsten hätte ich eine Operationslampe eingeschaltet, damit sie besser sehen konnten, was ihr Bruder mir angetan hatte.

Würden sie immer noch behaupten, Habib sei zu nett, um so etwas zu tun? Ich wollte ihnen keine Einzelheit ersparen. Noch wusste ich nicht, dass beim Verlassen des Operationssaals Fotos von mir gemacht worden waren, die ich in meine juristischen Unterlagen heften konnte. Schon jetzt wandte sich das infame Zeichen, das Habib mir hatte aufdrücken wollen, gegen ihn. Es zeugte von seiner Schandtat.

Das Gezeter seiner Schwestern machte mich wütend. Diese Menschen hatte ich als Familienmitglieder betrachtet und sogar besser behandelt als meine eigene Familie. Ich hatte gewollt, dass meine Sara Persisch lernte, damit sie sich ihnen näher fühlte, ich hatte ihre Traditionen geachtet und ihre Bräuche geliebt. Und mit welchem Ergebnis? Sie weigerten sich, mir etwas über meine Tochter zu sagen, mir auch nur zu verraten, wo sie sich aufhielt. Um einen der ihren zu schützen, fielen sie in die Gewohnheiten aus ihrer Zeit als politische Flüchtlinge zurück. Alle Tricks, mit deren Hilfe sie vor der Polizei der Mullahs geflohen waren, setzten sie jetzt gegen mich ein. Mit ihrem Schweigen, mit Verstellung und Solidarität, mit allen Mitteln, durch die sie widerstanden hatten und den Verfolgungen und Drangsalierungen entkommen waren, würden sie das Verbrechen eines der ihren decken.

Dabei konnte der Gewaltausbruch ihres Bruders sie unmöglich überrascht haben. Ich hatte meine Probleme mit Habib nie vor ihnen verheimlicht, weder vor den beiden noch vor Mahmoud, vor meiner alten Freundin Pascale oder ihren Eltern. Und nun, da sie mir Sara weggenommen hatten, empfand ich den Blumenstrauß, den Besuch, ihr Mitleid wie eine Beleidigung.

Sie blieben ungefähr zwanzig Minuten. Mir war das immer noch zu lang. Ich konnte gar nicht abwarten, bis sich die Tür hinter ihnen schloss. Solange sie mir keine Nachricht von Sara gaben, solange sie Habib nicht überzeugten, mir meine Tochter zurückzugeben, konnten sie ebenso gut zu Hause bleiben. Die Komödie war zu Ende.

Am fünften Tag meines Krankenhausaufenthalts teilte man mir mit, ich würde entlassen. Ich hatte den Eindruck, seit Wochen in diesem Zimmer eingesperrt zu sein, und zugleich war mir, als hätte Habib mich erst gestern attackiert. Die Zeit verlief nicht mehr nach den Naturgesetzen. Ich hatte meine eigene Zeit, die nicht dem Kalender entsprach. Plötzlich hätte ich am liebsten meine Uhr abgenommen. Ich wollte nicht zusehen, wie die Stunden verstrichen. Stunden, die doppelt zählten, weil zugleich die Uhr nicht voranging. Und daran würde sich auch nichts ändern, bis ich meine Tochter in die Arme schließen konnte, bis ich etwas von ihr hörte, in einem Tag, einem Monat oder einem Jahr. Ich hatte keine Vergangenheit mehr, eine Gegenwart, die schmerzte und eine ungewisse Zukunft – mein persönlicher Vorgeschmack auf die Ewigkeit.

Der Arzt erteilte mir jede Menge guter Ratschläge: Ich sei immer noch sehr schwach, ich müsse auf mich Acht geben, vorsichtig sein, auf die Krankenschwester hören, die ich ja auch war. Papa setzte mich in den Wagen wie einen kostbaren Gegenstand. Er selbst überprüfte, ob der Sicherheitsgurt fest eingerastet war, und fuhr doppelt vorsichtig.

Wir befanden uns beide in einem beklagenswerten Zustand, schwach und in trüber Stimmung. So kehrte ich nach Hause zurück. Endlich war ich bei meinen Eltern. Ich bezog wieder das Zimmer, in dem Mamas Ordnung herrschte und wo ich die Gegenstände, die Möbel, das Bett wiedersah, die meine Kindheit und Jugend begleitet hatten. Aber vor allem war dies das Zimmer, in das ich mich in meiner ersten Aufregung über Habib geflüchtet hatte, als er mir schön wie ein Prinz erschien und ich davon träumte, ihm bis ans Ende der Welt zu folgen. Zehn Jahre war das jetzt her; der Kreis hatte sich geschlossen. Habib hatte zehn Jahre meines Lebens auslöschen wollen, weil ich ihn angeblich verraten hatte; und nun stand ich wieder auf Feld eins.

Mama hatte Eva das Zimmer der Jungen gegeben, als wären wir beide Schwestern. Aber ich wollte, dass ihr kleines Bett sofort neben meinem aufgestellt wurde. Ich hatte das Bedürfnis, sie bei mir zu haben, sie atmen zu hören und ihre Wärme zu spüren.

Mit Tränen in den Augen versuchte Mama, mich zur Vernunft zu bringen. Allein würde ich besser schlafen, und Eva durfte keine schlechten Gewohnheiten entwickeln. Wenn die Kleine nachts aufwache, werde sie sich selbst darum kümmern. In zwei oder drei Tagen könne ich sie ja zu mir nehmen, wenn ich das unbedingt wolle, aber im Moment sei das Wichtigste, dass ich mich ausruhe. Mama argumentierte wie immer rational. Sie hatte natürlich Recht, ihre Erziehungsgrundsätze waren die besten, aber ich kämpfte um mein Überleben. Und ich wollte meine Tochter.

Ich war zu verängstigt, um getrennt von Eva zu schlafen. Ich hatte das Bedürfnis, mir zu versichern, dass sie da war, mich davon zu überzeugen, dass ich zumindest die Hälfte meiner Pflicht erfüllt und das jüngste meiner Kinder beschützt hatte. Also nahm Mama ihr Klappbettchen und stellte es neben mein Jungmädchenbett.

Eva sieht die Wunde, die die Hälfte meines Gesichts bedeckt. Und sie vergisst nicht, dass uns jemand fehlt.

Innerhalb einer Woche bin ich entstellt worden, ich bin umgezogen, und ich habe Sara verloren. Mein Gesicht tut mir weh; das Herz ist mir herausgerissen worden. Manche Leute meinen zu mir: »Aber Sie haben doch noch eine andere Tochter, denken Sie an die Kleine.« Die möchte ich fragen, was sie wohl sagen würden, wenn man ihnen ein Bein abhackte. Würden sie dann fröhlich erklären: »Ich habe das rechte verloren, aber ich habe ja noch das linke …« Nein, sie würden zusammenbrechen und nicht mehr laufen können.

Keine Prothese kann mir Sara ersetzen. Der Arzt hat mir empfohlen, mich ruhig zu verhalten, wieder zu Kräften zu kommen und so viel wie möglich zu schlafen. Er hat mir Schlafmittel und Antidepressiva verschrieben, aber ich mag sie nicht einnehmen. Ich will mich nicht in eine Lethargie flüchten. Meine Zeit verbringe ich auf dem Sofa liegend. Ich warte. Mein Anwalt ist sich sicher, dass der Familienrichter mir das alleinige Sorgerecht für meine beiden Töchter zusprechen wird. Was für ein Glück! Ich will das Papier, auf dem seine Entscheidung festgehalten ist, schwenken können. Ich weine. Ich verzweifle, und dann plötzlich fasse ich wieder Zuversicht. Die Polizei wird mir Sara zurückbringen, und Habib kommt ins Gefängnis. Ich weine mich immer in den Schlaf, und nachts erlebe ich wie in einer Endlosschleife die Szene des Angriffs.

Doch an diesen bösen Traum werde ich mich eben gewöhnen müssen. Ich will meine Tabletten nicht nehmen. Ich muss einen klaren Kopf bewahren, denn ich brauche meinen ganzen Verstand, um meine beiden Töchter wieder zu vereinen.

2

Zuerst herrscht Leere, Schweigen. Nach den ersten Tagen, den ersten Anrufen, den ersten Zusammentreffen und den ersten Tränen kommt nichts mehr. Der Ozean verschließt sich wieder. Zu Hause fehlt der fröhliche Lärm zweier Kinder, die spielen und sich zanken; ich höre die kleine Stimme nicht mehr, die Geschichten erzählt, während ein Baby plappert. Die Leute draußen wagen nicht mehr zu fragen, was es Neues gibt. Sie kennen die Antwort schon.

»Na, geht's denn, Fabienne?« So ziehen sie sich aus der Affäre.

Die schlimmste Bedrohung, gegen die man Zentimeter für Zentimeter kämpfen muss wie ein Ertrinkender, der im Schlamm versinkt, ist das Vergessen. Oh, nicht das Vergessen an und für sich. Man selbst vergisst niemals, man lernt, sich mühsam dahinzuschleppen; aber das Vergessen, das meine Tochter bedroht – Sara verewigt auf dem Foto von ihrem dritten Geburtstag, als würde sie nicht mehr wachsen, als ob ihr an dem rätselhaften Ort, an den sie gestürzt ist, nichts mehr geschehen könne.

So ist es, wenn jemand verschwindet, ein Vakuum, eine Abwesenheit, die Unmöglichkeit zu trauern. Und vor allem diese quälende Sorge. Was geschieht mit ihr in diesem Moment? Sucht sie mich, hat sie Angst, ist sie froh? Denn alles in allem kann man sich an den Gedanken gewöhnen, dass ein Kind es anderswo gut hat; aber das Schreckliche ist, sich vorzustellen, dass es ihm schlecht geht, dass es Angst hat, dass man nicht da ist, wenn es nach einem ruft, in der Nacht, im Halbdunkel: Hat Mama mich verlassen, weil sie mich nicht mehr gern hat, hat sie lieber meine kleine Schwester behalten und mich dafür mit Papa gehen lassen?

Wie die Ameisen, die nach einem Picknick eilig herbeilaufen, um den Rasen zu säubern, wollten mein Bruder Bruno und meine Freunde die Wohnung ausräumen, damit ich nie wieder einen Fuß dorthin zu setzen brauchte. Die alte Wohnung aus meiner Vergangenheit mit Habib und Sara, die Wohnung, in der ich derart gelitten hatte, nachdem ich dort so glücklich gewesen war ... Ach was ... Der Vorhang fällt, die Vorstellung ist beendet. Man wird eine andere Geschichte erfinden, anderswo, mit anderen Schauspielern und in einer anderen Dekoration.

Bruno, der Bruder, den ich im Namen einer falschen Liebe verleugnet hatte, schrubbte das Blut von den Wänden, aus dem Teppichboden. Meine Wohnung, aus der er ein Jahr zuvor verbannt worden war, sah er vom Hass befleckt wieder. Auch er machte sich Vorwürfe, weil er mich nicht hatte schützen können. Unter Tränen wischte er mein Blut auf.

Alle zusammen hatten sie die Möbel ausgeräumt, die Waschmaschine, den Herd, und alles eingepackt, was mir in meinem neuen Leben von Nutzen sein würde: Geschirr, Elektrogeräte, Küchentücher. Drei Anhänger hatten sie voll geladen und den Inhalt bis zu meinem Umzug in ihren Garagen gelagert. Unter meinen Eltern sollte eine Vierzimmerwohnung frei werden. Weniger als drei Wochen nach meiner Entlassung aus dem Krankenhaus würde ich einziehen können.

»Natürlich, in Ihrer Lage ...« Die Sozialwohnungsstelle der Stadt Nantes hatte meinen Antrag vorrangig behandelt. Die alte Wohnung, für die ich immer die Miete bezahlt hatte, war auf Habibs Namen gelaufen, und sie würden sich ihr Geld schon von ihm holen ...

Ich hätte mich gern bedankt, ein wenig Freude oder Begeisterung gezeigt. Mein Leben kam wieder in Ordnung, zumindest ein Teil davon. Ich war nicht mit über dreißig dazu verurteilt, wie ein junges Mädchen bei meinen Eltern zu wohnen. Aber ich war schwach auf den Beinen, und mir war ständig übel. Von mir aus hätte die Welt stehen bleiben können. Jede Bewegung war mir eine Last, weil dieses Leben, das mit der gewohnten Geschwindigkeit weiterging, mich von meiner Tochter wegführte. Am liebsten hätte ich auf der Stelle verharrt wie ein Leuchtfeuer im Sturm.

Immer noch hatte ich nicht den Mut gefunden, Cedrick Bescheid zu sagen, meinem kleinen Bruder. Worauf wartete ich? Glaubte ich etwa, Sara wäre so bald zurück, dass es mir erspart bliebe, ihm die Nachricht zu überbringen? Ich wusste, wie sehr die beiden sich liebten. Er hatte versprochen, ihr das Schwimmen beizubringen, ihr die ersten Judogriffe zu zeigen ...

Wie mein Anwalt es vorausgesehen hatte, übertrug der Familienrichter mir das alleinige Sorgerecht für meine Töchter. Er erließ eine einstweilige Verfügung. Jetzt konnte ich endlich Klage wegen Vorenthaltung des Umgangsrechts erheben.

Einen Monat musste ich noch warten, bis die Justiz ihre Arbeit aufnahm. Man würde einen Untersuchungsrichter benennen, der der Polizei den Ermittlungsauftrag geben, den Haftbefehl ausstellen, die Bankkonten sperren und überhaupt alles unternehmen würde, was dazu beitragen würde, meine Tochter zu finden. Mein Leben lag in seinen Händen, und ich würde alles tun, um ihm zu helfen.

Deswegen wollte ich auch noch einmal in meine leere Wohnung zurück. Um nach Indizien zu suchen. Jedenfalls war das der Vorwand, den ich vor mir selbst anführte. Bruno hatte mir erklärt, in ihrem Wunsch, schnell zu machen, und in ihrem Abscheu hätten er und seine Helfer nur mitgenommen, was mir von Nutzen sein würde ... Erinnerungen, gute oder schlechte, hatten nicht dazugehört. Beispielsweise hatten sie vergessen, die Wandschränke zu leeren.

Bei einem Umzug gibt es nichts Unangenehmeres als das Ausräumen von Schränken. Diese unendlich vielen Gegenstände, die man nicht wegwerfen mag, die sich nicht richtig zusammenfalten oder ordnen lassen, von denen man sich sagt, dass man sie eigentlich kaum noch gebrauchen kann und sie bestimmt auch anderswo nutzlos wären, obwohl andererseits ... Gar nicht zu reden von den Schränken der Kinder, all dem Spielzeug, das sich ansammelt, diese aufgerissenen Schachteln, diese bekritzelten Puppen, diese Zeitschriften, in denen immer eine Seite fehlt. Aber wenn das Kind groß ist, wenn es aus dem Haus gegangen ist, schnürt sich den Eltern angesichts dieses Krimskrams das Herz zusammen. Und was mich anging ... Von Sara war mir nur dieses Wenige geblieben, fast nichts. Ich wollte Saras Sachen.

Bénédicte, die sich schreckliche Vorwürfe machte, weil sie beim letzten Mal nicht mit mir gegangen war, wollte mich begleiten, und ich hatte nicht vor, ihr Angebot abzulehnen. Ich wäre auch nicht in der Lage gewesen, diese Wohnung allein zu betreten. Das wurde mir unten vor dem Haus klar, als mir plötzlich schwindlig wurde. Ich musste mich auf den Boden setzen, bis ich mich wieder erholt hatte. Waren Gespenster etwa noch furchteinflößender als ein tobender Wahnsinniger?

Meine Freundin schlug mir vor, ohne mich hinaufzugehen und die Arbeit zu tun, während ich im Wagen wartete. Aber ich wollte alles selbst sehen; nur ich konnte wissen, was Sara gehörte, was mir von ihr erzählte, von unserem Leben »vorher«. Zuerst aber ging ich mich bei allen Nachbarn bedanken, die mir an dem Tag, an dem Habib geflohen war, zu Hilfe gekommen waren. Alle starrten zunächst auf meine deutlich sichtbare Narbe, erstaunt, mich mit zwei Augen und einem beinahe menschlichen Gesicht wiederzusehen. Dann fragten sie mich nach Sara, aber ich konnte ihnen nichts sagen. Sie versuchten, mich zu trösten, mir neue Hoffnung zu geben. Aber ich zog es vor, nicht zu antworten, denn ich fühlte mich außerstande, ein Gespräch zu führen, ohne dabei in Tränen auszubrechen. Das Schlimmste lag noch vor mir. Ich musste mich meinem Albtraum stellen.

Wir gingen die Treppen hinauf. Zwei Etagen, ein Kreuzweg. Mit zitternden Händen schaffte ich es, die Tür aufzuschließen, und wir traten ein. Ich sah die Diele und die noch offene Badezimmertür und klappte zusammen. Meine Beine trugen mich nicht mehr.

Die Emotionen überrollten mich. Immer noch verunzierten Blutflecken den Boden. Ich hörte Saras Schreie, Habibs Schmähungen. Bénédicte musste mir beim Aufstehen helfen. Sie führte mich ins Kinderzimmer, wo ich mich auf den Boden setzte, damit mir nicht schwindlig wurde. Es sah aus, als hätte ein Wirbelsturm meine Töchter davongetragen. Auf dem Boden lagen noch ein paar Zeichnungen und Filzstifte. Bénédicte machte mir die Schränke auf. Habib hatte zwei Schlafanzüge zurückgelassen und die Wintersachen. Dabei hatten wir Winter ...

Wieder stieg Panik in mir auf, und ich begann zu weinen. Offensichtlich hatte er beschlossen, die Kinder weit fortzubringen, in ein Land, in dem es nicht kalt war. Ich wusste nicht, was für ein Klima im Iran herrschte, aber da unten ist schließlich Wüste. Um mich zu beruhigen, sagte Bénédicte, dass er in der Eile, in der Panik der Flucht, bestimmt auf gut Glück nach den Wäschestapeln gegriffen hatte, ohne nachzudenken. Eine andere Entdeckung schien ihr Recht zu geben: Er hatte die Schuhe vergessen, aber nicht die Stofftiere, mit denen meine Töchter einschliefen.

Bénédicte hatte eine Rolle großer Müllsäcke mitgebracht, und wir stopften wahllos alles hinein. Ich nahm alles mit, was meinen Kindern gehörte, alle Spiele, die Habib nicht eingepackt hatte. Er hatte auch ein paar Hosen zurückgelassen, die er nicht mehr trug, aber ich fand keines meiner Kleidungsstücke wieder. Nur einen vor langer Zeit verlorenen Socken. Nicht das kleinste Papier mehr, keine Steuerunterlagen oder Gehaltsabrechnungen, weder Rechnungen noch Quittungen, nichts von den Unterlagen, die man angeblich sein ganzes Leben lang aufbewahren soll wie eine Stahlkugel, die ein Gefangener hinter sich herschleppt. Während der zehn Tage, in denen Habib mir verboten hatte, meine Töchter zu sehen, hatte er erbittert alles zerstört, was für meine Existenz stand. Freudig musste er sich darangemacht haben, alles zu zerschneiden, zu zerreißen und in den Mülleimer zu werfen, was mir gehörte, bevor er sich schließlich meine Person vornahm, mich in seine Falle lockte, um seine Rache direkt auszuführen – das, was die Justiz als »Schläge und Verletzungen« bezeichnete und was mir unweigerlich wie ein symbolisches Verbrechen erschien.

Er hatte alles genau geplant. Vor allem hatte er mir auch Eva wegnehmen wollen, denn er hatte ihr Lieblingsschlaftier eingepackt. Mit unseren Müllsäcken in der Hand schlossen wir die Tür. Ich hatte nicht den Mut gehabt, noch einmal ins Badezimmer zu gehen. Es würde in meinem Leben für immer das geheime Kabinett aus den Geschichten bleiben, die den Kindern Angst einjagen. Das Zimmer, in dem man stirbt, das Zimmer, in dem Blut fließt, aus dem man nie wieder wie man selbst herauskommt. Im wörtlichen wie im übertragenen Sinne.

Bénédicte versuchte zu scherzen: Wenn wir das nächste Mal zusammen ausgingen, würden wir einkaufen, das würde Spaß machen. Ich konnte meinen Kleiderschrank ganz neu bestücken. Mode – oh ja, ich erinnerte mich daran, wie

Habib eine elegante Frau aus mir hatte machen wollen. Wie er das schickste Geschäft von Nantes eröffnen wollte, wie er in Los Angeles sein Glück machen wollte. Ich erinnerte mich an die Mode, daran, wie ich mit Sara durch die Boutiquen ging, mit Sara, die schrecklich eitel war und sich dreimal täglich umziehen konnte, die nur Kleider tragen wollte, auch wenn es kalt war, auch wenn es regnete, sogar um in den Kindergarten zu gehen. Ich dachte daran zurück, dass ich mich in einem anderen Leben gern im Spiegel angesehen hatte. Jetzt wurde mir übel bei dem Gedanken, einen Laden zu betreten.

Der 7. März kam näher, Mamas Geburtstag, der traurigste aller Geburtstage. Ich konnte nicht mehr zurück; ich musste Cedrick informieren.

Ich war feige und bat Bruno, diese Aufgabe zu übernehmen, weil er Cedrick, der in der Nähe von Rouen lebte, mit dem Wagen abholte. Das tat er. Er hatte Sandra mitgenommen.

»Wir haben dir etwas zu sagen ...«, begann er.

»Ihr bekommt ein Baby?«, fragte Cedrick.

Da sagte er ihm die Wahrheit. Cedrick war bestürzt. Er machte uns Vorwürfe, weil wir ihn nicht informiert hatten. Als er mich sah, stand er wie vor den Kopf geschlagen da. »Sara«, murmelte er und brach in Tränen aus.

*

Alle gaben sich Mühe, meine neue Wohnung herzurichten. Zwei Tage lang hatten Bruno, Sandra, Cedrick, Céline und diverse Cousins, Onkel und Freunde geschleppt, aufgebaut, gehämmert, geschraubt, ausgepackt, eingerichtet und geräumt. Ich gab mich damit zufrieden, meine Meinung zu sagen, aber lediglich unter praktischen Gesichtspunkten und ohne das geringste Interesse zu bekunden.

Als sie fort waren, war ich zum ersten Mal seit Saras Entführung allein mit meiner Tochter. Ich war zugleich erleichtert, meine Unabhängigkeit zurückgewonnen zu haben, wieder in meine Haut als erwachsene Frau geschlüpft zu sein, und schrecklich verängstigt durch das Gefühl der Einsamkeit.

Die ersten Nächte waren schwierig. Für mich wie für Eva, die alle zwei Stunden weinend aufwachte. Wenn ich dann endlich wieder Schlaf fand, kehrten mein Albtraum und Saras Schreie zurück.

Am liebsten wäre ich wegen Eva zu Hause geblieben, hätte mich um sie gekümmert, die mein einziger Trost war. Aber in dem Zustand, in dem ich mich befand, war es besser, Distanz zu gewinnen, meine alten Beschäftigungen wieder aufzunehmen. Die Klinik, der Krankensaal auf der Intensivstation, das war der einzige Ort, an dem ich würde durchatmen können.

Alle diese Patienten, die litten, von denen manche nicht überleben würden, standen mir näher als Menschen, die glücklich waren. Sie zu pflegen würde meine Aufmerksamkeit auf etwas anderes lenken als meine verschwundene Tochter oder ihren verschlossenen Schrank. Aber wenn ich zurück auf meinen Posten wollte, musste ich jemanden finden, der auf Eva aufpasste. Wem konnte ich sie anvertrauen? Mama arbeitete von zwei bis acht in der Fabrik. Die Polizei hatte mich davor gewarnt, eine Kinderfrau anzustellen. Wir alle fürchteten, Habib könne zurückkommen; er war in der Lage, eine Kommandooperation zu organisieren, um mir meine jüngere Tochter zu entreißen.

Daher ging ich auch nie allein mit Eva aus; ich musste mir immer jemanden suchen, der mich begleitete, meine Eltern oder Freunde – wir lebten unter ständiger Aufsicht. Eva musste an einem sicheren Ort untergebracht werden, und diese Art von Schutz konnte mir nur eine Krippe bieten. Leider war die Betriebskrippe des Krankenhauses ausgebucht. Ich fasste mir ein Herz und rief den Klinikdirektor an. Kurz erzählte ich ihm meine Geschichte, und vierundzwanzig Stunden später hatte ich den Platz, den man mir am Vortag verweigert hatte.

Nachdem ich Eva bei den Erzieherinnen, der Leiterin und beim Kinderpsychologen vorgestellt hatte, konnte ich meine Arbeit wieder aufnehmen. Ich fühlte mich ein wenig beklommen; als Patientin war ich gegangen und kam als Krankenschwester zurück. Seit dem Überfall waren weniger als zwei Monate vergangen, aber mir kamen sie vor wie eine Ewigkeit. Der Arzt war der Meinung gewesen, ich hätte es etwas zu eilig, in meinen Beruf zurückzukehren. Er hatte mir empfohlen, lieber einen Gang zurückzuschalten, wenn ich mich schwach fühlte. Meine eigene größte Sorge allerdings war, ich könnte einen Fehler machen.

Mein Beruf erforderte höchste Konzentration. Die Medikamente, die ich spritzte, konnten in der falschen Dosierung tödlich sein. Bei der Arbeit hatte ich kein Recht, mich zu irren oder an etwas anderes zu denken, und das rettete mich. Die alten Gewohnheiten kehrten rasch zurück. Wenn ich mich über eines meiner Betten beugte, hatte ich keine Vergangenheit mehr. Meine Patienten glaubten, dass ich ihnen half, aber sie halfen mir genauso viel, ohne es zu wissen.

Nur meine Verletzung sorgte für Verwunderung, vor allem bei den Besuchern, denn den Kranken ging es häufig zu schlecht, als dass sie darauf geachtet hätten. Aber diejenigen, die in Gesellschaft ihrer künstlich beatmeten Angehörigen oft nichts anderes zu tun hatten, als das Personal anzuschauen, brannten darauf, mich auszufragen. Wenn man eine Klinik betritt, rechnet man nicht damit, einer verletzten Krankenschwester zu begegnen oder einem Arzt, der bei schlechter Gesundheit ist – als hätte der weiße Kittel die Macht, einen vor allen Wechselfällen des Lebens zu schützen.

Alle meine Kollegen wussten, was mir zugestoßen war, aber sie hielten sich zurück und stellten keine Fragen, sondern gaben sich damit zufrieden, in der Selbstbedienungs-Cafeteria über meine Ernährung zu wachen und mir gut zuzureden, ich müsse zunehmen. Die Besucher verhielten sich weniger diskret.

Ihnen antwortete ich lakonisch, ich sei operiert worden. Ich ging ihnen aus dem Weg, ich flüchtete vor den Blicken. Am liebsten waren mir die Nachtwachen. Wenigstens in dieser Zeit hatte ich meine Ruhe.

Alle meine freien Tage verbrachte ich mit Eva. Ich schaffte es, mit ihr zu spielen und mich in ihrer Gegenwart zu entspannen, aber wenn sie lachte, verlor ich die Fassung, weil ich das Lachen ihrer Schwester hörte. Dann schluchzte ich ohne ersichtlichen Grund auf und riss sie in meine Arme, als wäre sie eben dem Tod entronnen. Ich musste ihr mein anscheinend unmotiviertes Verhalten erklären. Also erzählte ich ihr von ihrer Schwester, holte Fotos von ihr hervor und sagte ihr, dass ich nicht wisse, wo Sara sei, und ich mir Sorgen um sie mache. Ich war mir sicher, dass sie mich auf irgendeine Weise verstand. Der Kinderpsychologe hatte mich dazu ermuntert, ihr die Wahrheit zu sagen, ihr die Fakten mitzuteilen, damit sie sich nicht irgendwann selbst für meine Traurigkeit verantwortlich fühlte. Denn so denken Kinder eben: Sie sind davon überzeugt, im Mittelpunkt des Universums zu stehen und fühlen sich schuldig an allen Problemen ihrer Eltern.

In meiner neuen Wohnung gab es für jede von uns ein eigenes Zimmer. Ich wusste, dass Sara froh sein würde, ein Zimmer ganz für sich zu haben, wenn sie zurückkam. Ich hütete ihr Reich, als hielte ich ihr einen Platz in unserem Leben frei. In diesem Zimmer hatten Sandra und Bruno nichts machen wollen, ich hatte es selbst eingerichtet, fast sofort nach unserem Einzug. Alles war bereit, sie konnte zurückkommen, wann sie wollte. Nur ein paar Kleinigkeiten musste ich noch zusammen mit ihr besorgen, denn sie hatte einen sehr ausgeprägten Geschmack, und ich wollte die neue Lampe und den Nachttisch nicht ohne sie kaufen.

Das kleine Bett hatte ich in die Ecke neben dem Fenster geschoben, und daneben stellte ich den Garderobenständer mit dem Bild von den hundertundeins Dalmatinern. Ich bezog die Steppdecke mit passendem Bettzeug und räumte alles, was von ihren Sachen noch übrig war, in eine kleine Kommode.

Ich packte die Kartons aus und stellte die Bilderbücher auf, die wir zusammen angeschaut hatten, bevor sie einschlief. Wie Schätze betrachtete ich die Söckchen, die Haarspangen und den Kleinkram eines kleinen Mädchens von drei Jahren. Ihre Puzzles, die sie mit solcher Konzentration legte, und ihre Baukästen, die immer auf das Klötzchen genau symmetrisch eingeräumt sein mussten, standen im Schrank. Sobald Eva eingeschlafen war, zog ich mich in dieses Zimmer zurück und streckte mich auf Saras Bett aus, den Kopf auf ihre Stofftiere gebettet, um an sie zu denken. Wenn ich nur fest genug an sie dachte, würde sie mich bestimmt hören. Oder wenigstens die Kraft meiner Liebe spüren.

Die Fenster unserer neuen Wohnung gingen auf einer Seite auf die Loire hinaus und auf der anderen auf eine kleine Schule. Nichts ersparte mir den Anblick des Hofes, der sich leert und dann wieder füllt, von Kindern, die rennen und schreien, ihrer Spiele, ihrer Kreise. Ich konnte ihnen allen beim Aufwachsen zusehen, nur nicht meiner eigenen Tochter.

Je mehr Tage vergingen, umso mehr wich die Furcht um Saras Leben. Aber auch ihre Gegenwart war weniger spürbar. Zwei Wochen, das war nicht tragisch, eine kurze Trennung wie für eine Fahrt in die Skiferien. Drei Wochen, das war wie ein Ferienlager, aber vier Wochen, fünf Wochen, sechs Wochen – das war zu lange. Das waren keine Ferien mehr; jetzt musste ich mich ganz neu orientieren.

Und die Justiz schwieg weiterhin. Man riet mir, geduldig zu sein. Das war der Preis. Die Gerichte vertraten die Meinung, dass sich bei dieser Herangehensweise viele Dinge von allein erledigten. So wie im Krankenhaus, wo man die Termine drei Monate im Voraus ausgibt: Eine bestimmte Zahl von Kranken taucht nie wieder auf; also muss die Sache von allein in Ordnung gekommen sein – falls sie unterdessen nicht gestorben sind ...

Ich wartete bis zum 10. April, fast zwei Monate. Ich weiß nicht, warum, aber ab diesem Datum hatte ich keine Illusionen mehr. Sara hatte zweimal den Wiederbeginn des Kindergartens nach den Ferien verpasst, im Februar und zu Ostern. Jetzt hatte ihr Vater keinen Grund mehr, sie zurückzubringen, jedenfalls nicht vor September. Und ich hatte immer noch kein Zeichen, nicht die kleinste Nachricht. Ich hätte schreien mögen.

Um nicht verrückt zu werden, nahm ich ein Heft, das Sara angefangen, in das sie ihre ersten Männchen gemalt hatte, und traf jeden Tag eine Verabredung mit meiner Tochter. Eine halbe Stunde mit ihr, in ihrem Zimmer, wo ich ihr schrieb: *Liebe Sara, ich denke so sehr an dich*, Briefe, die ich nirgendwohin schicken konnte. Oder ich flüsterte ihr die Worte zu, die ich vielleicht am Telefon gesagt hätte: »Hallo Schätzchen, hier ist Mama.« Eine halbe Stunde, in der ich ihr immer wieder sagte, wie sehr ich sie liebte, dieses Gestammel, über das jeder vernünftige Mensch gelacht hätte. Ich aber erstickte daran, ihr es nicht sagen zu können. Eine halbe Stunde, um ihr die kleinen Dinge zu erzählen, die zu Hause passierten und die sie nie miterleben würde. Der Tag, an dem Eva zum ersten Mal gelaufen war, ein

Streit, ein Moment, in dem wir beide getanzt hatten, mit Saras Foto zwischen uns. Diese ganze Welt, die darauf bestand, ohne sie weiter zu existieren. Das war meine Art, sie am Leben zu erhalten. Irgendwie setzte ich fort, was ich auf der Intensivstation tat. Ganz allein.

3

Endlich lud der Richter mich vor. Wir hatten Mai, drei Monate waren vergangen, in denen ich nichts von der Justiz gehört hatte. Eine normale Zeitspanne, sagte man mir immer wieder. Trotz der langen Verzögerung war ich voller Hoffnung. Zusammen mit meinem Anwalt hatte ich mein Dossier sorgfältig vorbereitet. Die wichtigsten Teile hatte der Richter bereits erhalten. Hatte er es plötzlich eilig, mich zu treffen, weil ihm eine Einzelheit fehlte; war noch Zeit, das Bankkonto zu sperren, das Konto mit unseren gemeinsamen vierhundertfünfzigtausend Francs, mit denen Habib seine Flucht finanzieren konnte?

Bestimmt fragte der Richter sich, ob meine Tochter sich möglicherweise in einem vorderasiatischen Staat aufhielt.

Aber letztlich erschien es mir unwahrscheinlich, dass Habib mit ihr in eines dieser Länder gegangen war. Dort konnte er auf keinen Fall untätig bleiben. Dort musste er einer Arbeit nachgehen. Ich konnte mir nur schwer vorstellen, dass Habib sich einer solchen Disziplin beugte. Dafür fürchtete ich, die Mudschaheddin würden ihm ihr Verbindungsnetz zur Verfügung stellen. Sie verfügten über die Mittel, um ihn zu verstecken.

Vor allem wollte ich dem Richter ins Gedächtnis rufen, dass mein ehemaliger Lebensgefährte drei- bis viermal täglich seine Mutter anrief. Eine so enge Verbindung konnte er nicht ganz plötzlich abgebrochen haben. Wenn man die Telefonleitung seiner Eltern überwachte, müsste man den Sohn eigentlich rasch finden können. Kurz gesagt, ich war überzeugt, dass der Richter alles in der Hand hatte, um seine Ermittlungen aufzunehmen und die verlorene Zeit einzuholen. Sara hatte eineinhalb Trimester verloren, sie sollte den Schulanfang im September nicht wieder verpassen. Sie war für die zweite Klasse der Vorschule angemeldet.

Ich trat in das Büro des Richters, als würde dies der größte Tag meines Lebens. Als stünden gewaltige Entscheidungen bevor. Er bat meinen Anwalt und mich, uns zu setzen, wobei er uns kaum ansah. Stattdessen steckte er die Nase in eine Akte mit roter Kartonhülle, auf der sorgfältig mit Filzstift geschrieben stand: *Sache Eghbal-Brin.*

Die Akte war nicht besonders dick: unsere Briefe, der Bericht der Ärzte aus dem Krankenhaus, Aktennotizen, Kopien von Klagen. Der Richter hörte praktisch schon bei der ersten Zeile zu lesen auf.

»Wo ist Monsieur Eghbal geboren?«, wollte er von mir wissen.

»In Teheran, im Iran«, antwortete ich rasch, in Erwartung der wichtigeren Fragen.

Betrübt schüttelte er den Kopf und notierte die Antwort. So als wollte er sagen: »Teheran – das ist nicht gerade um die Ecke, was?« Dann sah er mich an, oder besser gesagt, sein Blick glitt zur linken Seite meines Gesichts, ein Ritual, an das ich gewöhnt war.

»Oh, das ist nicht schön, was er Ihnen da angetan hat ...«, bemerkte er. »Das hätte er nicht tun dürfen. Gut – ich melde mich bei Ihnen. Machen Sie sich solange keine Sorgen; schließlich ist das Kind bei seinem Vater.«

Und er wies uns die Tür. Das Gespräch war beendet. Unser Termin hatte keine fünf Minuten gedauert, und ich fand mich vor dem Justizpalast wieder, als hätte man mich ein weiteres Mal aus meiner Wohnung geworfen. Ich hatte keine Zeit gehabt, auch nur einen einzigen der Sätze zu sagen, die ich vorbereitet hatte, und vor allem hatte der Richter nicht ein einziges Mal Saras Namen ausgesprochen. Die paar Worte, die er von sich gegeben hatte, ließen mich ahnen, wie er die Sache sah, und wie sie zweifellos eine ganze Reihe Bürger meiner Stadt wahrnehmen würden. Ich, ein Mädchen aus Nantes, hatte mir einen Iraner, einen Muslim, zum Vater meiner beiden Kinder gewählt und ihn nicht einmal geheiratet! Indem ich sämtliche gesellschaftlichen Konventionen missachtete, hatte ich mein Unglück selbst verschuldet.

Oft habe ich mich gefragt, was wohl aus meiner Klage geworden wäre, wenn Habib mir vor seiner Flucht mit Sara nicht methodisch das Gesicht zerschnitten hätte. Diese Narbe war letztendlich meine einzige Waffe gegen ihn. Ohne sie hätten viele Menschen alle möglichen Rechtfertigungen für ihn gefunden. Manche zögerten trotzdem nicht, mir zu verstehen zu geben, dass ich auch ein Stück Schuld an dem Drama trage. Heißt es nicht, das immer beide Seiten verantwortlich sind, wenn eine Beziehung zerbricht?

Ich entdeckte, dass ich auf einer Insel lebte, umgeben von Heuchlern. Vielleicht hatte ich die Probleme einer Beziehung wie der unseren nicht sehen wollen; aber ich wusste noch nicht, dass, wenn der Konflikt ausbricht, sehr rasch das Gesetz des Stärkeren in Kraft tritt. Und niemand nahm Anstoß daran. Ich hatte geglaubt, in einer hoch zivilisierten Gesellschaft zu leben, in der die Frauen frei waren, wo sie nicht länger dazu verurteilt waren, mit Männern zu leben, denen sie weder Liebe noch Respekt entgegenbrachten, doch ich hatte mich geirrt.

Nach meinem »Unfall« brauchte man mich nicht mehr mit Samthandschuhen anzufassen und konnte mir den Prozess machen. Das war schließlich sehr praktisch, da die andere Partei nicht greifbar war. Man ließ es sich nicht nehmen, mir zu verstehen zu geben, dass ich auf eigene Gefahr gehandelt hatte. »Zum Glück« hatte ich meine Verletzung, die sie daran hinderte, meine Akte allzu schnell zu schließen. Auf sie musste ich mich stützen, um diese Menschen an einige grundlegende Prinzipien zu erinnern, nämlich, dass wir in einer Republik lebten und ich das Recht hatte, Gerechtigkeit zu verlangen. Auch auf die Gefahr hin, dass ich alle Leute irritierte.

Meine Narbe, die hatte der Richter aufmerksam, ja angewidert betrachtet. »Das hätte er Ihnen nicht antun dürfen ...«, sagte er mir während der drei oder vier Gespräche, die er mir danach noch gewährte, immer wieder. Von der Entführung meiner Tochter sprach er fast nie. Was für mich das Wichtigste war, erschien ihm zweitrangig. Sie war ja bei ihrem Vater ... Dass man ihr Mutter und Schwester genommen hatte, um sie einer unsicheren Existenz auf den Straßen preiszugeben, das war nur ein unwichtiges Detail. Bei keinem unserer Zusammentreffen sprach er jemals Saras Namen aus. Für mich, die ich darum kämpfte, sie zum Leben zu erwecken, sie unter uns lebendig zu erhalten, war das wie ein zusätzlicher Messerstich. Aber Habibs Bankkonto aufzuspüren und sperren zu lassen – wodurch ihm die Mittel für seine Flucht entzogen worden wären –, das kam nicht in Frage.

»Das Geld ist nicht der Kern dieser Sache«, erklärte mir der Richter.

Immerhin erklärte er sich einverstanden, Mahmoud zu einer verspäteten Vernehmung vorzuladen. Bis jetzt hatte man kein anderes Mitglied der Familie behelligt. Und dabei war ich mir sicher, dass die Mutter eingeweiht war. Ein Sohn, der ihr die Füße küsste, konnte ihr nicht verschwiegen haben, was er getan hatte, hätte sie nicht im Unklaren über seinen Aufenthaltsort gelassen.

Ende Mai erklärte der Richter sich bereit, einen Haftbefehl auszustellen. Zu diesem Zeitpunkt wusste ich nicht, dass dieser sich auf die Grenzen Europas beschränkte.

Fast vier Monate waren schon vergangen, in deren Verlauf Habib Zeit gehabt hatte, sich in jedes Land seiner Wahl zu flüchten. Mit der Hilfe der Mudschaheddin würde es ihm nicht schwer fallen, sich falsche Papiere zu verschaffen. Er konnte sich auf eine weltweite, solidarische Gemeinschaft stützen. Mir war schon klar, dass der Haftbefehl ein wenig zu spät kam, aber ich schöpfte Hoffnung. Trotz meiner Zweifel machte die Justiz Fortschritte.

Doch ich mochte nicht einfach in meiner Ecke abwarten, bis man mir neue Erkenntnisse mitteilte. Ich rief bei der Polizei an, beim Richter. Zu seinem großen Ärger war es mir gelungen, von der Sekretärin seine Durchwahl zu bekommen. Ich fragte ihn nach dem Stand seiner Untersuchungen. Obwohl ich meine Gefühle nur schwer verbergen konnte, gab ich mir Mühe, höflich zu bleiben und versuchte mich in Diplomatie. Aber ich war mit meinen Nerven am Ende, ich ertrug es nicht mehr, die quälende, ewig gleiche Antwort zu hören: Man hatte nicht das kleinste Indiz, keine Spur, nichts.

Da ich nicht mehr wusste, an welche Tür ich noch klopfen sollte, schrieb ich einen langen Brief an Jean-Marc Ayrault, den Bürgermeister von Nantes, der zugleich Sprecher der sozialistischen Partei war und der Regierung Jospin nahe stand, und bat ihn um Hilfe. Er riet mir, ihm ein Schreiben an die damalige Justizministerin Élisabeth Guigou zuzusenden. Wenn nötig, war ich bereit, an den Präsidenten der Republik und an den Papst zu appellieren.

*

Und wenn ich selbst Nachforschungen anstellte? Zu Anfang hatte ich gedacht, das sei die Sache der Fachleute; nur in Kinderbüchern würden Fälle von Privatpersonen gelöst. Doch jetzt fragte ich mich, ob nicht meine Überzeugung, meine Leidenschaft bessere Werkzeuge waren als ihre Erfahrung, ihre Diplome und ihre offizielle Kompetenz. Ohnehin hatte ich keine andere Wahl. Ich konnte nicht untätig warten, sonst wäre ich verrückt geworden.

Nachdem ich mit meinem kleinen Bruder Cedrick darüber gesprochen hatte, was hätte getan werden müssen, wen man hätte befragen müssen, beschloss ich, zusammen mit ihm in Aktion zu treten. Wir beide würden tun, was die Polizei unterlassen hatte: Fotos von Sara nehmen und die Nachbarn von Habibs Eltern befragen. Es war völlig klar, dass man dort hätte beginnen müssen. Unvorstellbar, dass Habib sich nicht irgendwann zu seiner Familie geflüchtet hatte.

Mit den Fotos und dem Datum ihrer Entführung gestalteten wir ein kleines Plakat, das ich überall aufhängte und sogar an mein Auto klebte. Ich hatte die Hoffnung, dass der Zufall mir den richtigen Weg weisen würde. Vielleicht begegnete ich ja jemandem, der mir einen Hinweis gab. Aber vor allem konnte ich das Bild meiner Tochter aufhängen, der Welt mitteilen, dass ich noch ein anderes Kind hatte und dass ich sterben würde, wenn ich nichts von ihr hörte.

Eva war inzwischen ein Jahr alt geworden, und Mama war in Frührente gegangen. Sie hat nie darüber gesprochen, aber ich glaube, sie hat das getan, um frei zu sein, um mir zu helfen und auf Eva aufzupassen, wenn das nötig sein sollte.

Ich ließ Eva bei meinen Eltern, während Cedrick und ich den Wagen nahmen und nach Saint-Leu-la-Forêt fuhren, dem abgelegenen Vorort von Paris, wo Habibs Eltern mit ihren zwei Töchtern lebten. Wir klingelten an Dutzenden von Türen, traten in Dutzende von Läden und erzählten von der Entführung, zeigten die Fotos, hängten unser Plakat auf. Und wir ernteten nicht die geringsten Informationen. Wir hatten nur Menschen getroffen, die uns versprachen, die Augen offen zu halten und uns so schnell wie möglich zu kontaktieren, wenn sie etwas entdeckten.

Um zu erfahren, worauf wir bei der Suche nach Sara bauen konnten, gingen wir sogar aufs Polizeirevier und stellten uns bei den Inspektoren vor, die mit den Ermittlungen beauftragt waren. Doch sie konnten nur die Anweisungen des Richters ausführen. Sie erklärten uns, dass sie nur einen einzigen Auftrag erhalten hatten: Habibs Eltern aufzusuchen und sie zu fragen, wo ihr Sohn sich aufhalte. Als ob die ihren Sohn verraten und ihnen bereitwillig seine Adresse gegeben hätten! Die Polizisten bestätigten mir, dass die Familie sonst auf keine Weise überwacht würde.

Denselben Gang unternahmen wir in dem Viertel, in dem Mahmoud und Pascale wohnten: Nachbarn, Händler, Beamte im Rathaus und auf der Polizei – in zwei Tagen sprachen wir mit Dutzenden von Menschen und hinterließen ebenso vielen potenziellen Zeugen unsere Telefonnummer, für den Fall, dass sie eines Tages Sara zu Gesicht bekamen. Ich fühlte mich besser.

Dennoch hatte ich nichts Konkretes in die Hand bekommen, aber ich hatte den Eindruck, dass endlich etwas passierte. So hätte ich gleich anfangen sollen, bei den ersten Aktionen nur auf mich selbst zu vertrauen. Man durfte nicht zulassen, dass die Sache stagnierte und meine Tochter unter Schweigen und Vergessen begraben wurde. Ich musste Radau veranstalten, die Krokodile aus dem Sumpf scheuchen. Und tatsächlich, die Reaktion ließ nicht auf sich warten: Ich bekam einen Brief von Mahmoud. Auf der Maschine getippt, als habe er damit gerechnet, dass er in einer Akte landen würde.

Mahmoud schrieb mir, er hoffe, seine Nichten würden bald wieder mit beiden Elternteilen vereint sein. Damit wollte er zum Ausdruck bringen, dass ich zwar von Sara getrennt war, aber auch sein Bruder Eva nicht sehen konnte. Als hätte er sich nicht selbst in diese Lage gebracht, indem er mit unserer älteren Tochter floh, während ich ganz und gar bereit gewesen war, das Sorgerecht für unsere beiden Kinder mit ihm zu teilen ...

Aber vor allem wollte Mahmoud mit mir über die bevorstehenden Sommerferien sprechen – wie jedes Jahr würde er zusammen mit Pascale und seinen Eltern an die Atlantikküste fahren, in die Nähe von Pornic, ungefähr fünfzig Kilometer von mir entfernt, in das Haus, das er während unseres letzten Sommers zusammen mit Habib renoviert hatte. Er bat mich, Eva dorthin zu bringen und sie ein paar Tage bei ihnen zu lassen ...

Das war ein bisschen zu dick aufgetragen. Wie konnten die beiden nur glauben, dass ich ihnen trauen würde? Schnell begriff ich, dass sie eine Taktik ausgearbeitet hatten: Der Vater wollte nicht, dass ich meine ältere Tochter sah, aber ich enthielt ihm ebenso meine kleinere vor. Sie unterschieden nicht zwischen uns beiden und taten so, als hielte ich Eva unter Verschluss.

Aber abgesehen davon konnte man diese absurde Einladung auch als eine subtile, sehr verstohlene Form der Erpressung verstehen, die kein juristisches Nachspiel haben würde: »Wenn du dich mit uns versöhnen willst, zeig uns deinen guten Willen – vielleicht tun wir dann etwas für dich, vielleicht können wir dir dann etwas über den Verbleib deiner Tochter sagen ...«

Hielten sie mich wirklich für eine solche Idiotin? Wenn ich ihnen Eva überließ, würde ich sie nie wiedersehen.

Mahmoud schlug mir außerdem vor, ihn zu besuchen, um eine Lösung für eine Aussöhnung zwischen Habib und mir zu finden. Er versicherte mir, dass er nichts von seinem Bruder gehört habe, aber dass er Himmel und Erde in Bewegung setzen würde, um ihm eine »Botschaft des Friedens« zukommen zu lassen. Warum fing er dann nicht damit an, »Himmel und Erde« in Bewegung zu setzen, um zu erfahren, wo Sara sich aufhielt?

Ich beantwortete Mahmouds Brief nicht, sondern übermittelte ihn einfach zusammen mit meinen Anmerkungen an die Justizbehörden. Mit Schrecken sah ich den Gerichtsferien entgegen, diesen Moment der Flaute, den alle Regattafahrer fürchten: »Bedaure, Monsieur Machin hat Urlaub ...«

Der Brief bewog den Richter, Mahmoud noch einmal vorzuladen. Aber der stritt ab, dass er mich irgendwie unter Druck hatte setzen wollen. Es reichte, dass er widersprach: »Nein, ganz und gar nicht, das wollte ich damit nicht sagen, das ist alles ein Missverständnis«, und die Akte wurde wieder geschlossen.

Bevor er in die Sommerfrische fuhr, willigte der Richter wenigstens in die Maßnahme ein, die ich von Beginn der Ermittlungen an von ihm verlangt hatte, und ließ das Telefon von Habibs Eltern abhören.

Fast sechs Monate waren seit Saras Verschwinden vergangen. Die Verwandten meines ehemaligen Lebensgefährten waren daran gewöhnt, unter den diversen Polizeiregimes im Iran zu leben, und hatten gelernt, ihre Bewegungen und Worte zu kontrollieren. Trotzdem konnte ich mir gut vorstellen, dass ihre Gespräche und vor allem die Liste der Nummern, mit denen sie in Kontakt standen, irgendeinen Aufschluss geben würden.

Endlich beschäftigte der Richter sich mit meinem Fall! Ich konnte mir schon vorstellen, dass meine Sache nicht die einzige war, die er zu behandeln hatte; man musste sich auch an seine Stelle versetzen. Aber bis zum September war es nur noch gut ein Monat, und ich durfte nicht die Hände in den Schoß legen, sonst würde Sara wieder den Schulanfang verpassen. Wenn wir uns jetzt sputeten, würden wir zusammen Hefte und Stifte kaufen können.

Es wurde August. Ich versuchte, die Zeit totzuschlagen. Meinen Urlaub nutzte ich, um regelmäßig nach Chauvé zu fahren, dem winzigen Dorf, in dem Pascales und Mahmouds Ferienhaus lag. Ich ging vorbei, sah mich um. Alles in allem bestand der Ort aus vier Häusern. Sich hier zu verstecken dürfte nicht allzu schwierig sein. Vielleicht war Habib während der ersten Tage seiner Flucht hier untergekrochen. Warum hatte ich nicht früher daran gedacht? Nachdem er hier gearbeitet hatte, hatte Habib den Schlüssel behalten.

Die Gendarmen hatten die wenigen Nachbarn bereits befragt und die Fotos von Sara zurückgelassen, doch ohne Erfolg. Aber ich hoffte immer noch, dass Habib der Versuchung nicht würde widerstehen können, zusammen mit seiner Tochter seine Eltern zu umarmen. Aber vor allem hatte ich, solange ich nach ihr suchte, das Gefühl, das meine Verbindung zu Sara nicht abgerissen war, den Eindruck, dass ich immer noch etwas für sie tat.

Die Hitze war unerträglich; ganz Nantes war an die Strände geströmt. Im Krankenhaus ist das die Zeit, in der die Kranken am einsamsten sind. Auch ich hatte den Eindruck, die Letzte zu sein, die angesichts der allgemeinen Gleichgültigkeit noch kämpfte. Aber es hätte mehr gebraucht, um mich zu entmutigen. Bald war der Monat zu Ende, und der Richter würde aus den Ferien zurückkehren. Dann würde ich endlich hören, wie seine Ermittlungen vorwärts gingen.

Und das tat ich auch, am 31. August, gleich einen Tag nach seiner Rückkehr – als mein Anwalt die Nachricht erhielt, der Richter stelle seine Untersuchung ein. Für ihn waren die Ermittlungen also abgeschlossen!

Gut erholt hatte er Ordnung in seine Akten gebracht. Er zeigte keinerlei Bedauern, denn er war sich sicher, seine Arbeit getan zu haben: Der Mitschnitt der Telefonate hatte nichts ergeben. Nicht, dass der Wortlaut der Gespräche ohne Interesse gewesen wäre. Um die Wahrheit zu sagen, hatte man keine Ahnung davon, worüber die Eghbals wohl gesprochen hatten – die Bänder waren nicht übersetzt worden!

Die Ermittler hatten zuerst einen iranischen Dolmetscher hinzugezogen, der sich für inkompetent erklärt hatte, und dann einen türkischen Übersetzer, der es ebenfalls nicht besser gewusst hatte. Also hatten sie die Bänder abgelegt und vergessen, ohne dass jemand daran gedacht hätte, mich zu konsultieren.

Dabei wusste ich, dass die Eghbals einen Dialekt aus der Grenzregion zwischen dem Iran und der Türkei sprachen, das Azeri. Ich hatte mich beim Berufungsgericht in Nantes umgehört: Dort gab es einen Übersetzer, der für diese Sprache vereidigt war. Ich beeilte mich, dem Richter diese Angaben zu übermitteln.

Nichts geschah. Ich griff zum Telefon, um direkt mit ihm zu sprechen. Er kam gerade aus dem Urlaub, er konnte die Akte nicht ernstlich noch einmal studiert haben. Es musste doch ein anderes, besseres Verfahren geben. Wenn er die Untersuchung jetzt beendete, dann entledigte er sich meiner in aller Eile und erklärte meinen Angreifer zum Sieger. Es war doch nicht möglich, dass der Mann, der mich fast umgebracht und die Kindheit meiner Töchter zerstört hatte, ungestraft blieb, sein Leben außerhalb des Gesetzes führen konnte, wie es ihm gefiel, und sich frei bewegen konnte. Ich war außer mir, das war zu ungerecht, es gab doch bestimmt noch etwas zu entdecken, Methoden, die man anwenden konnte, bis jetzt war doch erst so wenig geschehen.

Der Richter behandelte mich von oben herab. Er machte mir Vorwürfe, weil ich das Ministerium eingeschaltet hatte. Der Ton zwischen uns wurde schärfer. Er fragte mich, ob ich eine Vorstellung davon habe, was es koste, Telefone abzuhören. Hatte Sara einen Preis, würde mein Konto in die roten Zahlen rutschen, wenn er überschritten war? Ich war am Ende und konnte mich einfach nicht beruhigen. Schließlich drohte er, mich wegen Beamtenbeleidigung zu belangen, und ich forderte ihn auf, sich nur für die Beleidigung zu interessieren, deren Opfer ich geworden war.

Wieder einmal gab es nichts weiter zu sagen, nichts mehr zu tun. Ich musste mich damit abfinden, mich an den Gedanken gewöhnen, meine Tochter nicht wiederzusehen. Ich musste warten, bis sie achtzehn Jahre alt war, um sie endlich wiederzubekommen, falls sie das dann überhaupt noch wollte, falls sie sich noch an ihre Mutter erinnerte, an ihre Schwester, an unsere Liebe. Falls sie Lust hatte, den Abgrund all dieser Jahre der Trennung zu überqueren.

Und was würde ich dann vorfinden? Ein junges Mädchen, eine Unbekannte, eine Fremde? War denn der Richter der Herr über mein Schicksal und das meiner Tochter, dass er mir nur diese Hoffnung ließ? War er ein Gott, der über unser Leben und unseren Tod entscheiden konnte? Denn genau darum ging es: Ich würde weiterleben und dennoch zerbrochen sein, wie meine Patienten, die wie erstarrt auf ihren Betten in der Intensivstation lagen und nur noch die letzten Symptome des Lebens aufwiesen: die Atmung – häufig künstlich aufrechterhalten – und den Herzschlag.

Aber ich konnte mich im Gegensatz zu ihnen noch bewegen, ich besaß noch zwei Beine, die mich trugen. Ich war in der Lage gewesen, in mein Auto zu steigen und meine Ermittlungen in Paris und Chauvé durchzuführen. Seit sechs Monaten hielt mich nur noch der Kampf aufrecht. Eva hatte zu laufen begonnen, bald würde sie sprechen, und der Tag würde kommen, an dem sie meine beste Verbündete in diesem Krieg gegen die Ungerechtigkeit wurde. Unterdessen musste ich um ihretwillen aushalten. Wie sollte ich ihr sonst eines Tages erklären, dass Mama eine andere Tochter gehabt und sie verloren hatte, so wie ein Kind in einem Kaufhaus abhanden kommt, und sich damit abgefunden hat, die Suche nach ihr aufzugeben?

4

Der Schulanfang, den ich so sehr herbeigesehnt und gefürchtet hatte, stand vor der Tür. Ich konnte mich den Tatsachen nicht verschließen. Den ganzen Sommer über hatte ich nur eine Woche am Meer verbracht, zusammen mit Eva, meinem Bruder Bruno und Sandra. Die Freude meiner kleinen Tochter, die in den Wogen herumsprang, erinnerte mich an andere Zeiten, andere Freuden. Ich konnte nicht zusehen, wie zwei Schwestern sich an den Händen hielten oder gemeinsam eine Sandburg bauten, ohne dass sich mein Magen zusammenkrampfte. Eva stürzte sich auf alle kleinen dunklen Mädchen, deren Haare gerade geschnitten waren wie bei Sara. Ich hatte den Eindruck, dass alle Familien bis auf meine glücklich waren.

Da ich die Schule vor dem Haus hatte, war ich gezwungen, mir das Freudengeschrei der Kinder anzuhören, die sich wiedersahen. Saras Klasse fand ohne sie zusammen. Im letzten Trimester hatte ich einfach hingehen müssen, um mich auf dem Laufenden zu halten. Saras kleine Kameraden aus der Vorschule wiederzusehen war ein bisschen so gewesen, als hätte ich sie wiedergefunden, aber vor allem wollte ich, dass sie ihr ihren Platz freihielten, bis sie zurückkam. Sie sollten sie nicht vergessen.

Mit demselben Gedanken ging ich noch einmal zu Maël, ihrem kleinen Freund, der früher neben uns gewohnt hatte. Seine Mutter hatte mir gestanden, dass sie ihn zu einem Kinderpsychologen hatte bringen müssen; nach Saras brutaler Entführung hatte er unter Albträumen gelitten. Als ich ihn zum ersten Mal besuchte, hatte er etwas für mich gezeichnet, das er mir selbst erklärte. Er hatte ein Männchen hinter Gittern gemalt: Habib, wenn er gefangen und bestraft wäre. Maël und ich verstanden uns; ich hatte mir den Gerechtigkeitssinn bewahrt, den kleine Kinder besitzen.

Aber mit dem neuen Schuljahr musste ich mich mit den Tatsachen abfinden. Maël hatte eine neue kleine Verlobte und redete mit mir nicht mehr über Sara, oder jedenfalls nur noch wenig. Die Zeit vollendete ihr zerstörerisches Werk. Ich musste nicht nur gegen die Behörden und ihre Trägheit kämpfen, sondern auch gegen dieses langsame Ersticken unter der Lawine des Vergessens.

Doch Sara am Leben zu erhalten durfte nicht heißen, dass ich Eva ihrer Kindheit beraubte. Als ich sie zum ersten Mal mit in den Botanischen Garten von Nantes nahm, wo ich mit Sara immer die Rehe gefüttert hatte, wurde ich fast ohnmächtig. Ich umklammerte ihre kleine Hand, und meine andere Hand blieb grausam leer. Trotzdem hatte ich nicht das Recht, ihr den Park vorzuenthalten. Aber jedem, der mich ansprach: »Oh, was für ein hübsches kleines Mädchen«, dem hätte ich am liebsten zurückgegeben: »Ich habe nicht nur eines, ich habe zwei Töchter. Ihre Schwester hat die gleichen Grübchen und großen Augen.«

Ich hätte jedem meine Lebensgeschichte erzählen mögen, nur damit ich von Sara sprechen konnte.

Ihr Foto klebte immer noch an meiner Autoscheibe und tauchte an immer mehr öffentlichen Plätzen in Nantes, Paris und Saint-Leu-la-Forêt auf. Am Muttertag war ich zutiefst verzweifelt und schenkte mir selbst einen Anhänger, ausgerechnet ich, die ich mir noch nie Schmuck gekauft hatte: Eine Pergamentseite wie die, auf denen die Juden die Gesetzestafeln darstellen, nur dass ich nur zwei Vornamen hatte hineingravieren lassen: Sara und Eva. Ich wollte, dass jeder dieses Schmuckstück sah, dass es Gelegenheit zu neuen Fragen gab. Ich wollte den Namen meiner verschwundenen Tochter dort niederschreiben, wo ihn niemand auslöschen konnte; und da man keine Marmortafel um den Hals tragen kann, wählte ich dieses goldene Blatt.

Aber es gab nicht nur die Poesie, sondern auch das Einwohnermeldeamt, und insbesondere das Erhebungsformular der Kindergeldkasse. Seit Evas Geburt hatte ich in Teilzeit gearbeitet, was als Mutterschaftsurlaub angerechnet wurde, so dass ich Anrecht auf eine Unterstützung hatte. Aber die Daten mussten aktualisiert werden. Auf die Frage »Wie viele Kinder leben unter Ihrem Dach?« antwortete ich »eines« und erklärte, meine ältere Tochter sei von ihrem Vater entführt worden.

Ein weiteres Mal nahmen die Behörden keine Rücksicht: Man strich mir die Familienhilfe, die erst ab dem zweiten Kind gezahlt wird. Es waren nicht die fehlenden ungefähr siebenhundert Francs monatlich, die für mich schwer zu verkraften waren, sondern dass ich von diesem Tag an oben auf den vorgedruckten Formularen lesen musste: *ein unterhaltspflichtiges Kind*. Auch die Behörden hatten mir meine Tochter weggenommen.

Den einfachsten Brief von der Familienkasse zu öffnen war von da an so schmerzlich für mich, dass ich beschloss, meiner Krankenkasse keine Mitteilung über Saras Verschwinden zu machen. Ich zahlte weiterhin den vollen Tarif, nur weil ich das Bedürfnis hatte, auf meiner Mitgliedskarte, dort, wo die Anspruchsberechtigten aufgeführt sind, die Namen meiner beiden Töchter zu sehen.

*

Ich war ratlos und wusste nicht mehr, was ich noch tun sollte, um Sara zu finden. Daher fuhr ich mit meiner Schwägerin Sandra noch einmal zu Habibs Eltern.

Unsere Begegnungen – diese und die folgenden – hatten

etwas Surrealistisches. Der Empfang war keine Überraschung und verlief immer gleich.

»Na so etwas, Fabienne, wie geht's dir? Komm doch herein ...«

Und wir standen uns gegenüber und führten einen Dialog wie zwischen Gehörlosen. Ich fragte sie, ob sie etwas über Sara wüssten, sie wollten hören, wie es Eva ging. Das angebotene Glas Tee lehnte ich ab und hatte zumindest den Trost, sie durch diesen Verstoß gegen ihren Brauch verunsichert zu haben.

In diesem Jahr war Sandra bei allen Unternehmungen, allen Torheiten an meiner Seite. Sie war wie die Schwester, die ich nie gehabt hatte, jemand, der alles mitmacht und einen nicht verurteilt. Sie begleitete mich in die Läden, in denen ich früher immer Saras Kleider gekauft hatte, und protestierte nicht, wenn ich ihr neue kaufte, »damit sie etwas anzuziehen hat, wenn sie zurückkommt«.

Meine Mutter dagegen war verzweifelt. Sie fand, dass ich meinen Schmerz eher pflegte, statt über ihn hinwegzukommen. Ich war wie eine Drogensüchtige auf der Suche nach ihrem Gift. Mama versuchte mich zur Vernunft zu bringen, sagte mir immer wieder, ich müsse mich der Wirklichkeit stellen. Wer sich Illusionen mache, werde keinen Trost finden. Aber ich wollte mich nicht trösten. Ich war wie diese verlassenen Liebenden, die ihren Schmerz kultivieren, die einzige Spur, die ihnen von ihrer vergangenen Liebe geblieben ist. Solange Sara fort war, wollte ich weiter leiden; das war alles, was mich noch mit ihr verband. Ganze Abende konnte ich so verbringen. Ich saß auf dem Sofa in meinem Wohnzimmer, eine Schachtel Papiertaschentücher neben mir, und berauschte mich an meinen Tränen.

Unter dem Vorwand, dass ich nichts mehr finden würde, sobald die ersten Tage des Schuljahres vorbei waren, kaufte ich Malzeug, Hefte, Buntstifte, als stünde Saras Rückkehr unmittelbar bevor. An der Kasse mischte ich mich unter den Strom der Mütter, als wäre ich wie sie. Zufrieden ging ich an den Kassiererinnen vorbei, die sicherlich dachten, dass ich das neue Schuljahr vorbereitete. Und das tat mir gut. Mit meinen Paketen fuhr ich nach Hause und räumte sie sorgfältig in den Schrank; neue Gaben, die sich zu den alten Erinnerungen gesellten. Jeden Abend, nachdem ich Eva schlafen gelegt hatte, öffnete ich die Türen meines Mausoleums, wie um mich zu überzeugen, dass alles bereit war. Dann schloss ich sie behutsam wieder, als dürfe ich nicht zulassen, dass ein Luftzug die letzten Gespenster davontrug.

Und jeden Abend begann das gleiche Martyrium: ein Kind schlafen zu legen, wo man noch vor ein paar Monaten zwei ins Bett gebracht hat. Einsam den Moment des Abends durchleben, der früher ein ganz besonderes Zwischenspiel voll geteilter Zärtlichkeit gewesen war, den Augenblick, in dem ich allein mit meiner kleinen Sara war, mir ihre Erlebnisse anhörte und wir vor dem Einschlafen noch einmal kuschelten. Eva war dazu noch zu klein. Ich legte sie hin, deckte sie zu, gab ihr einen Kuss auf die Stirn, das war alles. Ich konnte ihr nicht einmal vorlesen.

Eva war jetzt fast achtzehn Monate alt. Sie hatte die gleichen Augen wie ihre Schwester, aber da endete die Ähnlichkeit auch schon. Ich fand an ihr weder Saras Haare noch ihre Figur wieder, nein, nicht einmal die Augen waren dieselben. Zu Anfang versuchte ich, Eva die alten Kleider von Sara anzuziehen, aber dann schämte ich mich, weil ich sie verkleiden wollte. Zum Glück für uns beide standen sie ihr nicht, und Eva war sowieso egal, was sie anzog. Mit achtzehn Monaten – die Erinnerung schmerzte mich, wie böse ich oft gewesen war, weil Sara sich mehrmals täglich umzog und beinahe schmutzige und fast saubere Kleidungsstücke gleichermaßen unordentlich durcheinander warf. Und jetzt versuchte ich meine jüngere Tochter zum Kult der Weiblichkeit zu bekehren, aber ohne den geringsten Erfolg.

Sara war akkurat und konzentriert; sie konnte lange Zeit damit verbringen, ihre Puzzles zusammenzusetzen oder ihre Städte aus Bauklötzen zu konstruieren. Eva dagegen war zapplig, unternehmungslustig und von einer unerschöpflichen Lebhaftigkeit. An ihr war wirklich ein Junge verloren gegangen. Ich ertappte mich oft dabei, dass ich sie ein wenig zu gereizt ermahnte: »Pass doch auf!« Dann hatte ich ein schlechtes Gewissen, weil ich ihr vorwarf, dass sie nicht ihre Schwester war.

So bringt das Verschwinden eines Kindes eine ganze Familie aus dem Gleichgewicht. Meine Eltern riefen mich zur Ordnung. »Versteh doch, Eva ist nicht Sara«, sagten sie oft zu mir, wenn ich sie besuchte. Natürlich hatten sie wieder einmal Recht. Aber ihr gesunder Menschenverstand half mir nicht weiter. Ich lebte weiterhin mit Sara. Sie verließ mich weder bei Tag noch bei Nacht. Ihretwegen ging ich wieder zum Friseur, weil ich wusste, dass sie es gern mochte, wenn ich mich schön machte. Ich schrieb ihr sogar in dem Heft darüber, in diesen Briefen, die ich fast täglich für sie verfasste, ohne zu wissen, wohin ich sie schicken sollte. Im Gedanken an sie ging ich mir Kleider kaufen, und natürlich auch für Eva. Damit Sara, wenn sie zurückkam, stolz auf uns war. Für mich allein hätte ich nicht meine alten Hosen aufgegeben, zu denen ich jeden Pulli tragen konnte, solange er warm, weich und eher dunkel war, ein Kokon gegen die Eiseskälte der Trennung.

Eva begann zu sprechen. Zuerst sagte sie selbstverständlich »Mama« und dann sehr schnell »Sara«, wozu noch ebenso rasch »große Schwester« kam. »Papa« sagte sie nicht oder nur sehr selten; vielleicht wollte es auch nur niemand hören. Die Stunde, auf die ich so lange gewartet hatte, rückte näher: Endlich würde ich ihr erklären können, dass sie nicht allein war, dass ich alles tun würde, um ihre Schwester wiederzufinden.

Wir hatten uns angewöhnt, gemeinsam die Fotos von Sara anzusehen, die meine Wände schmückten. Ich hatte den Eindruck, wenn sie in meinen Armen strampelte, schöbe sie mich auf die Bilder zu, über die sie mit der Hand strich, wie ich es sie gelehrt hatte. Genauso wie ich Sara von Eva erzählt hatte, als sie noch in meinem Bauch war, so erzählte ich jetzt Eva von Sara, dem anderen Kind, das ich in meinem Herzen trug.

Wenn ich sah, wie Eva stirnrunzelnd auf die Bilder wies, hatte ich den Eindruck, dass sie mich schon jetzt fragte, wo ihre Schwester geblieben sei. Zweifellos legte ich ihr Gedanken in den Mund, die sie noch gar nicht haben konnte, aber ich war mir sicher, dass sie dasselbe empfand wie ich. Wir waren symbiotisch miteinander verbunden. Wenn sie wegen einer Nichtigkeit weinte, wusste ich, dass sie nur meine Ängste spiegelte. Ich musste Acht geben. Sie war das Barometer meines Gemütszustands und zwang mich, ins Leben zurückzukehren, als ich mit Leichtigkeit in Depressionen hätte versinken können.

Ich hatte mir angewöhnt, jede Woche eine Blume neben einem Bilderrahmen aufzustellen, aus dem Sara lächelte. Für mich hatte das nichts Morbides an sich. Ich hatte nicht das Gefühl, einen Verstorbenen auf einem Friedhof zu ehren, ganz im Gegenteil, dies war eine Art zu zeigen, dass meine Tochter höchst lebendig war. Bestimmt liebte sie immer noch Blumen, und ich hoffte, dass ihr Duft sie vielleicht irgendwie erreichen würde. Denn wenn ich so fest an sie dachte, musste sie mich einfach hören. Ich gab ihr Ratschläge, wie sie gut schlafen würde, mir schwindelte von den kleinen Worten, die ich ihr gesagt hätte, wenn sie bei mir gewesen wäre.

Nie hatte ich an Gott oder Teufel geglaubt, aber jetzt ließ ich mich zum ersten Mal in meinem Leben auf den schändlichsten Aberglauben ein. Man hatte mich zu einem Hellseher geschickt, der – wenn man es denn glauben wollte – für das Innenministerium arbeitete. Mit dem Pendel versuchte ich die Antworten auf meine Fragen zu finden, die mir niemand geben wollte. Doch ich wurde enttäuscht. Ich war durcheinander, sicher, aber nicht so sehr, dass ich nicht bemerkt hätte, wie dieser ungeschickte Scharlatan nur wiedergab, was ich ihm selbst gerade erzählt hatte.

Mit Karten setzte ich meinen Ausflug ins Paranormale fort. Das Tarotspiel, das Louisette auf ihrem Esstisch auslegte, brachte mir keine großen Erkenntnisse über den Verlauf der Ereignisse, aber zumindest gab es mir wieder Hoffnung. Die Karten halfen mir, die Fristen zu verlängern, die ich mir willkürlich gesetzt hatte. Wir hatten den Anfang der Vorschule im September verpasst, nicht so wichtig. Sara würde Ende des Monats wieder da sein, oder am Ende des Jahres, oder ... In unseren Gesprächen konnte ich meiner treuen Hellseherin wenigstens alles sagen, was mich verbitterte und wovon ich niemandem erzählen wollte: meine Wut auf die Justiz und die Polizei, all die Leute, die mir nicht helfen wollten, meine Tochter zu finden. Denn ich wollte meine Familie unbedingt schützen; daher konnte ich den bitteren Geschmack meiner Niederlagen nicht mit ihnen teilen.

Ein grausames Jahr ging zu Ende. Neben all den Tränen und enttäuschten Hoffnungen hatte es mir wenigstens eine gute Nachricht geschenkt: Papas Tumor war verschwunden. Für die Mediziner, die kaum noch an seine Genesung geglaubt hatten, war seine Heilung auf die intensive Chemotherapie zurückzuführen, der er sich unterzogen hatte. Aber ich sah darin vor allem das Ergebnis seiner Willenskraft und des Mutes, den er aufgebracht hatte, um eines Tages seine Enkeltochter wiederzusehen. So lange wollte er aushalten, obwohl sich inzwischen niemand mehr vorstellen konnte, wann Sara zurückkehren würde. Aber Papa hatte seinem Kampf gegen die Krankheit einen Sinn verliehen.

Weil ich mich so schuldig an seinem Krebsleiden gefühlt hatte, kam mir diese unerwartete Besserung fast wie ein Zeichen des Verzeihens vor, der Vergebung. Nicht nur um meinetwillen musste ich Sara wiederfinden, sondern auch für alle Menschen, die ich liebte.

5

Nachdem der Richter beschlossen hatte, seine Untersuchung abzuschließen, ging es jetzt auf den Prozess zu. Aber mir war es nicht besonders wichtig, dass der Mann, der mir so viel Schlimmes angetan hatte, eine Strafe erhielt; dadurch, dass man ihn in Abwesenheit zu einer Strafe verurteilte, würde ich Sara auch nicht wiederfinden. Habib würde verurteilt werden, und dann? Konnte ich nur noch darauf warten, dass er durch irgendeinen Zufall verhaftet wurde und ich meine Tochter wiederbekam? Musste er eine rote Ampel überfahren, damit man seine Papiere überprüfte und bemerkte, dass gegen ihn ein Haftbefehl vorlag? Ich hätte verrückt werden können vor Ungeduld und Angst.

Die Entscheidung, wann eine Ermittlung abgeschlossen ist, liegt ganz allein beim Richter. Gegen seinen Beschluss kann kein Widerspruch eingelegt werden. Ich hatte versucht, die Politik ins Spiel zu bringen, doch die Intervention von Madame Guigou, der Justizministerin, hatte den Richter nur noch zusätzlich verärgert, aber nichts geändert.

Mit der geschlagenen Miene eines zum Tode Verurteilten, der weiß, dass seine letzte Stunde geschlagen hat, suchte ich meinen Anwalt auf. Er erklärte mir, noch sei nicht alles verloren, und ein Verfahren könne durchaus wieder aufgerollt werden. Ich brauchte nur selbst ein neues Moment zu finden, das eine Wiederaufnahme des Falles rechtfertigte. Dazu hatte ich zwei Möglichkeiten: einmal die Presse, der ich meine Geschichte zum Fraß vorwerfen müsste, die aber die Ermittlungsarbeit gratis tun würde, oder ein Privatdetektiv, den ich bezahlen müsste.

Die Idee, mich an die Öffentlichkeit zu wenden, rief in mir zwiespältige Gefühle hervor. Den Zeitungen meine Geschichte zu erzählen hätte mir nichts ausgemacht; im Gegenteil, ich wollte, dass die ganze Welt von Sara erfuhr, die fern von mir und ihrer kleinen Schwester aufwuchs. Ich wollte nicht, dass sie einfach von der Erdoberfläche verschwand, das heißt aus der Erinnerung der Menschen. Doch ich fürchtete Habibs Reaktion.

Und ein Privatdetektiv war für mich bisher immer etwas aus amerikanischen Filmen gewesen. Nie hätte ich mir vorgestellt, dass einer in meinem Leben auftauchen könnte. Eine Offenbarung war das, ein erstes Licht an einem ewig düsteren Himmel, und schenkte mir meine Kraft und meinen Mut zurück. Solange man noch eine neue Front eröffnen konnte, war nicht alles verloren.

Aber mein Anwalt verschwieg mir auch nicht, dass man dazu Geld auftreiben musste, viel Geld, und ich hatte keines mehr. Er war es, der mir die Vorteile eines Vereins erläuterte. Wenn ich im Namen eines Vereins nach dem Gesetz von 1901 ein Konto eröffnete, konnte ich Mitgliedsbeiträge und Spenden annehmen. Darüber musste allerdings streng Buch geführt werden; über jeden Geldschein musste man beim Finanzamt Rechenschaft ablegen, Bücher führen, Bilanzen erstellen.

Ich hatte mich noch nie für diese Art von Verrenkungen interessiert, aber was hätte ich nicht auf mich genommen, um Sara zu finden! Wenn Geld eine so entscheidende Waffe war, dann musste ich eben lernen, welches zu verdienen. Ich war nur eine einfache Krankenschwester, aber ich hatte keine Lust mehr, mich herumstoßen zu lassen oder vom guten Willen anderer abhängig zu sein. Endlich wurde mir klar, wie ich in Zukunft etwas für Sara tun konnte. Für sie würde ich Buchhalterin werden, kaufmännische Leiterin, Vertriebsprofi, Vorarbeiterin; nichts schreckte mich.

Cedrick war mein erster Partner bei diesem neuen Abenteuer. Gemeinsam arbeiteten wir unsere Strategie aus. Zuerst nahm ich Kontakt zu anderen Vereinen auf. Ich fand Menschen, die wie ich nach Angehörigen suchten. Ihre Berichte waren kostbar für mich. Das Telefon begann wieder zu klingeln, und ich verließ mein Schneckenhaus.

Am 26. Oktober 1999, weniger als zwei Monate nachdem die Akte über das Verschwinden meiner Tochter geschlossen worden war, legten wir die Satzung von *Sara, alle gemeinsam werden wir dich finden* nieder, eines Vereins, dessen Ziel es war, wie der Name schon sagte, meine Tochter wiederzufinden, und der sich nach ihrer Rückkehr automatisch auflösen würde. Ich wurde Vorsitzende, Cedrick Schatzmeister und seine Freundin Céline Schriftführerin.

Ich schrieb an die Lokaljournalisten und bat sie, meine Geschichte zu erzählen, die einzige Art, Mitglieder zu werben. Mit Absicht setzten wir einen sehr niedrigen Beitrag fest – fünfzig Francs –, um so viele Menschen wie möglich zusammenzubringen. *Presse-Océan* und *Ouest-France* – die auflagenstärksten Zeitungen in meiner Region – reagierten sofort. Innerhalb kürzester Zeit hatten wir einhundertsiebzig Mitglieder. Alle waren begeistert. Ich hatte bereits achttausendfünfhundert Francs eingenommen.

Jetzt konnte ich einen Termin bei einem Detektiv vereinbaren, von dessen Tüchtigkeit man mir vorgeschwärmt hatte. Dass er ein ehemaliger Geheimagent war, flößte mir Vertrauen ein. Seine Agentur lag in einem guten Viertel von Paris und war auf die Suche nach verschwundenen Personen spezialisiert.

Bei unserem ersten Treffen erklärte er mir, in einem Monat sei meine Tochter zu Hause. Meine Angelegenheit sei äußerst unkompliziert, versicherte er mir. Ein Monat – grob gerechnet wäre das Weihnachten. Ich hätte den Mann umarmen mögen. Man hatte mir gesagt, er sei in der Lage, bis ans Ende der Welt zu fahren, um Verschwundene wiederzufinden. Seine Autorität gab keinen Anlass dazu, seine Voraussagen anzuzweifeln. Das wäre auch nur Formsache gewesen, denn ich konnte nicht anders, als ihn zu engagieren. Ich fragte ihn, wie teuer seine Dienste kämen. Zweiundsiebzigtausend Francs, erklärte er – für den ersten Monat.

Ich zuckte nicht mit der Wimper. Selbst wenn ich meine letzten Reserven zusammenkratzte, verfügte ich nicht einmal über ein Viertel dieser Summe. Ich bluffte, tat so, als fände ich das vollkommen normal, und bat nur, die Summe in zwei Raten zahlen zu können. Später erfuhr ich, dass manche Eltern bis zu vierhunderttausend Francs ausgegeben hatten, um ihre Kinder wiederzufinden. Sie verkauften ihr Haus, verschuldeten sich fürs Leben und bereuten nichts, wenn sie ihr Ziel erreichten.

Der Detektiv ließ mich einen Vertrag über einen Monat unterzeichnen, »ohne Erfolgsgarantie«. In meiner Euphorie ließen mich diese Worte nicht stutzig werden; zweifellos war es eine reine Formalität. Um ein kleines Vermögen erleichtert, das ich nicht besaß – ungefähr sechs Monatsgehälter – und vollkommen berauscht verließ ich die Agentur. Wie auf Wolken schwebte ich. Dabei kam mir nicht einmal die Idee, die kleinste Kritik an der Höhe der Rechnung oder am Optimismus meines Retters zu üben. Ich hatte nur noch einen Gedanken im Kopf: so schnell wie möglich das Geld aufzutreiben und meine Tochter in die Arme zu schließen.

Anfang November hielten wir die erste Versammlung unseres Vereins ab. Auf der Tagesordnung: Beratung über anstehende Aktionen. Ich war zutiefst gerührt darüber, dass so viele Menschen gekommen waren, die ich zum größten Teil nicht kannte. Es war, als sei Sara ein wenig die Tochter all dieser Leute geworden, die bereit waren, ihre Beiträge zu zahlen, um sie mir zurückzubringen. Da begriff ich, dass, wenn einem Kind ein Leid geschieht, unsere ganze Menschlichkeit verletzt wird, der Teil der Zukunft, den jeder von uns in sich trägt.

Bis jetzt war ich zwar von Menschen umgeben gewesen, die mich unterstützten, aber ich hatte allein mit der Justiz und der Polizei zu tun gehabt, hatte allein mit meinen Fragen und Zweifeln gestanden. Doch dieses Mal würden wir alle gemeinsam überlegen. Diese brüderliche Begeisterung um mich herum war mein schönstes Geschenk seit Saras Verschwinden.

Im Verlauf der Diskussion erwogen wir mehrere mögliche Strategien. Es war kurz vor Weihnachten, die beste Zeit für Spendenaktionen. Nicht nur, weil die Menschen in der dunklen Jahreszeit gern an die denken, die leiden, sondern weil sie nach Geschenkideen suchen. Wenn es uns gelang, diese beiden Faktoren zu vereinen, würden wir das Geld auftreiben, das mir fehlte.

Ich weiß nicht mehr, wer die Idee mit den Bonbons aufbrachte. Ich war gleich Feuer und Flamme. Die Investition war minimal, und an Feiertagen isst jeder gern Bonbons. Außerdem passten Bonbons gut zu einem kleinen Mädchen. Gleich am nächsten Tag suchte ich aus dem Telefonbuch einen Süßwaren-Großhandel heraus.

Süßwaren »Bonté« fiel mir ins Auge. »Güte«, der Name schien mir ein gutes Vorzeichen zu sein. Und ich traf ins Schwarze; der Chef gewährte mir sogar fünf Prozent Nachlass, »ausnahmsweise«, wie er erklärte. Doch tatsächlich berechnete er mir bei jeder meiner Bestellungen diesen günstigen Preis.

Dann mussten wir Standorte für unsere Verkaufsstände finden. Auf den Rat meines Bruders Bruno hin, der einen Supermarkt leitete, nahm ich Kontakt zu allen großen Ketten von Nantes auf. Carrefour, Super U und Intermarché gaben mir ihre Einwilligung. Ich durfte jeden Samstag im November und Dezember einen Stand bei ihnen aufbauen. Meine Sterne schienen günstig zu stehen.

Bruno lehrte mich die wenigen Grundprinzipien, die mir Erfolg in meinem neuen Beruf bescheren würden. Ich musste unsere »Verkaufstruppe« organisieren. Im Klartext hieß das, die Bretter und Böcke zu nehmen, die mir ein Vereinsmitglied angeboten hatte, während die Direktion des Supermarktes, in dem Bruno arbeitete, uns große neongelbe Plakate zur Verfügung stellte, die die Aufmerksamkeit der Kunden auf sich ziehen würden. Der Süßwarenhändler brachte mir bei, die Päckchen zu packen, und gab mir auch Ratschläge zu den Mischungen, die sich am besten verkaufen würden – Kinderbonbons in leuchtenden, attraktiven Farben. Und schließlich mussten wir die Etiketten drucken lassen; das war das Wichtigste. Sie trugen Saras Namen, die Adresse und Telefonnummer des Vereins sowie die Nummer des Spendenkontos. Auf den Flugblättern, die wir verteilten, waren die ersten Artikel aus *Ouest-France* und Saras Foto abgedruckt.

Mein Wohnzimmer sah inzwischen wie eine Süßwarenfabrik aus. In der Küche hatte ich kiloweise Schaumzuckerbonbons, Fruchtgummis, Gummibärchen, Erdbeeren und anderes Konfekt gelagert. Der Einfachheit halber füllte ich einen Teil in große Salatschüsseln ab, die ich bei meiner Mutter und meinen Tanten konfisziert hatte. Zur Not taten es auch Plastikwannen. Ich hatte meinen großen Tisch an die Wand geschoben und verbrachte jede freie Minute damit, Päckchen zu füllen.

Die Pläne meiner Verkäufer vorzubereiten, die Ware einzukaufen und sie abzupacken, das war zu meinem zweiten Beruf geworden, dem ich nach meiner Arbeit im Krankenhaus nachging. Meine Familie, meine Cousinen, alle machten mit. Mir fehlte es nie an Arbeitskräften. Um Saras willen unterstützten mich alle meine Freunde, die alten und die neuen. Oft brachten sie sogar ihre Familie und ihre Nachbarn mit. Jedes Papierchen, das um ein Bonbon gewickelt wurde, war ein kostbarer Schatz an Solidarität. Jedes Päckchen, um das wir eine Schleife banden, brachte uns Sara näher. Ich schöpfte neue Hoffnung.

Eva sah uns aus großen Augen an. Sie entdeckte, dass Erwachsene auch lachen können. An einem dieser Tage kostete sie die ersten Süßigkeiten, von denen ich sie bis jetzt, aus Sorge um ihre gesunde Ernährung, bewusst fern gehalten hatte. Ich höre noch, wie Mama zu ihr sagt: »Iss deiner Schwester nicht alle Bonbons weg!« Zum ersten Mal konnten wir dieses Wort mit einem Lächeln aussprechen.

Über unserem Stand hing wie ein politisches Transparent der Name unseres Vereins: *Sara, alle gemeinsam werden wir dich finden*. Ich sorgte dafür, dass die Verkaufstrupps ausgewogen zusammengestellt wurden: niemals zwei schüchterne Menschen auf einmal, und wenn möglich Leute, die nicht auf den Mund gefallen waren. Sie durften nicht zögern, die Käufer bei ihren Gefühlen zu packen, sie anzusprechen, um ihnen unser Ziel zu erklären.

Ich hatte Teams zu je zweimal zwei Personen aufgestellt, von denen jedes einen halben Tag lang den Verkauf übernahm. Jeden Samstag waren wir in zwei Supermärkten. Für ein ganzes Wochenende wurden also sechzehn Personen benötigt, die nach einem rotierenden System eingeteilt wurden, damit nicht immer dieselben an die Reihe kamen.

Papa, der sich von seiner Chemotherapie erholte, war noch zu geschwächt, um einen Stand zu betreiben. Dafür sicherte er den Nachschub für die Teams. Im Krankenhaus hatte ich leere Kartons gesammelt. Durch ihre mittlere Größe waren sie praktischer als Vorratssäcke.

Unter der Woche stapelten sich die Kartons in meiner

Diele. Wir kauften die Bonbons in Tüten zu zwei Kilo, die dann auf Päckchen von hundertfünfzig Gramm verteilt werden mussten. Das kostete wahnsinnig viel Zeit. Um schneller zu sein, arbeiteten wir mit einer Art Fließbandsystem. Am Freitag waren alle Päckchen fertig, und am Samstagabend waren sie verkauft. Über Handy hielten wir uns über den Stand unserer Vorräte auf dem Laufenden, und Papa fuhr von einem zum anderen.

Aber damit war noch nicht alles vorbei. Am Sonntag mussten die Abrechnungen gemacht und die Geldstücke gerollt werden. Da die Päckchen zwischen fünfzehn und zwanzig Francs kosteten, erstickten wir in Kleingeld. Schließlich mussten die Einnahmen zur Bank gebracht werden.

In weniger als zwei Monaten hatten wir mit dem Verkauf der Päckchen und durch Spenden fast fünfzigtausend Francs zusammengebracht. Ich war erschöpft, aber ich würde den Detektiv bezahlen können.

Voller Hoffnung suchte ich ihn in seinem Büro auf. Er hatte die Wohnung von Habibs Eltern und die seines Bruders Mahmoud überwachen lassen, er hatte sie beschattet und bei Gebrauchtwagenversteigerungen nach Habib Ausschau gehalten. Ich hatte mir vorgestellt, Dutzende von Männern in Schwarz würden sich auf die Suche nach meiner Tochter machen, und er zeigte mir Fotos von Autowerkstätten. Weihnachten stand vor der Tür, aber keine Spur von Sara. Und ich hatte schon all meinen Verwandten erzählt, die Lösung stünde kurz bevor. Angesichts meiner Enttäuschung erklärte Sherlock Holmes sich bereit, noch eins draufzusetzen. Er würde ohne Aufpreis einen weiteren Monat arbeiten. Natürlich nahm ich sein Angebot an, aber der Zauber war gebrochen. Doch auch daran musste ich mich gewöhnen: die Hoffnung zu bewahren, auch wenn der Traum zerrinnt.

Ich durfte den Mut nicht verlieren, für Sara, für Eva, für meine Eltern, meine Brüder und alle Vereinsmitglieder. Jetzt ging es nicht mehr nur um mich. Ich zwang mich, daran zu denken, was wir seit der Gründung des Vereins schon alles erreicht hatten. Menschen, die bisher nie von Sara gehört hatten, begannen sich für sie zu interessieren. Ich war auf dem richtigen Weg. Aber angesichts dieses erneuten Fehlschlags wurde mir klar, wie ausgepumpt ich war.

Seit drei Monaten hatte ich mir keinen Tag Ruhe gegönnt. Sobald ich aus dem Krankenhaus kam, war ich nach Hause gestürzt, um mein Unternehmen zu betreiben. Wahrscheinlich wollte ich Wiedergutmachung leisten, weil ich Sara nicht hatte beschützen können. In Zukunft, das nahm mich mir fest vor, würde ich anderen Menschen mehr Vertrauen schenken und ihre Hilfe bereitwilliger annehmen. Zum Glück blieb mir die Erinnerung an all diese freiwilligen Helfer, an ihre Freundlichkeit und Großzügigkeit. Da waren Cedrick und seine Freundin Céline, die fast jedes Wochenende aus Rennes gekommen waren, um mir zu helfen. Meine Kollegen, die ihre Familien vernachlässigten und ihre eigenen Probleme vergaßen, um mir unter die Arme zu greifen. All diese Menschen, die ohne zu zögern alles stehen und liegen ließen, um in meinem Wohnzimmer Bonbonpäckchen zu füllen, die meine Website eingerichtet hatten und mir die Mails einzeln zufaxten, weil ich immer noch keinen Internetanschluss hatte ... Erst Monate später sollte ich Thierry und Laurent kennen lernen, die sich an diese Arbeit machten und mir am Telefon Stunden widmeten, die sie ihrem Familienleben abzwackten.

Und dann war da Eva, die mich an der Hand nahm und wollte, dass ich mit ihr in den Park ging. Sie hatte ihre große Liebe zu Ponys entdeckt, und ich hatte sie schon mit achtzehn Monaten in einem Klub angemeldet. Ich war froh, das für sie tun zu können. Dort kannte niemand unsere

Tragödie. Ich war einfach eine Mutter, die ihre kleine Tochter allein aufzog und die unter all den anderen Müttern mit ihren Alltagssorgen wartete. Die Einkäufe, Stundenpläne, die abgestimmt werden mussten. Eva zwang mich zu leben, meinen Kummer herunterzuschlucken, zu lächeln.

Jetzt musste ich ihr Weihnachtsgeschenk aussuchen. Ich hatte bis zum letzten Moment gewartet, aber nun konnte ich nicht mehr zurück. Das erste Weihnachten ohne Sara stand bevor.

Obwohl der Detektiv optimistisch gewesen war, hatte ich mit großer Mühe meine Phantasievorstellungen über ein Weihnachtsfest mit Sara unterdrückt. Aber zweifellos war mein Unterbewusstsein an meiner Stelle tätig geworden. Einmal mehr hieß es, mit zusammengeschnürter Kehle zu verzichten. Doch als ich Evas Geschenk kaufte, konnte ich nicht widerstehen. Ich suchte ein Buch für Sara aus, das ich einpacken ließ, wie für die anderen Kinder, nur dass ich es nicht unter den Weihnachtsbaum legen, sondern in den Schrank räumen würde. Zusammen mit all den anderen Gaben.

Mit dem Aufstellen des Baums wartete ich bis zur letzten Minute. Im vergangenen Jahr hatte ihn Sara mit mir geschmückt. Ich hatte das Gefühl, als sei sie noch bei mir, als ich die Kugeln und Girlanden hervorholte. Wieder sah ich ihre Freude, als die kleinen Lichter zu blinken begannen. Ob sie wohl einen Weihnachtsbaum hatte, dort, wo sie jetzt war? Würde sie Geschenke bekommen? Vermisste sie ihre Familie? Ich hatte überhaupt keine Lust zu feiern, aber ich wollte Eva nicht um ihr erstes richtiges Weihnachtsfest bringen.

Ich schmückte den Baum, während sie schlief, damit sie mich nicht weinen sah. Am nächsten Morgen klatschte mein Schatz in die kleinen Hände. Sie war so glücklich. Staunend betrachtete sie die Kugeln, wollte die Ketten berühren. Meine Mutter war beruhigt. Für Eva bedeutete dieser Baum, dass das Leben weiterging und ich sie um nichts weniger liebte.

Dieses erste Weihnachten ohne Sara bewahre ich in einer seltsamen Erinnerung. Wir gaben uns alle die größte Mühe, unsere Enttäuschung nicht zu zeigen. Und trotz unserer Trauer herrschte eine warme Atmosphäre. Noch nie hatten wir uns einander so nahe gefühlt. Wir kamen uns vor wie tapfere Soldaten, die mit wehenden Fahnen in den Kampf gezogen sind und wissen, dass der Krieg noch lange dauern wird. Da war es besser, die Kassen des Vereins zu füllen, statt schwarzen Gedanken nachzuhängen. Etwas anderes blieb uns sowieso nicht übrig.

*

Man kann nicht ewig Bonbons verkaufen. Cedrick schlug vor, abends durch die Nachtklubs von Nantes zu gehen. Ich probierte es aus, aber unter diesen jungen Leuten, die nichts mit Saras Geschichte zu tun hatten, fühlte ich mich unwohl. Es fiel mir schwer, in dieser Umgebung von meiner Tochter zu sprechen, zwischen Rap und Hiphop, inmitten von Paaren, die einander umwarben und die nur die schönste Seite der Liebe kannten.

Der Winter wollte gar nicht zu Ende gehen. Der Detektiv schickte mir einen zweiten Bericht von zwei Seiten Länge, dem er Fotos einer Werkstatt beilegte, die mit Gebrauchtwagen handelte. Ich war so enttäuscht, dass mir beinahe eine Einzelheit entgangen wäre: Er hatte Beweise dafür, dass Habib im Juli 1999 die belgische Grenze passiert hatte.

Ich sah wirklich nicht, warum diese Entdeckung von Interesse sein sollte. Für mich waren unsere Bonbons, all unser guter Wille, in Rauch aufgegangen. Mein Anwalt aber war zufrieden: Mit diesem Beweis hatte er neue Fakten in der Hand, die ihm erlaubten, den Fall wieder aufzurollen. Doch er gab zu, dass ich sehr teuer dafür bezahlt hatte.

Mir war klar, dass die Mühlen der Gerechtigkeit langsam mahlen und dass viel Geld nicht besonders viele Ergebnisse eingebracht hatte. Aber plötzlich begriff ich, dass ich auch gegen das Gefühl der Sinnlosigkeit ankämpfen musste, das ich tief in meinem Inneren aufsteigen fühlte. Ich musste die Kraft finden, meiner Umgebung den Mut zu schenken, von dem ich selbst so wenig spürte; Begeisterung vorschützen, wenn sie mich fragten: »Bist du dir sicher, dass das zu irgendetwas nütze ist?«

Nein, ich war mir über gar nichts sicher, nur eines wusste ich ganz genau: Ich würde niemals aufgeben.

Ich hatte Saras vierten Geburtstag nicht gefeiert, und ich kaufte keine Kleider mehr, keine Buntstifte. Auch den fünften Geburtstag meiner Tochter würde ich nicht begehen. Aus Trotz beschloss ich, ein riesiges Fest zu feiern. Maïwen, eine Krankenschwester, hatte mir erzählt, sie habe einen Nachbarn, der Zigeunerjazz spielte. Bis jetzt hatte sie sich mehr über den Lärm beklagt, den er veranstaltete, aber dieses Mal klopfte sie an seine Tür und bat ihn um Hilfe. Und er zögerte nicht und brachte all seine Kameraden mit. Zweihundert Menschen kamen zu unserer Veranstaltung.

Dieses erste Konzert organisierte ich in freudiger Stimmung. Etwas anderes konnte ich gegen meine Verzweiflung nicht unternehmen: so tun, als ob, weiter lächeln, den Kopf hochhalten. An diesem Tag war ich glücklich, nicht nur, weil ich zehntausend Francs für unseren Verein gesammelt hatte, sondern weil ich den Eindruck hatte, als höre Sara die Musik, den Applaus der Menschen, die ihretwegen gekommen waren. Ich hatte mich so hübsch wie möglich zurechtgemacht und hielt meine übliche kleine Rede, erzählte von unserem Kampf. Von einem Untersuchungsrichter, der nichts unternommen und der Polizei, die aufgegeben hatte, und von Sara, die auf uns wartete. Wir vergossen Tränen, sammelten Beitrittserklärungen ein, nahmen Schecks entgegen ...

*

Kurz darauf begingen wir das Jahr 2000. Allgemeine Aufregung herrschte. Manche Menschen fürchteten eine Katastrophe, Meteoriteneinschläge, Erdbeben, ich weiß nicht was. Ich selbst verbrachte Silvester auf der Intensivstation. Ich hatte mich freiwillig für die Nachtwache gemeldet. Zum Abendessen gab es Hähnchenflügel mit Nudeln und zum Nachtisch eine kleine »Bûche«, die traditionelle Cremerolle in Form eines Baumstamms.

Ich weiß noch, dass wie gewöhnlich in dieser Nacht Menschen starben oder Schmerzen litten. Die Überwachungsmonitore fuhren fort, Herzschläge aufzuzeichnen, die sich erschöpfen, ermüden und sich doch wieder zum Angriff aufraffen. Draußen, für die anderen, gab es Feuerwerk, Champagner und Feiern. Ich erinnere mich an einen querschnittgelähmten Patienten, der einen schweren Autounfall gehabt hatte. Er machte sich mit Hilfe eines kleinen Computers verständlich, indem er mit dem Kinn auf die Tastatur drückte. Er hatte von meinem Verein gehört und eine größere Summe gespendet. Menschen, die selbst leiden, sind häufig am sensibelsten gegenüber dem Unglück anderer.

6

Das gesamte Jahr 2000 hindurch hielt die Justiz mich hin; man bat mich um zusätzliche Informationen und verwies mich immer wieder. Wochen und Monate vergingen und hinterließen in mir nur das Gefühl, in einer juristischen Falle zu sitzen, aus der mich niemand herausziehen konnte oder wollte. Endlich wurde am 8. Januar 2001 vor der ersten Strafkammer des Zivilgerichtes Nantes der Prozess in Abwesenheit gegen Habib Eghbal eröffnet.

Drei Beamte sollten über den Fall urteilen, der Präsident der ersten Strafkammer und zwei Beisitzerinnen. Meine Familie und meine Freunde, alles in allem etwa fünfzig Personen, wohnten der Verhandlung bei. Von Habibs Seite waren Mahmoud, Pascale und seine Schwestern gekommen.

Voller Hoffnungen und Erwartungen ging ich in den Prozess. Ich wollte, dass mit dem ganzen Zeremoniell der Justiz verkündet würde, dass Habib Eghbal unsere Tochter entführt hatte. Ich wollte hören, wie Saras Name hier, unter den Symbolen der Republik, ausgesprochen wurde.

Ich wusste natürlich, dass die Beschlüsse des Gerichtes mir meine Tochter nicht zurückbringen würden, aber ich wollte, dass der Gerechtigkeit Genüge getan wurde. Außerdem hegte ich die Hoffnung, dass dadurch die Ermittlungen vorangetrieben würden. Wenn man beweisen konnte, dass Habib und sein Bruder sich seit Saras Verschwinden getroffen hatten, konnte man Mahmoud vielleicht dazu bewegen zu verraten, wo sich Habib versteckte ...

Nach dem Plädoyer meines Anwalts, Maître Ballereau,

der mir zur Seite stand, seit Habib mich hinausgeworfen hatte, begann der Staatsanwalt mit seiner Anklagerede. Habib hatte es nicht für nötig gehalten, sich vertreten zu lassen, daher hatte er keinen Verteidiger.

Der Staatsanwalt forderte fünf Jahre ohne Bewährung, die Höchststrafe. Drei wegen Körperverletzung und zwei für die Vorenthaltung des Umgangsrechts. Dann rief der Vorsitzende des Gerichts Mahmoud in den Zeugenstand, um ihn zu vernehmen.

Es war schon lange dunkel, doch Mahmoud geiferte immer noch. Eineinhalb Stunden lang schrie er, ohne dass jemand eingegriffen hätte. Um die Anklage zu entkräften, bemühte er die absurdesten Argumente. Zuerst wollte er mir nachweisen, ich sei eine schlechte Mutter und eine unmoralische Frau; aber vor allem wollte er den Richter glauben machen, Habib habe mich nicht entstellen wollen und das Ganze sei ein Unfall gewesen: Ich selbst hatte mich angeblich mit einem Messer auf ihn gestürzt und versucht, ihn zu töten. Um sich zu verteidigen, habe er mir natürlich die Waffe entreißen müssen! Bei der darauf folgenden Rangelei sei ich gestürzt und habe mich im Gesicht verletzt. Eigentlich hätte sogar Habib Anzeige gegen mich erstatten müssen ...

Um seine Argumentation zu stützen, behauptete Mahmoud, er habe »ein paar Tage später« eine zehn Zentimeter lange Schnittwunde am Arm seines Bruders gesehen ... Ich fuhr zusammen. Jetzt würde man ihn ins Verhör nehmen, ihn fragen, wo Sara an diesem Tag gewesen war! Aber er sprach weiter. Der Vorsitzende unterbrach ihn nicht, griff seine Äußerung nicht auf. Man ließ ihn seine Lügen heraussprudeln, während ich darauf wartete, dass man meine Tochter fand. Am Schluss rief der Staatsanwalt ihn verärgert zur Ordnung.

»Erfinden Sie nicht einfach alles Mögliche! Sie sind bei

dem Vorfall nicht zugegen gewesen. Geben Sie Ihrem Bruder lieber den guten Rat, vor Gericht zu erscheinen, wenn er etwas zu seiner Verteidigung vorzubringen hat.«

Um zehn Uhr abends wurde die Sitzung geschlossen. Sie hatte vier Stunden gedauert. Aber was war dabei herausgekommen? Ich war frustriert. Von dem ersten Richter, mit dem ich zu tun gehabt hatte, war ich enttäuscht gewesen, aber bei denen, die ich hier in der Verhandlung erlebt hatte, hatte ich den Eindruck gehabt, sie seien gerührt, bewegt durch meinen Schmerz. Und trotzdem hatte ich nichts von dem erreicht, wozu ich hergekommen war: Sie hatten bei Mahmouds Äußerungen nicht eingehakt, nicht versucht, ihm zu entlocken, wo sein Bruder sich aufhielt. Kein einziges Mal war Saras Name ausgesprochen worden.

Wer war diese junge Frau mit dem kühlen Blick auf der Rechten, die den Tatbestand der Entführung durch einen Elternteil nicht anerkannte? In den Augen der französischen Justiz begeht ein Vater, der seine Tochter verschwinden lässt, kein Verbrechen, sondern macht sich nur der Vorenthaltung des Umgangsrechts schuldig, des »Nicht-Vorstellens des Kindes«, wie das französische Gesetz es nennt. »Vorstellen«, was soll das heißen? Das bedeutet nicht, dass man mit einem Kind lebt, es liebt, alles mit ihm teilt, es erzieht ... Es ist ein Nichts, so etwas wie eine nicht eingehaltene Verabredung. Man weist im Zug eine Fahrkarte vor, man stellt sich seinen neuen Nachbarn vor – aber ein Vater stellt doch nicht ein Kind seiner Mutter vor! Mit seinem Messerstich hatte Habib mein weibliches Selbstbild zerstören wollen, aber die Justiz gab nichts auf symbolische Verbrechen. Er hatte seine Tat vorsätzlich begangen, doch in der französischen Rechtsprechung zählte das Kriterium des Vorsatzes nicht, solange es nicht um Mord ging. Habib hatte mir meine Tochter entrissen, mir die Hälfte meines Lebens weggenommen, Saras und Evas Kindheit zerstört.

Aber trotzdem galt die Tragödie immer noch als reine Familienangelegenheit ...

Acht Tage später wurde das Urteil verkündet. Habib wurde zu drei Jahren Gefängnis verurteilt, zwei Jahre weniger, als der Staatsanwalt gefordert hatte. Ich war empört. Welche mildernden Umstände hatten die Richter gesehen, dass sie dem Antrag des Staatsanwalts nicht gefolgt waren?

»Wir wollten dem Angeklagten die Möglichkeit lassen, sich selbst zu äußern«, erklärte mir der Richter.

»Das ist die beste Möglichkeit, um ihn zu motivieren, dass er zurückkommt und sich dem Gericht stellt«, beharrte mein Anwalt. »Wenn er Einspruch gegen das Urteil einlegt, wird der Prozess wieder aufgerollt, und dann ist keineswegs gesagt, dass es bei diesem Strafmaß bleibt. Das Wichtigste ist doch, dass er zurückkommt und Sara mitbringt, oder?«

Wie hätte ich darauf anders als mit »Ja« antworten können? Das Problem war nur, dass die Frage sich gar nicht stellte. Ich wusste genau, dass Habib niemals freiwillig zurückkehren würde.

Eine kleine Genugtuung wurde mir trotzdem zuteil. Habib wurde zusätzlich zu zweihundertfünfzigtausend Francs Schmerzensgeld verurteilt. Darin waren je fünfzigtausend Francs Entschädigung für meine Töchter enthalten. Zum ersten Mal in einem derartigen Fall hatte ich erreicht, dass auch ihr Leid anerkannt wurde. Von nun an existierte der seelische Schmerz eines Kindes für die Gerichtsbarkeit. Der symbolische Wert war also groß; doch das Gericht hätte mir auch fünfhunderttausend Francs zusprechen können, eine Million oder Milliarden. Habib besaß keinen roten Heller und würde niemals zahlen. Und Sara war unermesslich viel wertvoller als alles, was mir jemand hätte schenken können.

Ansonsten konnte Habib zufrieden sein. Er war verurteilt, aber frei. Die Ermittlungen gegen ihn waren eingestellt.

Damit der Fall auf der juristischen Ebene weiter existierte, reichte ich am 14. März 2001 eine zweite Klage wegen Vorenthaltung des Umgangsrechts ein.

Der Präsident der Strafkammer hatte mir die Hoffnung gemacht, dass ein neuer Richter benannt würde, und zwar Monsieur Coulon, der tatsächlich meine Akte ernster nehmen sollte. Aber er trat seine Tätigkeit erst am 24. April an. Drei Monate nach dem Prozess war immer noch nichts passiert. Man ließ mich im Stich, überließ es mir selbst, dem Gesetz Geltung zu verschaffen, dafür zu sorgen, dass die Entscheidungen des Gerichtes respektiert wurden. Ich fühlte mich von meinem Land verraten.

Die Justiz ist wie eine Kette, die Glied für Glied den Angeklagten mit dem Täter verbindet, das Verbrechen mit der Strafe. Aber manchmal hat man den Eindruck, dass die Kette auseinander fällt und die Kettenglieder nicht mehr solidarisch miteinander sind. Jeder für sich mochten die Männer in Schwarz schon Gefühle empfinden. Aber das sagte nichts über ihre Fähigkeit aus, Entscheidungen zu treffen; es kam mir vor, als vertrauten sie darauf, dass die Zeit an ihrer Stelle die Probleme löste. Die Jahre würden vergehen, und meine Tochter würde größer werden und sich jeden Tag weiter von mir entfernen. Ob sie sich noch an mich erinnerte?

Die gesamte Arbeit der Polizei hing von der Entscheidung des Richters ab. Wenn sie nicht ordnungsgemäß ihre Instruktionen erhielt, konnte sie nicht aktiv werden. Sie machte man verantwortlich, obwohl sie häufig nur die Spitze des Eisbergs darstellte, dieser Wand, an der so viele Opfer zerschellen, die man nicht anhört, denen man die Gerechtigkeit vorenthält.

Meine kleine persönliche Tragödie stand nicht im Mittelpunkt des Tagesgeschehens, sie rührte die Institutionen nicht. Die Maschinerie war zu schwerfällig.

Für die zweiundsiebzigtausend Francs, die ich dem Detektiv gezahlt hatte, hatte ich bloß erfahren, dass Saras Vater die belgische Grenze passiert hatte ... Mein Anwalt stellte mir nur das Mindesthonorar in Rechnung, aber trotzdem hatte ich in zwei Jahren schon über hunderttausend Francs ausgegeben, um erfolglos hinter meiner Tochter herzujagen. Meine Akte setzte Staub an, und Maître Ballereau sagte mir immer wieder, es gebe nur eine Lösung, und zwar die, für die er sich schon vor eineinhalb Jahren ausgesprochen und die ich aus Furcht vor der Reaktion meines ehemaligen Partners zurückgewiesen hatte: Ich musste mich an die Presse wenden.

Jetzt hatte ich keine andere Wahl mehr. Wenn ich herausschreien wollte, das ich das Opfer einer Ungerechtigkeit war, wenn ich wollte, dass man mich anhörte, wenn ich wollte, dass die ganze Welt erfuhr, dass ein Mann mir meine Tochter weggenommen hatte, dass sie in Gefahr war und niemand mir zur Hilfe kam – dann musste ich an die Öffentlichkeit gehen.

*

Im Februar 2001, als Saras Verschwinden sich zum zweiten Mal jährte, beschloss ich mit der Kraft der Verzweiflung, diesen Weg einzuschlagen. Er war meine letzte Chance.

Seit jeher hatte ich den Zeitungen und der »Skandalpresse« misstrauisch gegenübergestanden. Ich stellte mir gewissenlose Schreiberlinge vor, die über das Elend frohlockten, mit dem sie große Auflagen erzielen würden, und im Privatleben anderer herumstocherten, um einen krankhaften Voyeurismus zu nähren. Doch diese Meinung sollte ich bald ändern.

Meinem Anwalt gelang es, mich zu überzeugen. Indem

ich meinen Fall darstellte, würde ich auch anderen einen Dienst erweisen. Ich brauchte die öffentliche Meinung als Schutz vor der Gleichgültigkeit der Institutionen. Wenn ich nicht allein mit meiner Trauer dastehen wollte, mit meinen Misserfolgen und einem Urteil, das nicht vollstreckt wurde und an dem ich wie an einem Mühlstein trug, dann musste die Presse Zeugnis ablegen.

Ohne zu wissen, an wen ich mich wenden sollte, ohne eine Ahnung davon, wie Zeitungen organisiert sind, stürzte ich mich in die Erstellung einer Pressemappe. Ich schickte sie an jeden, der mich anhören wollte, von den großen Fernsehsendern bis zu den überregionalen Zeitungen. Wir versandten ungefähr vierzig Exemplare. Meine Cousine Gaëlle – die neue Schriftführerin des Vereins – und ich suchten die Adressen aus den Gelben Seiten und aus dem Internet heraus. So bekamen wir Kontakt zu Olivier Pighetti, einem freien Filmemacher, der einen einstündigen Beitrag für *Envoyé spécial* – Sonderkorrespondent – auf *France 2* über die Entführung von Kindern durch ihre Eltern vorbereitete.

Aber Olivier erklärte mir, ich passe nicht in das Profil seines Beitrags. Er wollte in seiner Sendung auf die Probleme von Menschen hinweisen, die wissen, wo sich ihre Kinder aufhalten und denen es nicht gelingt, sie zurückzuholen, und die manchmal nicht zögern, dazu jemanden anzuheuern.

Sein eigenes Kind entführen zu lassen ... Noch vor wenigen Jahren wäre mir das ungeheuerlich vorgekommen. Heute wusste ich, dass auch ich nicht davor zurückschrecken würde, wenn es die einzige Lösung war. Aber leider kam das für mich nicht in Frage: Ich wusste ja nicht, wo Sara sich aufhielt.

Olivier Pighetti verstand, in welcher Bedrängnis ich steckte. Er besorgte mir Adressen von anderen Vereinen, Telefonnummern von Menschen, die denselben Leidensweg erlebt hatten wie ich. Und er versprach, mich wieder anzurufen, um zu hören, was es Neues gab.

Nach zwei Jahren der Suche hatte ich begriffen, dass mein größter Feind die Verzweiflung war; dieser Drang, nicht einen einzigen weiteren Anruf zu tätigen, weil man schon zehn, hundert oder tausend gemacht hat, die sich als nutzlos erwiesen haben. Um mich herum schwand die Zahl derjenigen, die noch so taten, als glaubten sie an den Sinn meines Kampfes. Da konnte ich jeden Menschen gebrauchen, der mich zum Weitermachen ermutigte.

Ich spürte gleich, dass Olivier zu Letzteren gehören würde. Er würde keine großen Fragen stellen, weil das zu seinem Beruf gehörte, weil er wusste, dass das Leben nicht nur ein klebriges Bonbon ist, bei dem es darauf ankommt, es zu genießen, ohne sich die Zähne zu verderben. Er hatte gelernt, dass das Unglück ohne Vorwarnung zuschlägt und dagegen keine Tränen helfen, sondern dass man andere Maßnahmen ergreifen muss.

Und tatsächlich rief er mich wieder an, zuerst alle vierzehn Tage, um sich nach dem Stand der Dinge zu erkundigen, zu fragen, ob die Polizei vorangekommen sei. Er riet mir, die Beamten nicht in Ruhe zu lassen, eindeutige Aussagen von ihnen zu verlangen. Auf seine Weise richtete er auch mich wieder auf, indem er mir von den Menschen erzählte, die er begleitete, von ihren Missgeschicken und den Lösungen, die sie gefunden hatten.

Wir jagten unterdessen weiter den Reportern nach. Journalisten von *Ouest-France* und *Presse-Océan* hatten uns geholfen, unsere Pressedossiers verbessert, und wir fuhren fort, sie zu verschicken. Nachdem ich an Dutzende von Türen geklopft hatte, hörte ich zufällig, dass *Zone Interdite* – Verbotene Zone – auf Kanal *M6* für den Mai eine Sendung mit dem Titel *Meine Eltern lassen sich scheiden* plante. Wenn ich mich jetzt geschickt anstellte, würde ich dabei sein.

Sofort schickte ich Kopien der bereits erschienenen Artikel und die Fotos meiner Tochter los und legte einen flammenden Hilfeappell bei. Ich bat die Fernsehleute, Fotos von Sara und ihrem Vater im Studio zu platzieren, um die Zuschauer zu Hinweisen anzuregen. Ich hatte eine Möglichkeit gefunden, eine gigantische Plakataktion durchzuführen, die Millionen von Fernsehzuschauern erreichen würde, was bei weitem über die Zahl von Menschen hinausging, die das Rückfenster meines Wagens sehen konnten, wo ich immer noch Saras Foto und einen Appell an Zeugen mit Klebeband befestigt hatte.

Meine Tochter ist in Gefahr!, schrieb ich. *Helfen Sie mir!*

Zunächst kontaktierte mich Marine Vogel, eine Chefredakteurin, um mir mitzuteilen, dass mein Appell sie berührt habe. Doch die Sendung sei leider schon voll besetzt. Ich erhob Einwände, beharrte auf meinem Anliegen. So leicht wurde man mich nicht mehr los. Ich spürte, dass ihr das unangenehm war; schließlich versprach sie, eine Lösung zu suchen und mich zurückzurufen.

Diesen Satz hatte ich schon so oft gehört, dass er keinen besonderen Eindruck auf mich machte. Nachdem ich aufgelegt hatte, überlegte ich, dass ich wohl einen Schlussstrich unter diese Episode ziehen und eine andere Möglichkeit suchen musste. Aber weniger als eine Stunde später rief mich Bernard de la Villardière an, der Journalist, der die Sendung moderieren würde, und schlug mir vor, als Studiogast aufzutreten.

An seiner Stimme hörte ich, dass er ebenfalls bewegt war. Das erstaunte mich, ich konnte mir nicht vorstellen, dass ein Medienprofi noch Sensibilität an den Tag legte. Bernard de la Villardière war sich aus juristischen Gründen allerdings unsicher, ob er die Fotos von Habib senden dürfe, doch ich erklärte ihm, dass Habib vor Gericht verurteilt worden sei und ich die Verantwortung für die Verbreitung der Fotos übernehme. Wir waren uns einig. Endlich hatte ich meine Tribüne gefunden.

*

Ich kam am 27. Mai in Paris an, einige Stunden vor der Sendung, um sicherzugehen, dass ich meinen Termin nicht durch eine Zugverspätung oder einen anderen unvorhergesehenen Zwischenfall verpasste. Papa begleitete mich. Ein wenig nervös stellte ich mich in Neuilly-sur-Seine am Empfang von *M6* vor.

Aber ich fühlte mich nicht eingeschüchtert. Ich hatte in meinem Leben Wichtigeres als eine Kamera gesehen, Dinge, die berechtigte Angst auslösten: den labilen Zustand eines Patienten, die Medikamentendosis, die man ihm verabreichen musste und bei der man sich nicht irren durfte. Wenn man auf Tuchfühlung mit dem Tod anderer Menschen lebt, gibt es Werte und Prioritäten, die sich aufdrängen. Das Fernsehen war nichts weiter als ein Mittel zum Zweck bei meiner langen Suche. Ich war zu sehr von meiner Sache durchdrungen, als dass ich mich schamhaft wie eine Debütantin gefühlt hätte. Hier ging es nicht um meine Eitelkeit, sondern um mein Kind.

Mein Name stand auf der Gästeliste. So weit lief alles gut. Man führte mich in die Garderobe zum Schminken, man erklärte mir, die Sendung werde »unter Live-Bedingungen« aufgezeichnet, so dass später nichts herausgeschnitten werden könne. Das Programm bestand aus einer Reportage über Amélie Guillot – deren Kinder im selben Alter wie meine beiden mit ihrem Vater verschwunden waren – sowie Zeugenaussagen, nach denen ich auftreten würde. Zunächst musste ich also in den Kulissen den Film über diese junge Frau verfolgen.

Unvoreingenommen setzte ich mich vor den Fernseher, den man den Gästen zur Verfügung gestellt hatte. Ich sah diese unbekannte Frau an, und ich verstand sofort, nahm ihren verlorenen Blick, ihre ausdruckslose Stimme auf. Ich hatte mich darauf vorbereitet, stark zu sein. Seit zwei Jahren hatte ich dasselbe getan, Reden gehalten, berichtet, ein ständiges Auf und Ab ... Die Zeit, in der ich bei jeder schmerzlichen Erinnerung zusammenbrach, lag hinter mir. Ich glaubte sogar, ich hätte so viel geweint, dass mein Vorrat an Tränen für den Rest meines Lebens aufgebraucht war. Aber aus dem Mund einer anderen meine eigene Geschichte zu hören – das war mir noch nie passiert.

Alles, was sie erzählte, hatte ich erlebt, ich wusste, was sie litt. Von neuem begannen meine Tränen zu fließen. Nicht eine einzelne Träne, die einem langsam über die Wange rinnt und kaum eine Spur hinterlässt, sondern ein ununterbrochener Strom von Tränen, Sturzbäche, von denen ich geglaubt hatte, sie seien versiegt, und die doch sprudelten wie in den ersten Tagen.

Ich schluchzte heftig und konnte mich gar nicht wieder beruhigen; und dabei war ich geschminkt und sollte innerhalb der nächsten zwanzig Minuten vor die Kamera treten. »Es tut mir schrecklich Leid«, sagte ich schließlich zu la Villardière, »ich werde fahren. In diesem Zustand kann ich mich unmöglich zeigen.«

Kurz vor dem Ziel gab ich mich geschlagen! Der Moderator war es, der mich zurückhielt, mich überredete, mir versicherte, er vertraue mir und ich werde es schaffen.

Ich hatte gekämpft, um dabei zu sein. Ich hatte den Richter darüber informiert, dass ich im Fernsehen auftreten würde, und er hatte sogar zugestimmt, bei diesem besonderen Anlass noch einmal das Telefon der Eghbals überwachen zu lassen, für den Fall, dass diese jemandem über meinen Fernsehauftritt Bescheid geben wollten. Ich wusste, dass ich vor keinem Gericht jemals ein solches Publikum bekommen würde. Also trat ich trotz allem mit meinem verwüsteten Gesicht vor die Kamera. Auch wenn ich mir wirklich dumm vorkam, weil ich weiter hemmungslos weinte, während ich versuchte, in klaren Worten über mein Drama zu berichten.

Im Krankenhaus hatte man uns beigebracht, uns zu beherrschen, nicht in Pathos zu verfallen, angesichts von Tragödien keine Emotionen zuzulassen. Und wenn wir das nicht schafften, sollten wir uns zurückziehen. Hier musste ich mich stellen. Aber nichts half. Ich war tieftraurig, weil meine Geschichte unverständlich wurde. Die fünf Minuten Interview, die man mir zugestanden hatte, kamen mir wie eine Ewigkeit vor. Ich hatte alles verdorben und musste das Studio verlassen.

Da nützte es nichts, dass mein Vater, der mich in den Kulissen erwartete, mir erzählte, dass alle Menschen in seiner Nähe erschüttert gewesen waren, dass selbst la Villardière Mühe gehabt hatte, seine Fragen zu stellen. Am Ende war ich wütend auf mich selbst. Ich brauchte nicht das Mitleid der anderen, sondern Auskünfte! Wir fuhren zum Bahnhof, um auf direktem Weg nach Nantes zurückzukehren. Ich war erschöpft und glaubte, dass alles sinnlos gewesen war, dass ich die Chance verpasst und meine Sendezeit vergeudet hatte.

*

Jemand hat einmal geschrieben, das Leben sei nicht so schön, wie man es sich immer vorstelle, aber auch nicht so grausam. Am Tag nach der Sendung teilte die Zentrale des Senders der Organisation *S.O.S. Enlèvement international d'enfants* – S.O.S. internationale Kindesentführung –, die ich mir als Vermittler ausgewählt hatte, die Telefonnummern von zwei Iranern mit, die auf Durchreise in Paris waren: Sie versicherten, Habib habe sich in Vancouver, Kanada, aufgehalten.

In den letzten zwei Jahren hatte ich gelernt, misstrauisch zu sein, nicht wegen einer falschen Hoffnung in Euphorie zu verfallen. Ich schenkte niemandem mehr auf Anhieb Vertrauen. Trotzdem bat ich um ein Treffen mit den beiden Männern, aber ich blieb skeptisch. Ich fürchtete einen Trick meiner ehemaligen Schwiegerfamilie.

Die zwei kannten einander nicht, doch ihre Informationen deckten sich. Einer von ihnen versicherte, Habib und Sara hätten im November 1999 bei einem Cousin von ihm in Vancouver gewohnt. Das klang durchaus plausibel: Im kanadischen Vancouver hat sich – neben Los Angeles – die größte iranische Exilgemeinde der Welt zusammengefunden. Dort konnte Habib auf feste Unterstützung rechnen.

Ich fragte die beiden, ob sie bereit wären, vor einem Richter auszusagen. Sie waren einverstanden; weil sie Kinder hätten, wie sie mir sagten, und verstanden, was ich fühlte. Im Namen aller Iraner wollten sie mir helfen.

Es stimmte. Bald sollten mich Informationen von Iranern aus der ganzen Welt erreichen, aus den Vereinigten Staaten, aus Kanada und sogar aus Teheran. Egal, ob richtig oder falsch, diese Auskünfte bewiesen mir, dass die Iraner in der Lage waren, die Erfordernisse der Gerechtigkeit über ihre Exilanten-Solidarität zu stellen.

Die beiden Iraner wiederholten ihre Aussage vor dem neuen Richter. Was mich daran verwunderte, war, dass Habib trotz des Haftbefehls die Grenze hatte überschreiten können.

Richter Coulon, der ja inzwischen meinen Fall bearbeitete, klärte mich auf. Damals hatte ich nicht darauf geachtet, aber sein Vorgänger hatte keinen internationalen Haftbefehl ausgestellt. Außerhalb Europas hatte Habib also unbehelligt reisen können. Ich konnte nicht glauben, dass das Fehlen eines einfachen Stücks Papier für das Scheitern unserer Nachforschungen verantwortlich sein sollte.

Für mich hatten die Behörden ein weiteres Mal versagt. Mir blieb nichts anders mehr übrig, als meinen Zorn hinunterzuschlucken und mir zu schwören, dass so etwas nie mehr vorkommen würde. Dieses Mal erhielt Richter Coulon sehr schnell die Bestätigung der kanadischen Behörden, dass Habib in Vancouver gewesen war. Er hatte sich zwei oder drei Wochen dort aufgehalten und sogar einen Koffer bei seinen Gastgebern vergessen. Aber danach hatte sich jede Spur von ihm verloren.

Die beiden iranischen Zeugen hatten mir nicht nur von Habib erzählt, sondern mir auch zum ersten Mal über Sara berichtet. Sie war ihren Verwandten aufgefallen, denn sie hatte geweint und nachts nicht geschlafen. So schlimm war ihr Zustand gewesen, dass die Leute, die sie untergebracht hatten, Habib nach drei Wochen, in denen sie kein Auge zugetan hatten, baten, sich eine andere Bleibe zu suchen.

Im Moment war ich so bestürzt, dass ich nicht wagte, weiter zu fragen, aber ich nahm mich sehr schnell zusammen. Was wussten sie noch? Warum hatte sie geweint? Was hatte ihr Vater gesagt?

Die Männer erzählten mir, Sara habe nach mir verlangt. Tag und Nacht, so lange, bis die Leute Habib gefragt hatten, warum er die Mutter des Kindes nicht anrufe. Sie arbeite, hatte er geantwortet, und er habe einmal ausspannen müssen.

Nächtelang stellte ich mir das Schluchzen meiner Tochter vor, nächtelang hörte ich sie weinen und konnte sie nicht trösten. Ob sie glaubte, ich sei tot, ich hätte sie verlassen, ich hätte Eva ihr vorgezogen? Nichts zu wissen war schlimm; aber dieses Wenige zu erfahren war eine Folter.

Vancouver liegt zwölf Flugstunden von Nantes entfernt. Zum ersten Mal hatte ich ein Ziel; schon durchkämmte ich die Flugpläne, die Anschlüsse. Ich geriet ins Träumen angesichts der Namen von Fluggesellschaften, die die Strecke flogen.

Aber wohin sollte ich mich wenden, wonach suchen? Man riet mir von der Reise ab. Seit die beiden sich dort aufgehalten hatten, war mehr als ein Jahr vergangen. Bestimmt waren Saras Tränen inzwischen getrocknet. Zumindest wusste ich, dass sie nicht in einem dieser muslimischen Länder verschwunden war, wo die Väter alle Rechte über ihre Kinder haben.

Nachts sprach ich mit ihr. Sie rückte an mich heran. Sara hielt sich noch in meinem Jahrhundert auf, in meiner Kultur. Ich wusste nicht, wo sie war, aber es kam mir vor, als könne ich fast mit Händen nach ihr greifen. Am 28. Mai 2001, zwei Jahre und drei Monate nach ihrer Entführung, näherte ich mich ihr. Ich gab Olivier Pighetti Bescheid.

Gleich schlug er mir vor, mich in Nantes aufzusuchen. Er war gerade zu einer Reportage nach Bordeaux unterwegs, so dass uns nur dreihundert Kilometer trennten. Ich schlug vor, ihn am Bahnhof abholen zu kommen; ich vermutete, dass er mich erkennen würde, da er mich auf *M6* gesehen hatte. Mit der Kamera unter dem Arm stieg er aus dem Zug.

Vier oder fünf Stunden lang redeten wir so angeregt miteinander, dass ich gar nicht bemerkte, dass die Zeit zum Abendessen vorbei war. Olivier brachte mir seine Recherchetricks bei, beharrte darauf, ich sollte direkter mit den Polizeibeamten umspringen. Es war normal, dass ich da war, ihnen im Nacken saß, auf die Gefahr hin, dass ich die Untersuchung an ihrer Stelle weitertrieb, wenn sie nicht vom Fleck kamen.

Er erzählte mir von seinen Reportagen im Libanon und in Amerika.

»Dort«, erklärte er mir, »existiert eine staatlich unterstützte Organisation, die über große Macht verfügt und jedes Jahr Tausende von Kindern wiederfindet, das *National Center of Missing and Exploited Children*, kurz NCMEC, das heißt das Nationale Zentrum für verschwundene und missbrauchte Kinder. Wenn du einen Anhaltspunkt dafür findest, dass Habib in die Vereinigten Staaten geflohen ist, heften sie sich an seine Fährte. Diese Leute sind die besten Schnüffler, die ich kenne.«

In Frankreich dauerte es drei Monate, bis eine Ermittlung in Gang kam, wie ich selbst am besten wusste ... Dort unten, erklärte mir Olivier, wurde der Fall sofort in Angriff genommen. Innerhalb von achtundvierzig Stunden konnten die Ermittlungen beginnen. In einem gewaltigen Gebäude in Washington arbeiteten Hunderte von Angestellten, Verwaltungskräften, Psychologen, Abhörspezialisten und FBI-Mitarbeitern Hand in Hand. Niemand auf der Welt verfügte über vergleichbare Mittel. Normalerweise misstraute ich Patentlösungen, aber diese gefiel mir. Gleich morgen wollte ich die Nummer anrufen, die er mir hinterlassen hatte.

»Ich bin mir nicht sicher, ob ich dich in meiner Reportage unterbringen kann«, sagte Olivier mir beim Abschied, »aber wenn du gestattest, werde ich deine Fortschritte trotzdem verfolgen.«

Bevor ich ihn in sein Hotel brachte, stellte ich ihn meinen Eltern vor. Ich war stolz, ihnen zu zeigen, dass ich jemanden gefunden hatte, der mir auf meinem Weg helfen würde.

Olivier Pighetti beteiligte sich an einem Kampf, der mein ganzes Leben ausmachte, und ich wollte, dass er die Menschen kennen lernte, die unmittelbar daran teilnahmen. Er musste am nächsten Tag um fünf Uhr morgens fahren. Wir kannten uns erst seit dem Nachmittag, aber ich hatte das Gefühl, dass diese Begegnung mein Leben verändern würde.

Olivier würde nicht Bedenken hegen wie die Menschen, die mich liebten, die immer Angst hatten, dass ich zu viel tat, dass ich mich nutzlos erschöpfte, und die vielleicht schon aufgehört hatten, an meinen Kampf zu glauben. Er würde mich ermutigen, weiter zu stochern, nicht nachzulassen, anzugreifen, mich nicht zu schonen. Durch seine Erfahrung würde ich kostbare Zeit gewinnen.

Durch ihn begriff ich, dass ich, die kleine Krankenschwester aus Nantes, die bis dahin niemanden beeindruckt hatte, vor allem nicht die Justiz oder die Polizei, eine Persönlichkeit werden konnte, die man einfach anhören musste. Wenn ich das schaffte, konnte ich den Gang der Ereignisse beschleunigen.

*

Dank der Kontakte, die Olivier mir hinterlassen hatte, fand ich sehr schnell die richtige Ansprechpartnerin in Washington. Leila ben Debba, sechsundzwanzig Jahre alt und tunesischer Abstammung, war verantwortlich für vermisste Personen, deren Geschichte mit Frankreich zu tun hatte. Sie hatte ihre eigenen Gründe, sich von diesen Problemen betroffen zu fühlen. Aus jeder Kindesentführung machte sie eine persönliche Angelegenheit.

Sie erklärte mir, die wachsende Zahl von Entführungen in den USA habe zur Gründung ihrer Organisation geführt. Ich war nicht die Einzige, die eine dramatische Trennung erlebt hatte. Bei diesem Thema stießen die gute Erziehung und die Gleichheit der Geschlechter an ihre Grenzen. Jedes Jahr holte die Organisation dreihundertfünfzigtausend Kinder zurück. In den Vereinigten Staaten herrschte solche Angst vor Entführungen, dass oft schon das FBI vor der Tür stand, wenn ein Kind einige Stunden ausblieb.

Ich berichtete ihr über den Stand meiner Nachforschungen. Wir wussten nur, dass der Vater meiner Tochter sich in Vancouver aufgehalten hatte, wo wir seine Spur verloren hatten.

»Keine Sorge, ich mache mich auf die Suche«, gab sie zurück, mit dieser herzlichen Vertrautheit, die Entfernungen überwindet.

Zwei Tage später hatte sie Habibs und Saras Namen auf einer Liste von Passagieren gefunden, die bei ihrer Ankunft in Seattle kontrolliert worden waren – im Juli 1999!

»Wenn die französische Justiz ihre Hausaufgaben gemacht hätte, dann wären sie damals geschnappt worden«, setzte sie hinzu.

Habib hatte seinen Traum vom Auswandern weiterverfolgt und sein Glück auf der anderen Seite des Atlantiks gesucht. In Frankreich hatte er alle Brücken hinter sich abgebrochen, und er hatte zusammen mit Sara weit fort ein neues Leben beginnen wollen. Ich dachte an unsere amerikanischen Freunde, an ihre Häuser in Los Angeles und San Diego, wo er möglicherweise Zuflucht gefunden hatte. Die Leichtigkeit, mit der er bis dahin die Grenzen passiert hatte, hatte ihm wahrscheinlich Selbstbewusstsein geschenkt.

Doch Habib war nicht im Staat Washington geblieben. Zwei Tage später war er zweihundert Kilometer in Richtung Norden, nach Vancouver gefahren. Dort stand das Schicksal auf meiner Seite.

Aus nicht bekannten Gründen war Habib festgenommen worden, höchstwahrscheinlich weil etwas mit seinen Papieren nicht stimmte. Zusammen mit meiner Tochter hatte er fünf Tage hinter Gittern gesessen. Um aus dem Gefängnis zu kommen, hatte er das Geld für die Kaution aufbringen müssen, fünftausend Dollar.

Ein internationaler Haftbefehl hätte ausgereicht, und ich hätte Sara im Sommer 1999 wiedergefunden, bei der Zollkontrolle in Seattle oder im Gefängnis von Vancouver. Es hätte gereicht, Habibs Konto sperren zu lassen, dann hätte er nicht nach Kanada einreisen können. Die Justiz hatte mir mehr als zwei Jahre des Lebens meiner Tochter gestohlen.

7

Bei Evas Worten hätte ich fast das Schulheft fallen gelassen, in das ich Sara Briefe schrieb, die nirgendwohin gingen. Inzwischen war ich es leid, immer wieder dieselben Klagen zu wiederholen, und machte höchstens noch einmal im Monat einen Eintrag. Im Mai, nach den Aussagen der Iraner, hätte ich dem Heft meine erste gute Nachricht anvertrauen können, aber ich tat es nicht, als dürfe ich mir keine falschen Hoffnungen machen. Ich hatte Angst, das Schicksal herauszufordern, fürchtete, dass das Blatt sich wieder wenden könnte.

Ich hatte nur alle Plüschtiere, die ich bis jetzt im Schrank verstaut hatte, auf ihr Bett gesetzt: Simba, den Löwen, einen großen Dalmatiner, einen weißen Pudel, den Bernhardiner. Eva sah sie an und streichelte sie.

»Sara bald in Saras Zimmer?«, fragte sie noch einmal.

Doch noch hieß es geduldig sein, weiter warten. Der Sommer kam, mein größter Schrecken seit zwei Jahren.

In dieser Jahreszeit bewegt sich nichts mehr, so wie an den langen Wochenenden, den Festtagen. So viele Tage, an denen es unmöglich ist, jemanden telefonisch zu erreichen, eine Information zu erhalten, an eine Akte zu kommen. Nach dem 14. Juli ist in Frankreich nur noch der Wetterbericht von Belang.

Doch dann holten mich am 17. Juli 2001 im Krankenhaus meine Kolleginnen unerwartet ans Telefon. Madame Biondi, die Leiterin der Abteilung für internationale juristische Amtshilfe im Justizministerium in Paris, war am Apparat.

»Madame Brin? Man hat Ihre Tochter gefunden«, erklärte sie mir ohne Umschweife. »Wir haben gerade ein Fax vom kanadischen Justizministerium erhalten.«

Ich versuche mich zu beruhigen, ich bin vorsichtig. »Man hat Sara gefunden. Wir wissen, wo sie ist«, sagt sie mir noch einmal.

Und schon spüre ich meine Tochter bei mir, ihren warmen Körper in meinen Armen. Ich stelle mir die Worte vor, unser Wiedersehen. Ich bin wie im Rausch, ich verliere den Kopf, ich zittere.

Mein Dienst im Krankenhaus dauert noch mehrere Stunden. Bald klingeln die drei Telefone der Intensivstation für mich. Der Staatsanwalt, der Richter, der Monsieur Coulon vertritt – der ist in Ferien gefahren –, alle Welt ruft mich an, erteilt mir Ratschläge, sagt mir, dass ich fliegen soll, erzählt mir, welche Papiere ich mitnehmen muss: das Urteil, die Sorgerechtsverfügung, den Reisepass.

An diesem Tag war mein Dienst um 21 Uhr zu Ende, danach würde ich Eva abholen, die bei meinen Eltern auf mich wartete, und sie nach Hause bringen.

In fünf Stunden würde ich zu Hause sein. Ich saß da und war unfähig, an etwas anderes zu denken als an diese unglaubliche Nachricht. Zwei Monate nach meinem Auftritt bei *M6* hatte man meine Tochter wiedergefunden.

Mit zitternden Händen fing ich an, meine Verwandten anzurufen. »Ich kann es nicht glauben, das glaube ich einfach nicht«, sagte ich mir immer wieder.

Aber ganz das Gegenteil war der Fall! Ich glaubte leidenschaftlich daran, während überall um mich herum Verblüffung herrschte.

Ich rief Papa und Mama an, meine Brüder, meine Cousinen, Olivier – alle waren wie vom Donner gerührt. Olivier sagte gleich, er werde Flugtickets für morgen besorgen; ich war zu durcheinander, als dass ich mich um die einfachsten Dinge hätte kümmern können. Cedrick wollte mit uns kommen, aber es waren nur noch zwei Plätze frei. Und außerdem wollte ich Sara lieber allein wiedersehen. Ich musste ihn damit trösten, dass Olivier alles filmen würde.

Olivier tat seine Arbeit natürlich für das Fernsehen, aber ich dachte vor allem an meine Familie, meine Freunde, an die Vereinsmitglieder: Sie sollten diese Augenblicke mit mir teilen. Durch Oliviers Film würden alle Menschen, die mich im Unglück begleitet hatten, die da gewesen waren, vom Füllen von Bonbonpäckchen bis zum Verfassen von Pressedossiers, Zeugen dieses Wunders werden, wie ich Sara in den Armen hielt. Ich wollte, dass sie jede Einzelheit miterlebten.

Außerdem dachte ich an meine Töchter und mich. Ich wusste, dass ich diese paar Minuten für den Rest unseres Lebens brauchen würde. Damit Sara erfuhr, wie alles gewesen war, damit Eva es verstand. Schon spürte ich, dass diese Augenblicke irgendwie verwahrt werden mussten, um sicherzugehen, dass man sie nie vergaß und niemand ihre Existenz abstreiten konnte. Wir durften diesen bösen Traum nie vergessen. Und sein Ende. Eine Gegenwart, die nach den Jahren des Wartens zwangsläufig zu kurz sein würde und die mein ganzes Leben lang für die Ewigkeit festgehalten sein sollte.

Sofort teilte ich im Krankhaus mit, dass ich vertreten werden musste. Während ich die Runde bei meinen Kranken machte und die Monitore kontrollierte, schwebte ich wie auf Wolken. Ich hatte meine Tochter wiedergefunden, schon morgen würde ich sie abholen. Ich wurde beglückwünscht, geküsst und von einem Arm zum anderen weitergereicht. Ich hatte ganz vergessen, dass man auch vor Glück weinen kann.

20 Uhr. In einer Stunde gehe ich nach Hause. Und das Ministerium ruft zum zweiten Mal für mich an. Hektisch, strahlend stürze ich ans Telefon, aber die Stimme, die ich höre, klingt eigenartig. Es ist nicht mehr dieselbe. Ich kenne diesen Ton, es ist der, in dem man mitteilt, dass ein Unfall geschehen ist.

»Setzen Sie sich, Madame Brin«, sagt Madame Biondi. »Das wird jetzt wie eine kalte Dusche für Sie sein. Gerade habe ich einen Anruf von dem Polizisten erhalten, der sich in Kanada um Ihre Akte kümmert. Anscheinend hat es ein Missverständnis gegeben. Man hat Ihre Tochter nicht gefunden – nur einen Koffer von Monsieur Eghbal.«

Ich zittere am ganzen Körper, ich stürze ins Nichts. Man hat mir Sara zum zweiten Mal entrissen.

Stumm lege ich auf. In einer Stunde soll ich Eva bei meinen Eltern abholen. Ich wage nicht, sie anzurufen, ihnen das zu sagen, weiß nicht, wie ich ihnen erklären soll, dass ein Irrtum passiert ist, dass sie ihre Freude vergessen müssen. Von neuem streife ich meine Nomadenhaut über, werde wieder zu diesem Gespenst, das immer weiterschreitet, ohne zu wissen, wohin es geht. Aus reiner Gewohnheit. Unfähig, auch nur ein Wort von mir zu geben, sehe ich den Menschen ins Gesicht, die immer noch überzeugt davon sind, dass mein Abenteuer ein glückliches Ende gefunden hat.

Als ich an der Tür meiner Eltern klingelte, hatte ich immer noch nicht geschafft, ihnen die Wahrheit zu sagen. Papa öffnete mir; er war in Hochstimmung. Sofort zog auch er mich in die Arme. »Ich bin so stolz auf dich!«, sagte er mir zum ersten Mal seit Saras Verschwinden. »Was du getan hast, ist wunderbar!«

Er beglückwünschte mich, während ich mich schämte, weil ich nicht die richtigen Worte fand, um ihm die Wahrheit zu sagen. Ich weinte, aber Papa und Mama glaubten immer noch, dass die Freude der Grund war. Auch sie hatten Tränen in den Augen.

»Noch ist nichts sicher«, brachte ich schließlich heraus. »Das Justizministerium hat mich noch einmal angerufen. Anscheinend sind sie ein bisschen zu schnell gewesen. Eine Spur haben sie schon, aber nichts weiter ...«

Meine Worte schlugen ein wie eine Bombe. Meine Eltern waren sprachlos.

»Aber ich habe schon alle angerufen!«, meinte Mama, als könne man ihr das nicht antun, als wären unsere Verwandten enttäuschter als ich. Als hätten wir das Gesicht verloren.

Und ich stand wie gelähmt da, stumm.

»Gut, macht nichts«, setzte meine Mutter sehr schnell hinzu, »dann rufe ich sie eben noch mal an.«

Eva war da und klammerte sich an meine Beine. Auch sie hatte geglaubt, ihre Schwester sei gefunden worden. Sie verstand überhaupt nichts mehr. Ich umarmte sie, bis sie fast erstickte, brachte es aber nicht fertig, mit ihr zu sprechen. Dann ging ich ganz allein in meine Wohnung.

Ich rief noch einmal im Justizministerium an. Es war fast zehn Uhr abends, aber Madame Biondi war noch in ihrem Büro. Auch für sie war die Sache ein harter Schlag. Sie fühlte sich verantwortlich, weil sie die Nachricht weitergegeben hatte, ohne sie zu überprüfen. Ihre Stimme klang zögerlich. Trotzdem musste sie den Irrtum eingestehen.

»Der für die Ermittlung zuständige Beamte hat mir erklärt, ein neuer Mitarbeiter in der Abteilung für verschwundene Kinder hätte das Fax geschickt und dabei die Anweisung, die man ihm gegeben hatte, völlig falsch verstanden.«

Der Koffer, dessen Fund sie mir mitgeteilt hatte, war derjenige, den Habib im November 1999 bei seinen Gastgebern zurückgelassen hatte. Wahrscheinlich war der Untersuchungsbericht nur an ihre Abteilung übermittelt worden. Sie hatten nicht auf das Datum gesehen und geglaubt, einen neuen Beweis vor sich zu haben. Und niemand rief mich an, um sich zu entschuldigen. Man behandelte mich wie eine bloße Nummer auf einem Aktendeckel.

Dieser bedauernswerte Irrtum verschaffte mir allerdings die Gelegenheit, Kontakt zu dem kanadischen Polizeibeamten aufzunehmen, der für die Ermittlung zuständig war, Jason Daigle.

Ich wusste nicht, dass sein Büro sich in Ottawa befand und er nur Informationen weitergab, die aus Vancouver kamen, das dreitausend Kilometer weiter westlich lag. Aber ich würde ihm in den Ohren liegen, bis ich endlich den Eindruck hatte, dass er sich auf die Suche machte. Ich drohte ihm, alles der Presse zu erzählen und einen Skandal zu entfachen. Die Kanadier standen tief in meiner Schuld, und sie konnten sich darauf verlassen, dass ich sie daran erinnerte.

Unterdessen blieb mir nichts anders übrig, als alles rückgängig zu machen, die Feiern, die Träume und die Flugtickets. Einmal mehr fühlte ich mich schuldig, weil ich den Menschen, die ich liebte, falsche Hoffnungen gemacht hatte.

Im ersten Augenblick ging mir gar nicht auf, dass diese falsche Nachricht mir zumindest einen enormen Vorteil eingebracht hatte: Der stellvertretende Richter war sich sicher gewesen, dass meine Tochter gefunden war, und hatte sich beeilt, den internationalen Haftbefehl, ohne den Habib nicht ausgeliefert werden konnte, in die Vereinigten Staaten und nach Kanada zu übermitteln. Aber wo mochte Habib sein?

Zum Glück hatte ich Leila in Washington. Ich erklärte ihr, was passiert war. Daraufhin legte sie sich besonders ins Zeug. Sie versuchte herauszufinden, ob Habib Familie in den USA hatte, entdeckte, dass er Cousins in Los Angeles hatte, und rief mich an, um mir ihre Namen, ihre Personalien, ihr Alter, ihre Vermögensverhältnisse und ihre eventuellen Vorstrafen mitzuteilen. Leila holte mich ins Leben zurück und zeigte mir, dass ich immer noch kämpfen konnte.

Auf verschlungenen Wegen hatte ich mir die Liste der Telefonnummern besorgt, die die Familie Eghbal am Abend der Sendung auf *M6* angewählt hatte. Dreimal hatten sie denselben Teilnehmer in den Vereinigten Staaten angerufen.

In Frankreich hätte es einen Monat gedauert, ausgehend von dieser Nummer von France Télécom den Namen des Teilnehmers zu bekommen. Ich vertraute Leila die Mission an, und innerhalb einiger Stunden hatte sie herausgefunden, dass der Teilnehmer Farshad Haghighi hieß.

Dieser iranisch klingende Name sagte mir nichts, aber das entmutigte sie keineswegs. Sie suchte weiter. Über das Einwohnermeldeamt stellte sie schnell fest, dass dieser Mann Mary geheiratet hatte, Habibs jüngere Schwester, diejenige, die mit einem Blumenstrauß in der Hand im Krankenhaus aufgetaucht war. Im Übrigen waren mehrere Eghbals in die Staaten gereist, um an der Hochzeit teilzunehmen. Auf den Fotos würde man mit Sicherheit das Gesicht meiner Tochter finden.

Außerdem erfuhr ich, dass Mary als Aufsicht in einer Schule arbeitete, an der Kinder in mehreren Sprachen unterrichtet wurden, darunter Französisch. Ich fuhr zusammen. Natürlich – das war Saras Schule!

Leila war meiner Meinung: Wir hatten eine ernst zu nehmende Spur, und die wollte sie weiter ausbauen. Sie glaubte, die Schnittstelle entdeckt zu haben, über die die Eghbals in dringenden Fällen Kontakt aufnahmen. Und ich hoffte, Saras Adresse gefunden zu haben, im San Franciscoer Viertel San José, in dem Mary wohnte.

Alle Informationen, die ich über Mary bekam, gab ich jetzt an die französische Justiz weiter. Nach der großen Enttäuschung vom Juli wusste niemand mehr, was er für mich tun sollte.

Richter Coulon machte sich Notizen und demonstrierte seinen guten Willen. Die Gendarmen vom Fahndungsdezernat in Nantes gaben so viele Informationen wie möglich an mich weiter. Doch sie hatten mich darauf hingewiesen, dass sie die Ermittlungen mit zweijähriger Verspätung aufnahmen und dass sie mit den Mitteln, die ihnen zur Verfügung standen – das heißt mit nicht besonders vielen – taten, was sie konnten.

Das Telefon der Familie Eghbal wurde wieder überwacht, aber man hatte nicht die technischen Möglichkeiten, um festzustellen, ob sie sich per Mobiltelefon verständigten.

Wie ein Dirigent leitete Leila aus mehr als fünftausend Kilometern Entfernung die Ermittlungen. Ich gab die Informationen, die ich aus den Vereinigten Staaten bekam, weiter und hielt Richter Coulon über die Entscheidungen, die ich traf, auf dem Laufenden.

In meiner Umgebung hieß es nicht mehr: »Ruh dich ein bisschen aus, Fabienne. Bist du dir sicher, dass du überhaupt etwas bewegen kannst?« Die Hoffnung hatte die Müdigkeit verscheucht. Die Konzerte, die ich organisiert hatte, bekamen einen neuen Sinn. Ich verfügte über genug finanzielle Reserven, um Reisen unternehmen zu können. Denn ich war mir sicher, dass ich bald aufbrechen würde. Und dieses Mal würde alles gut gehen. Ich wartete auf einen Anruf von Leila.

Sogar Eva hatte gelernt, »Amerika« zu sagen, und bat mich, ihr auf der Weltkarte zu zeigen, wo ihre Schwester war. Sie war dreieinhalb Jahre alt und wusste schon, dass die Erde rund ist. Durch die Trennung von Sara lernte sie Geografie. Sie unterhielt sich damit, mit dem großen Zeh

Gegenstände vom Boden aufzuheben, genau wie Sara das in ihrem Alter getan hatte. Ich nahm das als ein Zeichen, das ihre Schwester ihr schickte, als hätte sie wieder begonnen, ihr etwas beizubringen.

Leila wollte jedoch nicht, das ich in die USA kam. Sie hatte noch nicht genug Informationen, meinte sie. Und außerdem dürften wir unsere Chancen nicht verspielen, indem wir Verdacht erweckten. Aber jeder ihrer Anrufe brachte uns Sara näher. Ich wusste, dass die Amerikaner sie suchten, und ich war mir sicher, dass sie mich nicht im Stich lassen würden.

*

Sara war ohne mich sechs Jahre alt geworden. Ich hatte den dritten Geburtstagskuchen verpasst, den dritten Muttertag. Bruno hatte lange gewartet, aber jetzt wollte er seine Heirat mit Sandra nicht länger hinausschieben. Sie erwartete ihr zweites Kind. Bis zehn Tage vor der Hochzeit wartete ich ab und kaufte erst dann das Kleid für Eva. Ich hätte mir so gewünscht, dasselbe Modell in der Größe für Sechsjährige zu kaufen! Aber ich musste mich zusammenreißen und meinem Bruder alles Glück wünschen.

Ich weiß nicht mehr, zu wie vielen wir an diesem Tag waren, aber eine Person fehlte. Als der Ball zu Ende war, fielen Bruno und ich uns weinend in die Arme. »Ich hätte mir so gewünscht, Sara wäre hier«, sagte mein Bruder.

Der Schulanfang rückte näher. Der Schulhof, der unter meiner Wohnung lag, würde sich füllen, und Eva kam in den Kindergarten. Ich würde mit all den Kindergesichtern konfrontiert sein, die im selben Alter waren wie meine große Tochter zu dem Zeitpunkt, als ich sie verloren hatte. Um nicht verrückt zu werden, musste ich aktiv werden.

Jeder General weiß, dass die Truppe nicht lange untätig bleiben darf. Wenn es keinen Krieg zu führen gibt, ziehen die Soldaten ins Manöver, um ihre Moral zu bewahren. Olivier und ich beschlossen, mit dem Training zu beginnen. Alles ging uns viel zu langsam. Ich beschloss, Habibs Verwandte zu provozieren; bestimmt würden sie darauf reagieren. Sie würden Habib anrufen, um ihm mitzuteilen: »Sie sucht noch immer nach dir.«

Mit der Kamera folgte Olivier mir bis an die Tür. Unter meiner Jacke hatte er ein Mikrofon versteckt. Mit einem Gefühl, als beträte ich feindliches Territorium, stand ich vor dem Haus, in dem ich so viele glückliche Stunden erlebt hatte.

Ich klingelte, man öffnete mir. Ich erklärte, ich wollte wissen, wie es Sara gehe. Wie gewohnt antworteten sie, dass sie nichts wüssten. Ich gab die Rolle der verzweifelten Mutter. Das war nicht schwer; ich brauchte nicht tief zu schürfen, um dieses Gefühl an die Oberfläche zu holen.

In der Wohnung traf ich Atefeh und ihre Eltern an. Letztere schützte ihr schlechtes Französisch vor meinen Fragen, so wie es sie vor denen der Polizei bewahrt hatte. Aber Habibs ältere Schwester sprach mit mir.

Alle gaben sich liebenswürdig und boten mir wie immer Tee und kleine Kuchen an, und ich rührte wie immer nichts an. Sie sagten, dass sie Eva gern sehen würden oder wenigstens ein Foto von ihr. Und dann sprach Atefeh sanft mit mir, ganz ruhig, als folge sie einer Taktik, die lange gereift war, im Schoß der Familie ausgearbeitet, gegenüber einem zerbrechlichen Wesen, das man ganz vorsichtig manipulieren musste. Sie gab mir andeutungsweise zu verstehen, sie könnte mir vielleicht erzählen, wie es Sara gehe – wenn ich meine Klage zurückzöge.

Ich war sehr froh darüber, dass unser Gespräch aufgenommen wurde. Im selben Ton antwortete ich ihr, sagte ihr, dass ich vielleicht darauf eingehen würde. Aber wir müssten diesen Handel rasch abschließen, weil ich innerhalb der nächsten vierzehn Tage an einer Sendung mit Mireille Dumas auf *France 3* teilnehmen würde. Und ich würde gern neue Fotos verbreiten, um das Publikum noch einmal zu Zeugenaussagen aufzurufen.

An dieser Stelle hätte Atefeh sich beinahe verschluckt. Dachte sie an den guten Ruf ihrer Verwandten? Es machte keinen guten Eindruck, einen Bruder zu haben, der seine Frau entstellt, bevor er ihr gemeinsames Kind entführt. Sie flehte mich an, ihre Familie zu respektieren, sich vorzustellen, welche Schande das für die Eghbals war. Genau das konnte ich mir sehr gut denken und hoffte, sie zu einem Fehler zu verleiten ... Aber ich ließ nichts durchblicken. Ich spielte meine Rolle, die dumme Gans, die Naive. Ob das Mikrofon mir dabei half? Jedenfalls fühlte ich mich sehr stark.

Ich zögerte nicht, meine Schwäche zu übertreiben, und ließ durchblicken, dass ich mich vielleicht überreden lassen würde. Dann musste sie sich natürlich mit Habib in Verbindung setzen, um ihm das alles zu erzählen ... Aber wie sollte das gehen, wenn ich mich durch diesen Handel verpflichtete, meine Klage zurückzuziehen?

Der Richter von Nantes beruhigte mich am nächsten Tag. Selbst in diesem Fall konnte er seine Nachforschungen weiterführen. Man hatte mich gezwungen zu lügen, zu List und Tücke zu greifen.

Vor Oliviers Kamera hatte ich das Gefühl, zu einer anderen zu werden, der ich beinahe erstaunt dabei zusah, wie sie ihre Rolle spielte; ausgerechnet ich, die ich meine Gedanken so schlecht verbergen konnte und nicht das geringste diplomatische Talent besaß. Oliviers Blick hinter seiner Kamera hielt mich aufrecht.

Jetzt ging es nicht mehr darum, meine Gefühle zu meistern; auf dem Bildschirm waren sie meine beste Waffe. Ich hatte Bonbons verkauft und Konzerte organisiert; und wenn ich jetzt wieder im Fernsehen auftreten musste, um Aufmerksamkeit zu erregen und die Untersuchung fortzusetzen, dann war ich bereit dazu. Am Ende des Weges wartete Sara auf mich. Aber wo würde er enden, in Vancouver oder San Francisco, in Kanada oder den Vereinigten Staaten?

Als sich im Krankenhaus die Nachricht von den Attentaten des 11. September verbreitete, dachte ich zuerst nur an sie, an Sara. Mehr als viertausend Tote wurden gemeldet, in kaum einer Stunde. Man sah, wie Paare hoch oben aus den Türmen sprangen, um den Flammen zu entkommen. Und wenn meine Tochter unter den Opfern war? Wenn sie an diesem Tag irgendeinen Grund gehabt hatte, sich im World Trade Center aufzuhalten oder in einem der Flugzeuge, die zu fliegenden Bomben geworden waren?

Ein Patient hatte uns Bescheid gesagt. Ein paar Krankenschwestern und ich trafen uns in seinem Zimmer, um die ersten Bilder dieses Krieges, mit dem niemand gerechnet hatte, anzusehen. Die Bilder des Terrors erschütterten die Patienten, aber unsere Vorstellung war genauer. Ich wusste, wie die Schwerstverbrannten litten, kannte die Erstickungssymptome, konnte mir die Arbeit der Retter, der Ärzte und der Krankenschwestern vorstellen. Wir alle hätten gern geholfen, aber ich fragte mich, ob unter diesem Schuttgebirge nicht ein kleines Mädchen lag, meine Tochter. Und dabei hatte ich keinerlei Informationen über ihre Adresse, keinen Grund zu der Annahme, sie könnte sich in Manhattan aufhalten – aber auch keinen Beweis für das Gegenteil.

Zuerst war der 11. September 2001 das für mich, ein weiteres Bild in einem Albtraum. Eine ins Gigantische übersteigerte Manifestation desselben Hasses, den ich vor zweieinhalb Jahren am eigenen Leib erfahren hatte.

Aber Leila hatte aus der Katastrophe bereits eine andere

Schlussfolgerung gezogen, die ich nicht gleich gesehen hatte. Wie hätte ich auch ahnen können, dass eine so schreckliche Katastrophe sich für mich als großer Vorteil auswirken würde?

Leila hatte sofort verstanden: Zuerst würde Amerika seine Grenzen schließen, und danach würde jeder Muslim, jeder politische Flüchtling aus dem Iran sich auf einer Liste möglicher Verdächtiger wiederfinden.

Das FBI hatte jetzt eine ganze Reihe von Gründen, sich für Habib zu interessieren. Bisher hatte er eine Menge Glück gehabt, aber damit war es nun vorbei.

8

Als ich an diesem Tag im Oktober 2001 vom Flughafen in Nantes abflog, lagen zweieinhalb Jahre Misserfolg und Leid hinter mir. Ich war nicht mehr diejenige, die wartet, die an ihr Telefon gekettet ist wie an eine Stahlkugel. Wie eine Eroberin sah ich zum Horizont. Jetzt leuchteten über meinem Kampf drei magische Buchstaben: FBI.

Vor meiner Abreise hatte Leila eine Telefonkonferenz mit den Bundesagenten organisiert, die fast zwei Stunden gedauert hatte. Habib war Iraner, Muslim, von einem tiefen Hass gegen das Abendland beseelt und begehrte gegen das Los auf, das ihm die Gesellschaft zugedacht hatte – damit wies er alle Charakteristika auf, um auf die Liste von Personen gesetzt zu werden, die strikt zu überwachen waren. Außerdem waren von den neunzehn Männern, die an Bord der Schreckensflugzeuge gegangen waren, zwei aus Kanada eingereist.

In den Tagen, die auf das Attentat folgten, waren Tausende von Muslimen festgenommen und verhört worden. Die Polizei wollte keine Spur vernachlässigen, so unbedeutend sie auch sein mochte. Den Amerikanern war sehr daran gelegen, den Vater meiner Tochter zu finden.

Ich hatte Habib seit fast drei Jahren nicht gesehen. Woher sollte ich wissen, in welche Richtung er sich entwickelt hatte? Ich wusste nur, das er sich während der zehn Jahre unseres Zusammenlebens stark verändert hatte. Dass er zum Schluss seine Religion wieder ausgeübt, den Koran gelesen und ganze Tage im Internet verbracht hatte, und natürlich, dass unsere Beziehung in einem Ausbruch von

Hass geendet hatte. War es möglich, dass seine enttäuschte Liebe zu mir und zu Amerika, wo seine Träume gescheitert waren, die Gewalt, die er mir gegenüber ausgeübt hatte, ihn zu einem guten Rekruten für die Terroristen gemacht hatten? Ich hatte keine Ahnung, wusste nicht, ob er irgendwelche Verbindungen zu islamistischen Bewegungen unterhielt.

Ich wies die Amerikaner am Telefon lediglich darauf hin, dass sein Bruder Mohamad früher wichtige Funktionen im Irak ausgeübt hatte, wo er den iranischen Widerstand gegen das Mullah-Regime organisiert hatte. Die Erwähnung des Irak steigerte das Interesse meiner Gesprächspartner noch mehr; für sie war Saddam Hussein immer noch der Feind, den es zu schlagen galt.

Kurz gesagt, die Polizei wollte Habib finden. Egal, welchen Beweggrund diese Ermittlung hatte, ich kam dabei auf meine Kosten. So etwas nennt man einen objektiven Verbündeten, und das Schicksal hatte mir den mächtigsten geschenkt, von dem man nur träumen konnte. Ich konnte es kaum abwarten, in die USA zu gelangen.

Zu dieser Zeit stiegen alle Passagiere nach Washington mit einem flauen Gefühl ins Flugzeug. Am 11. September waren vier Boeing-Maschinen verschwunden, von denen eine auf das Weiße Haus gezielt hatte und eine über dem Pentagon abgestürzt war. Noch nie waren die Sicherheitsmaßnahmen derart extrem gewesen. Leila hatte noch einmal versucht, mich von der Reise abzubringen. Die Abteilungen des FBI waren überlastet; die Behörde hatte im Pentagon Mitarbeiter verloren und stand unter dem Eindruck, in den Vereinigten Staaten könne jederzeit und überall ein neuer Angriff bevorstehen. Leila riet mir davon ab, in diesem Klima des Krieges zu reisen; niemand wusste, was die Zukunft bringen würde. Aber ich hatte keine Angst. Seit man mir Sara entrissen hatte, fürchtete ich nichts mehr. Was konnte man mir noch nehmen? Habib hatte mir bereits die Hälfte meines Lebens geraubt ...

Im Gepäck hatte ich alle Papiere, die für Saras Rückkehr notwendig waren und die seit dem Moment falscher Hoffnung im Juli bereitlagen. Außerdem hatte ich Fotos mitgenommen, um meiner älteren Tochter zu zeigen, was während ihrer Abwesenheit aus der Familie geworden war, und vor allem, wie jetzt ihre kleine Schwester aussah, die sie nur als Baby gekannt hatte. Ich nahm Evas Lächeln mit mir.

Dieses kleine Mädchen von drei Jahren war jetzt meine Kraft. Sie hatte mir eine Lektion in Mut erteilt, so wie diese kranken Kinder, denen wir alle irgendwann im Krankenhaus begegnen. Ihre Lebensfreude und ihr Glaube an Saras Rückkehr waren meine besten Verbündeten. Tausend Mal war sie vertröstet worden und glaubte trotzdem immer noch mit der gleichen Kraft an ihre Rückkehr, erwartete sie mit der gleichen Begeisterung. Sie wusste, dass ich mein Leben der Suche nach ihrer Schwester verschrieben hatte, dass ich Tag und Nacht arbeitete, um sie wiederzufinden. Aber sie wusste auch, dass ich meine Familie um ihretwillen vereinen wollte, damit »Sara wieder in Saras Zimmer« wohnte, neben ihrem.

In dem Mietwagen, der uns vom Flughafen Washington zur französischen Botschaft fuhr, hatte ich keine Zeit, in Verzückung über die Schönheit des berühmten *Indian Summer* zu geraten, über die hohen, rot leuchtenden Kastanienbäume an den breiten Alleen. Ich sah nur die Polizeiwagen mit den heulenden Sirenen, die Polizisten, die ihre Mützen bis tief über die Augen herabgezogen hatten. Amerika stand unter Schock. Die Passanten rannten nicht mehr fieberhaft ihrem überfüllten Terminkalender nach, sondern bewegten sich mechanisch, immer noch wie betäubt.

Rund um das zerstörte Pentagon hatte man einen Sicherheitsgürtel geschaffen. Überall herrschten Misstrauen und Zorn. Ich hatte nicht das Gefühl, mich in einem fremden Land zu befinden. Diese verhärteten, entschlossenen Gesichter, die leidgeprüften oder verstörten Mienen ähnelten mir alle auf die eine oder andere Weise. Jede dieser Phasen hatte ich selbst durchgemacht.

Genau wie in meinem Krankensaal in der Intensivstation des Hospitals von Nantes, wenn ich meinen Platz neben denen einnahm, die ums Überleben kämpften, fühlte ich mich diesen Amerikanern nahe, die zu Opfern des Terrors geworden waren. Bestimmt verstanden sie mich. Auch mein Leben war explodiert, auch ich war durch den Hass eines Mannes in Stücke gerissen worden, und auch ich hatte ihm einen Krieg erklärt, der erst zu Ende sein würde, wenn ich meine Tochter gefunden hatte.

Alle Sicherheitsmaßnahmen, die die Landung unseres Flugzeugs verzögert und die Zollkontrollen verlängert hatten, nahm ich mit Befriedigung auf. Endlich ein Volk, das die Tragödie ausgelotet hatte, gegen die es würde ankämpfen müssen. Wir empfanden ganz ähnlich.

Zuerst hatte ich einen Termin mit dem Vertreter der französischen Polizei in Washington, dessen Aufgabe es war, die Verbindung zwischen den beiden Behörden herzustellen, und an den der Richter das Rechtshilfeersuchen gerichtet hatte, das er ans FBI weiterleiten sollte. Dann würde ich im Gebäude des *National Center of Missing and Exploited Children*, des *NCMEC*, Leila treffen.

Ich hatte dem Richter in Nantes meinen Plan dargelegt, den ich in Telefonaten mit den Amerikanern ausgearbeitet hatte.

Da Habib einen Kontakt in den USA hatte – seine Schwester –, mussten wir ihr um jeden Preis Informationen entlocken. Die Amerikaner waren bereit, sie zu verhören und ihre Familienalben und ihre Hochzeitsfotos zu durchwühlen, um Saras Gesicht zu finden. Aber Mary durfte auf keinen Fall ihren Bruder über die Ereignisse in San Francisco unterrichten.

Deswegen bestand ich darauf, dass die Befragung der Familie Eghbal in Frankreich gleichzeitig geführt wurde. Für mich war das von fundamentaler Bedeutung, denn ich spielte meine letzten Karten aus. Wenn es Habib gelang, sich dieser Falle zu entziehen, dann würden wir ihn nie mehr wiederfinden, da war ich mir sicher.

Einige praktische Probleme waren zu lösen. Der Zeitunterschied zwischen Paris und San Francisco betrug zehn Stunden. Aber die Amerikaner wollten alles in ihrer Macht Stehende tun. Dazu mussten sie nur auf schnellstem Weg das Amtshilfeersuchen erhalten, das ihnen erlauben würde, Mary im Rahmen eines französischen Verfahrens zu verhören. Normalerweise nehmen solche Formalitäten Wochen in Anspruch, aber Monsieur Coulon versprach mir, das Ersuchen innerhalb der nächsten acht Tage zu besorgen. Ich hatte ihm nicht vorenthalten, dass mein amerikanisches Abenteuer von einem Journalisten des zweiten Programms gefilmt werden sollte. Wenn es Probleme gab, würde die französische Justiz in der Reportage nicht gut wegkommen.

Die Wahrheit war, dass Olivier beschlossen hatte, mit mir zu reisen, ohne zu wissen, ob er mir eine eigene Sendung widmen konnte oder ob meine Amerikareise die Reportagen über die anderen Eltern, denen er seit mehr als einem Jahr folgte, ergänzen würde. Seine Technik war einfach. Er begleitete mich einfach mit der Kamera überallhin. Er organisierte oder inszenierte nichts; seine Gegenwart war zugleich angenehm, diskret und tröstlich.

Er behandelte mich wie die Vertreterin einer Sache, die

seinen ganzen Respekt verdiente, und als Partnerin in einem journalistischen Abenteuer. Seine Erfahrung auf diesem Gebiet, seine Englischkenntnisse und die Kontakte, die er vor Ort schon besaß, waren mir von großem Nutzen. Er zeigte mir, welche Türen ich aufstoßen musste.

*

Zusammen betraten wir einen kleinen Salon in der höchst eleganten Botschaft. Dort wartete der französische Polizeibeamte auf mich, der für die Beziehungen zwischen der französischen und amerikanischen Behörde zuständig war.

Im wohltuenden Bewusstsein seiner Stellung erwartete er von seinen Besuchern, dass sie ihm angemessene Ehrerbietung entgegenbrachten. Aber ich hatte nicht die geringste Lust, meine Zeit mit gesellschaftlichem Geplänkel zu vertun. Durch die Müdigkeit, meine Ungeduld und Verzweiflung war ich ein wenig direkter, als es nötig gewesen wäre. Und außerdem hatte ich es eilig, die FBI-Agenten zu treffen, die der schönen Mary auf der Spur waren.

Der französische Polizist hätte Olivier, einen Zeugen, der lästig zu werden drohte, am liebsten hinausgeworfen. Beamte halten nicht viel davon, wenn ihre Äußerungen über einen Fernsehsender verbreitet werden.

Zwischen uns war kaum eine Verständigung möglich. Er wollte seine Autorität demonstrieren und ich schnelles Handeln einfordern. Er redete Aktensprache, ich sprach von meiner Tochter. Es schockierte ihn, dass ich ihm meine Meinung über »seine« Ermittlungen sagte. Er hätte mir gern das Ausmaß meiner Inkompetenz bewiesen, aber zu seinem Pech erwischte ich ihn rasch bei seiner himmelschreienden Ahnungslosigkeit.

Als ich ihm erklärte, gleichzeitige Verhöre in Frankreich und Amerika seien in Vorbereitung, betrachtete er mich amüsiert und gab mir zu verstehen, dass ich keine Ahnung von den Rivalitäten zwischen den beiden Ländern hätte, und dass ich noch viel zu lernen hätte. Ich informierte ihn trotzdem darüber, dass ich Kontakt zum FBI, den Fernsehsendern und sogar dem französischen Präsidenten aufgenommen hatte. Er würde mich nicht zum Aufgeben bewegen. Dann holte ich mir meine Informationen eben vom Richter oder direkt von meinen amerikanischen Freunden, ohne ihn hinzuzuziehen. Als ich ging, war er sprachlos. Ich hatte zwei Stunden vergeudet.

Die Reise hatte schlecht angefangen. Aber ich hatte keine Zeit zum Jammern. Olivier ließ uns zum Gebäude des *NCMEC* fahren, das er im Verlauf seiner letzten Reportagen schon aufgesucht hatte. Endlich würde ich Leila kennen lernen, deren Stimme mir in den letzten vier Monaten so viel Mut geschenkt hatte.

Vier Stunden lang saßen wir zusammen. Bei jeder Frage, die ich ihr stellte, griff sie zum Telefon und besorgte sich die entsprechende Auskunft. Für sie war es Ehrensache, nichts dem Zufall zu überlassen.

Leila fasste alles zusammen, was sie herausgefunden hatten: wo Mary wohnte, womit sie sich ihren Lebensunterhalt verdiente, die Schule, in der sie arbeitete. Sie erklärte mir, wie die Justiz in den Vereinigten Staaten funktionierte, mit wem ich zusammentreffen würde, wie die Ermittlung weitergehen würde.

Um in Frankreich einen Richter zu treffen, muss man Monate im Voraus einen Termin vereinbaren. In Amerika schien alles einfach zu sein. Ich kam an, ich hatte niemanden im Voraus benachrichtigt, aber Leila hob ihren Hörer ab, und ein paar Stunden später wurde ich empfangen.

So begegnete ich einer ganzen Reihe von Verantwortlichen, von Washington bis San José, dem Vorort von San Francisco, in dem Mary wohnte. Schnell erfuhr ich, dass sie immer noch auf das Rechtshilfeersuchen warteten, ohne das sie nichts unternehmen konnten. Ich rief direkt bei Monsieur Coulon an, und dem Richter gelang es, das Problem in vierundzwanzig Stunden zu lösen. Das Justizministerium legte plötzlich Tempo an den Tag. Ich wurde von den Ereignissen davongetragen.

Ich sollte einige Tage in Washington bleiben und dann nach Kalifornien weiterreisen. Leila hatte mich gebeten, nichts allein zu unternehmen und ihrer Behörde zu vertrauen. Wir hatten uns geeinigt. Ich versprach ihr, nichts, was ich tat, vor ihr zu verheimlichen. Ich würde auf eigene Faust handeln, aber, wie in Frankreich, vollkommen transparent.

Gleich nach meiner Ankunft in San José stellte ich mich beim Staatsanwalt vor. Er hatte schon die beiden FBI-Mitarbeiter in sein Büro gebeten, die sich um Marys Verhör kümmern sollten. So schloss ich Bekanntschaft mit Stacey, einer jungen Bundesagentin von etwa dreißig Jahren, die auf die Suche nach Kindern spezialisiert war.

Stacey war keine gewöhnliche Polizistin. Sie war daran gewöhnt, mit dem Schlimmsten zu leben, und hatte sich dennoch ihre Ideale bewahrt. Als ich begann, ihr meine Geschichte zu erzählen, sah ich Tränen in ihren Augen schimmern. Ich war erschüttert. Amerika hatte seine Toten noch nicht begraben, und die Entführung eines einzigen kleinen Mädchens hatte die Macht, eine seiner Polizistinnen zu rühren.

Man sagt, dass jemand, der ein Kind rettet, die ganze Menschheit rettet, aber dass ein Polizist um mein Kind weinte, das war mir noch nicht passiert. Lag es daran, dass Stacey und ich gleichaltrig waren oder dass sie eine Frau war? Wir beide verstanden uns.

Um ihr Verhör vorzubereiten, brauchte Stacey so viele Auskünfte wie möglich über Habib, seine Flucht, seine Aktivitäten, seine Familie. Jede Information, so unbedeutend sie auch sein mochte, erlaubte es ihr vielleicht, Verbindungen zu knüpfen, daher durften wir nichts auslassen. Olivier half mir. Er sorgte für die Übersetzung, wenn ich sprachlich nicht mehr mitkam, er hielt Distanz, wenn ich zu sehr von meinen Gefühlen überwältigt wurde.

Ich hatte ihn als einen Freund vorgestellt, der mir bei der Suche nach meiner Tochter half, und das war er inzwischen auch geworden. Die Amerikaner waren damit einverstanden gewesen, dass er an unserem Gespräch teilnahm. Sie hatten ihn nur gebeten, seine Kamera draußen zu lassen.

Die Amerikaner hatten mir Marys genaue Adresse nicht geben wollen. Sie fürchteten, ich könnte einen Eklat provozieren und sie an der Arbeit hindern. Aber mit den Informationen, die ich in Erfahrung hatte bringen können, konnte ich problemlos ihre Adresse aus dem Telefonbuch heraussuchen.

Ich traf Vorsichtsmaßnahmen. Auf Leilas Rat kaufte ich mir eine blonde, lockige Perücke – damit würde ich vor Marys Haus Stellung beziehen können.

Als Olivier mich in meiner Verkleidung sah, bekam er einen Lachanfall. So gut war die Idee doch nicht. Sicher, Mary würde mich nicht erkennen, aber sie würde sich vielleicht darüber wundern, eine Marilyn Monroe vor ihrer Tür zu sehen. Nach einer halben Stunde in meiner Verkleidung beschloss ich, mich mit einer einfachen Sonnenbrille zu begnügen.

In dem eleganten Viertel, in dem Mary wohnte, blieben wir in unserem geparkten Wagen sitzen. Großzügige Villen, umgeben von perfekt gestutzten Rasenflächen. Ich wusste, dass dieser Ort sehr gut geschützt wurde und überall Wächter waren, daher wollte ich es mit meiner Neugierde nicht zu weit treiben. Aber ich zuckte jedes Mal zusammen, wenn ein Kind vorüberging. Würde ich Sara überhaupt erkennen? Ich hatte das Gefühl, hier sei es »heiß«, wie die Kinder rufen, wenn sie Blindekuh spielen. Diese höchst amerikanische Umgebung unter kalifornischer Sonne, dieses ruhige, bürgerliche Viertel hatten alles, was Habib gefallen hätte.

Damit die französische Polizei zur gleichen Zeit zugreifen konnte wie sie, warteten die Amerikaner wegen des Zeitunterschieds bis zehn Uhr abends und tauchten erst dann bei Mary auf. Sie musste die Anordnungen befolgen und mit den Beamten gehen. Ihr Mann war bestürzt. Er hatte keine Ahnung von der Geschichte mit seinem Schwager gehabt, wusste nichts von einem Angriff mit einem Messer oder einer Kindesentführung. Er war aufgebracht und fing an, auf seine Frau loszugehen, drohte, sich von ihr scheiden zu lassen, wenn sie nicht die Wahrheit sagte. Für die Muslime waren in den USA schlechte Zeiten angebrochen. Sie waren alle bereit, so viel Wohlverhalten wie möglich zu demonstrieren.

Im selben Moment, um acht Uhr Ortszeit, fuhren in Paris die Gendarmen des Fahndungsdezernats bei Habibs Eltern und bei ihrem ältesten Sohn Mahmoud vor. Das erfuhr ich später, denn die Gendarmen riefen mich nicht an, während Stacey mich Stunde für Stunde über Marys Aussagen auf dem Laufenden hielt.

Sie hatte mir empfohlen, mich in meinem Motelzimmer zur Verfügung zu halten, der billigsten Unterbringung, die wir gefunden hatten und die trotzdem schon jetzt mein Budget sprengte. Es war möglich, dass sie mich brauchte, um der jungen Frau die Widersprüche, in die sie sich vielleicht verwickelte, nachzuweisen.

Zuerst behauptete Mary genau wie Mahmoud während des Prozesses, ihr Bruder hätte mich niemals angegriffen. Angesichts des Fotos, das Stacey aus meiner Akte zog – ich, wie ich aus dem Operationssaal komme, das bleiche Gesicht in zwei ungleiche Teile geschnitten –, wiederholte sie, ihr Bruder könne das nicht getan haben, es müsse ein Unfall gewesen sein. Man hielt ihr vor, sie sei mich im Krankenhaus besuchen gekommen, doch sie erklärte, daran könne sie sich nicht erinnern.

Bei falschen Zeugenaussagen verstehen die Amerikaner keinen Spaß. Also begannen sie das Verhör mit Hilfe eines Lügendetektors noch einmal von neuem, diesem Gerät, das den Herzschlag analysiert und mehr oder weniger zuverlässig die Anspannung der Verdächtigen misst.

Die Sitzung dauerte vier Stunden. Als Mary um zwei Uhr morgens nach Hause ging, um zu schlafen, hatte sie zugegeben, dass sie Anrufe von Habib erhalten hatte. Vor drei Monaten, im Juli, zum Zeitpunkt ihrer Heirat, hatte sie am Telefon auch Sara gesprochen. Und sie hatte ihr mit der Post ein Paket geschickt. Sie hatte erklärt, Sara spreche kein Französisch mehr.

Außerdem hatte sie ausgesagt, die Anrufe seien aus Toronto gekommen, in Kanada, wohin sie auch das Geschenk für Sara geschickt habe. Doch mehr wisse sie nicht; sie habe die Adresse und die Telefonnummer verloren, unter der sie die beiden erreichen konnte.

Die Spur, auf die ich all meine Hoffnungen gesetzt hatte, löste sich in nichts auf. Ich hatte mich derart auf die USA fixiert, dass ich mich mit dieser neuen kanadischen Variante gar nicht mehr auseinander setzen konnte. Ich hatte so sehr gehofft, Sara sei bei ihrer Tante versteckt, dass die Enttäuschung vernichtend war.

Nach der Verheißung, sie im Juli wiederzusehen, war Sara mir wiederum entrissen worden.

Ich konnte mich einfach nicht damit abfinden, dass ich – wie ich meinte – gescheitert war. Zuerst begehrte ich auf. Ich war mir sicher, dass Mary nur gesagt hatte, Sara spreche kein Französisch mehr, um mir wehzutun, um mir zu zeigen, dass meine Tochter mit unserem gemeinsamen Leben abgeschlossen und ihre Wurzeln, ihre Vergangenheit vergessen hatte.

Ich fing an, diese Frau zu verachten, die log und die vor allem mit meiner Tochter hatte sprechen können, etwas, das mir seit zweieinhalb Jahren verwehrt war. Eine unberechenbare, heftige Eifersucht ergriff mich. Mir ging es schlecht.

Stacey hatte Mary gefragt, ob Sara zur Schule gehe. Darüber wisse sie nichts, hatte sie geantwortet. Stacey hatte ihr auch mitgeteilt, ich halte mich in den Vereinigten Staaten auf und wolle sie treffen, doch sie hatte sich erbittert geweigert.

Das war natürlich ihr gutes Recht. »Wenn Fabienne Brin uns zwingen will, sie zu treffen, rufen wir die Polizei«, hatte ihr Mann noch hinzugesetzt.

Aber Stacey hatte bereits begriffen, dass solche Drohungen mich nicht abschrecken würden. Sie gab mir ihre Karte.

»Benutzen Sie sie ruhig, wenn es Probleme gibt«, sagte sie.

In San Francisco war es drei Uhr morgens, als ich meine Freunde von der Gendarmerie in Nantes anrief. Sie waren meine letzte Hoffnung. Ich klammerte mich an die verrückte Vorstellung, sie hätten Aussagen erwirkt, die alles verändern könnten, oder ein entscheidendes Indiz entdeckt.

Ich erfuhr, dass sie wie abgesprochen bei Mahmoud aufgetaucht waren. Aber – ich kann es heute noch nicht glauben – Mahmoud und Pascale hatten einen dringenden Termin ... Daher wurde das Verhör auf den frühen Nachmittag verschoben, was ihnen reichlich Zeit ließ, Habib zu warnen. Der Richter hatte den Polizisten das Papier nicht mitgegeben, das sie gezwungen hätte, mit ihnen zu kommen.

Ich war entsetzt. Während die Amerikaner ihre Mission bis zu Ende durchgeführt hatten, gaben die Franzosen klein bei. In Frankreich war es einfach, sich der Polizei zu entziehen; man brauchte bloß zu behaupten, man habe keine Zeit!

Doch die Gendarmen beruhigten mich: Die Hausdurchsuchung hatten sie vorgenommen. Und sie hatten einen Brief gefunden, der im Dezember 2000 in Toronto aufgegeben worden war, kurz vor dem Prozess. Aber als ich darum bat, ihn sofort an die Amerikaner weiterzuleiten, erklärte man mir, das sei unmöglich: Ehernen Vorschriften entsprechend war der Brief unübersetzt unter Verschluss genommen worden. Die Polizisten hatten in Paris etwas anderes zu tun und versprachen, ihn bei ihrer Rückkehr übersetzen zu lassen. Wenn alles gut ging, würden wir irgendwann in den nächsten Wochen erfahren, was er enthielt ...

Eines Tages sollte ich tatsächlich erfahren, dass dieser Brief eine große Menge von Empfehlungen Habibs an Mahmoud aussprach, um seine Falschaussage während des Prozesses im Januar 2001 vorzubereiten. Es kam darauf an, dem Gericht klarzumachen, dass ich weniger als ein Nichts sei, eine schlechte Mutter, die mit der ganzen Stadt schlief, und zu erklären, auf welche Weise ich mich im Gesicht verletzt hätte. Der Brief war mit »Hossein« unterzeichnet, und Mahmoud versicherte, er habe keine Ahnung, wer der Absender sein könne. Auf Grund dessen fragte mich die Polizei von Nantes, ob ich die Handschrift identifizieren könne. Auf dem französisch geschriebenen Umschlag erkannte ich mühelos Habibs Schrift.

*

Noch gab es einige Stellen, an denen ich suchen konnte. Ich wollte mich vergewissern, dass Habib nicht einfach in dem Haus untergekrochen war, das wir in Los Angeles in den Zeiten des orangefarben angestrichenen Käfers bewohnt hatten.

Olivier filmte mich, wie ich vor der vorüberziehenden Landschaft am Steuer saß. Eine brave, einfache Frau, die im riesigen Amerika nach ihrem Kind sucht. Wer hätte damals geglaubt, dass sie am Ende siegen würde?

Ich hatte den Weg nach Woodland Hills in Los Angeles wiedergefunden. Ich klingelte an den Türen, zeigte den Nachbarn der Villa, in der ich damals mit Habib gelebt hatte, die Fotos von Sara und ihrem Vater. Das Kind sagte ihnen nichts, aber der Mann erinnerte sie an einen Ausländer, der in unserem ehemaligen Haus gewohnt hatte. Ich konnte schnell feststellen, dass es sich nicht um Habib handelte. Zu dieser Zeit neigten die Amerikaner dazu, hinter jedem, der schwarzes Haar hatte, einen gefährlichen Orientalen zu vermuten.

Es war elf Uhr abends, als ich in einem iranischen Restaurant auf dem Boulevard Ventura auf einen Stuhl sank. Dort hatte ich mit Habib gegessen, damals, als er Arbeit auf der anderen Seite des Atlantiks suchte.

Ich war am Ende. Ein weiteres Mal hatten wir an Dutzende von Türen geklopft, Dutzende von Plakaten in Lebensmittelläden, in Geschäften, die Kinderkassetten verliehen, und bei Teppichhändlern aufgehängt. Trotzdem fragte ich den Kellner, ob ihm das Gesicht des Mannes auf diesem Foto bekannt vorkomme. Noch einmal erklärte ich, warum ich ihn suchte, und bat ihn, die Polizei zu benachrichtigen, falls er ihn sah.

»Die Polizei? Nicht nötig«, gab er mir entrüstet zurück. »Das nehme ich dann schon allein in die Hand.«

Der Kellner riet mir auch, über den lokalen Fernsehsender, den alle Iraner in Los Angeles sahen, eine Botschaft senden zu lassen. Er suchte mir sogar die Adresse heraus. Ich hatte noch Termine. Morgen musste ich noch kämpfen, doch darüber hinaus musste ich einfach akzeptieren, dass die Reise für mich zu Ende war. Ich konnte nichts anderes mehr tun, als mich auf meinem Motelbett auszustrecken und zu versuchen, Schlaf zu finden.

Noch zwei Tage, und ich würde nach Frankreich zurückkehren, ohne Sara, ohne Saras Adresse. Das war nicht möglich. Ich konnte nicht aufgeben, nicht jetzt.

Nachdem ich dem persischsprachigen Fernsehsender Fotos von Sara sowie einen weiteren Appell an eventuelle Zeugen übergeben hatte, mussten wir Los Angeles verlassen. Am Dienstagnachmittag sollten wir von San Francisco aus zurückfliegen.

Ich musste mich endlich entschließen, Eva anzurufen. Wenn ich ihre kleine Stimme hörte, die mich fragte: »Mama, hast du Sara wiedergefunden?«, dann würde ich zusammenbrechen. Nein, ich hatte Sara nicht, und ich hegte keinerlei Zweifel mehr: Habib wusste, dass wir ihm auf den Fersen waren. In zwei Tagen musste ich in das Flugzeug nach Nantes steigen. Bis dahin würde ich meine Niederlage nicht eingestehen, aber was kam danach?

Papa und Mama hatten mich bereits gebeten, auf mich zu achten, mich nicht zu sehr zu erschöpfen. Sie fanden, es sei Zeit, dass ich zurückkehrte, zurück zu meiner kleinen Eva. Ich verstand sehr gut, was sie sagen wollten: Sie glaubten nicht mehr daran, dass meine Aktionen zu etwas nütze sein würden.

Ich wartete bis kurz vor der Abreise, um meine letzte Rechnung auf amerikanischem Boden zu begleichen. Ich wollte das Land nicht verlassen, ohne Auge in Auge der Frau gegenübergestanden zu haben, die mit meiner Tochter gesprochen hatte. Die mit einem Wort meinen Qualen ein Ende hätte setzen können. Ich konnte nicht fliegen, ohne Mary gegenübergetreten zu sein.

Ich kannte ihren Ehenamen, ich wusste, wo sie wohnte

und dass sie in einer Schule arbeitete. Ich brauchte nur das Telefonbuch zu nehmen und alle Nummern von Schulen in San José herauszusuchen. Dann rief ich an und sagte: »Guten Tag, ich bin eine Freundin von Mary Haghighi. Ich bin heute Nachmittag auf Durchreise in San Francisco und würde sie gern treffen. Können Sie mir sagen, ob sie da ist?«

In zehn Minuten hatte ich herausgebracht, wo sie arbeitete, und erfahren, dass sie um zwölf Uhr mittags freihatte. Uns blieben eine Viertelstunde, um sie zu finden, und drei Stunden, bis wir unser Gepäck einchecken mussten.

In der Schule nannte ich am Empfang meinen richtigen Namen. Die Amerikaner können Lügen nicht ertragen. Ich rechnete nicht damit, dass man Mary über meinen Besuch in Kenntnis gesetzt hatte. Ich bekam einen Besucherausweis angesteckt, und man zeigte mir den Weg zum Hof, wo sie Aufsicht über die Kinder führte.

Im Vorbeigehen nahm ich mir die Zeit, einige Plakate mit Saras Foto aufzuhängen, für den Fall, dass sie hier gewesen war, und auch, um im Leben und in der Karriere von Mary Haghighi eine Spur von mir zu hinterlassen. Ich hatte auch Dutzende Plakate vor ihrer Wohnung aufgehängt, an jeder Laterne und jedem Straßenschild.

Olivier hatte mir ein Mikrofon angesteckt, aber unglücklicherweise funktionierte der Rücklauf nicht, so dass unser Gespräch verloren ging. Dabei hätte ich so gern alles meiner Familie und meinen Freunden vorgespielt.

Mary ist ein sehr hübsches Mädchen, groß, dunkel, mit riesigen Augen, eine vollkommene Scheherezade. Ich hatte noch nie erlebt, dass sie die Haltung verlor, doch als sie mich jetzt erblickte, geriet sie völlig außer sich.

»Was hast du hier zu suchen?«, schrie sie. »Ich will dich nicht sehen!«

Ich hatte keine Zeit, ihr zu erklären, dass sie der einzige Mensch auf der Welt war, der zugegeben hatte, mit meiner

Tochter gesprochen zu haben, und dass ich nicht abreisen wollte, ohne alles erfahren zu haben, was Sara erzählt hatte. Jedes unbedeutende Detail, das für sie nichts bedeutete und für mich alles, weil ich nichts mehr über Saras Leben wusste. Ich wollte ihr sagen, dass ich wie jemand war, der sich in der Wüste verirrt hat und sterben wird, wenn er nicht das Glas Wasser bekommt, von dem er nicht mehr zu träumen wagt.

Doch ich hatte keine Gelegenheit, ihr das alles auseinander zu setzen, denn Mary kreischte, rief um Hilfe und hatte auf ihrem Handy schon die Notrufnummer der Polizei gewählt. Ein Lehrer kam auf uns zu.

»Ich bin die Frau ihres Bruders. Er hat mir das Gesicht mit einem Messer zerschnitten und dann meine Tochter entführt. Ich will von ihr nur wissen, wo er sie versteckt hält«, erklärte ich ihm ein wenig süffisant.

Die Leute waren völlig verunsichert. Sie sahen meinen Besucherausweis, wogen Marys Hysterie und meine Ruhe gegeneinander ab. Sie hatten genug von Barbaren, die von überallher auftauchten und die amerikanische Gesellschaft angriffen. Sie misstrauten allem und jedem und wussten nicht mehr, was sie glauben sollten.

Behutsam wurde ich zum Empfang zurückgeführt. Schon kündigte Sirenengeheul das Eintreffen der Polizei an. Mit quietschenden Reifen kamen drei Wagen auf dem Parkplatz der Schule zum Halten.

Olivier, der die Szene von weitem beobachtete, um mir zu helfen, falls die Geschichte schlecht ausging, war verunsichert. Sollte er eingreifen oder sich lieber zurückhalten?

Die Polizisten warfen mir vor, ich hätte den Direktor nicht über meinen Besuch unterrichtet. Ich gab zurück, mein Flugzeug gehe in weniger als drei Stunden und ich hätte keine Zeit gehabt. Und ich gab ihnen Staceys Karte, auf der ihre Nummer beim FBI stand.

Während sie ein Stück beiseite traten, um zu telefonieren, zeigte ich dem Direktor der Schule, an der Mary arbeitete, Saras Fotos. Er hörte mir aufmerksam zu, er beobachtete mich. Rasch kamen die Polizisten zurück. Sie entschuldigten sich beinahe, und einer von ihnen wünschte mir viel Glück ...

9

Mit dem Gefühl, Sara im Stich zu lassen, stieg ich in die Maschine nach Frankreich. Ich hatte alles auf eine Karte gesetzt und verloren. Jetzt würde ihr Vater sich bestimmt für die Flucht an einen Ort entscheiden, wo man ihn nicht finden konnte.

Um mich herum herrschte Bestürzung. Es war nicht schwer zu verstehen, dass niemand mehr an meine Sache glaubte. Bis auf Olivier, bis auf Leila und Stacey, die mir von Spuren nach Toronto berichteten, glaubte niemand mehr, dass ich noch eine Chance hatte, meine Tochter wiederzufinden. Mut bedeutete von jetzt an, sich mit den Dingen abzufinden, an Eva zu denken und für sie zu leben. Sie durfte nicht dem Gespenst ihrer Schwester geopfert werden. Das war jedenfalls die Meinung meiner Eltern.

Es fehlte nicht viel, und ich hätte mich ihnen angeschlossen. Ich weiß nicht, wie ich mich nach meiner Rückkehr noch aufrecht halten konnte, aber ich schaffte es noch, alle Papiere auszufüllen, die die kanadischen Behörden von mir haben wollten, Dokumente zu übersetzen. Ich arbeitete an diesem Abend bis lange nach Mitternacht, und um fünf Uhr früh, als alles fertig war, brach ich zusammen.

Eines Morgens konnte ich nicht aufstehen. Dem Arzt fiel es leicht, den Grund für meine Schwäche zu finden. Mein Blutdruck war ins Bodenlose abgerutscht. Er schrieb mich krank, und ich blieb liegen. Vier Tage lang war ich nicht in der Lage, mein Bett zu verlassen. Ich konnte mich nicht einmal um Eva kümmern, so dass Mama sie zu sich nehmen musste.

In meinem Bett hing ich trüben Gedanken nach. Wieder sah ich mich, wie ich nach Amerika aufgebrochen war, voller Hoffnungen und Illusionen. Mir kam es vor, als hänge ein Fluch über mir. Egal, was ich unternahm, ich kam immer nach Habib an. Dieses Mal hatte er immer noch drei Monate Vorsprung vor mir gehabt. Jetzt wusste er, dass wir hinter ihm her waren, von Vancouver über Toronto und San Diego. Wohin würde er gehen, wenn all seine Verstecke unbrauchbar geworden waren? Würde er sich in eines dieser Länder begeben, wo ich ihn nie wiederfinden würde? Ich hätte ihm weiter folgen müssen, durfte ihm keine Verschnaufpause gönnen, doch ich war an mein Bett gefesselt. Wenn ich nichts unternahm, würde niemand etwas tun. Die Krankheit hatte meine Entschlossenheit untergraben.

Aber Leila ließ nicht locker. Sie rief mich an, um mir vom *Réseau enfant retour Canada* zu erzählen, ihrer kanadischen Außenstelle. Sie berichtete mir, sie habe meine Akte weitergeleitet, und versicherte mir, ihre Kollegen in Montreal seien ebenso tüchtig wie die in Washington.

Sie erzählte mir von Patrick Bergeron, dem Leiter der kanadischen Organisation. Ihre Anrufe holten mich aus dem dunklen Schacht, in den ich gestürzt war, zwangen mich, nach vorn zu sehen, auf den Weg, den ich mir bestimmt nicht ausgesucht hatte, der aber auch keine Sackgasse war.

Leila erteilte mir eine Lektion in Mut. Sie glaubte weiterhin, während um mich herum alle aufgegeben hatten und mit mir redeten wie mit einer Schwerkranken, die man schonend behandeln muss, um sie nach und nach an die traurige Wahrheit zu gewöhnen ...

Ich beschloss aufzustehen. Die Blutdruckmedikamente begannen Wirkung zu zeigen. Ich konnte mich wieder auf den Beinen halten und von neuem in den Kampf ziehen.

Meine Reise in die USA war kein vollständiger Fehlschlag gewesen. Ich musste wieder Tritt fassen, den Laufschritt wiederfinden, der mich zu meiner Tochter führen würde. In dieser Sache würde mir nichts geschenkt werden; ich war diejenige, die Tempo machen, zupacken und gewinnen musste.

Ich fragte mich, ob Habib besser dran war als ich. Jetzt war er zum Warten verurteilt, abhängig von Entscheidungen, die er nicht beeinflussen konnte. Er wusste jetzt nicht mehr, was er tun, wohin er fliehen sollte. In dieser Phase der Jagd, die nun fast drei Jahre andauerte, war ich inzwischen der Jäger und er die Beute, ein von der Meute umzingeltes Tier, dem auch das FBI auf den Fersen war. Er musste erfahren haben, dass die Bundesagenten allein seine Schwester vier Stunden lang verhört hatten.

Wahrscheinlich begann er zu begreifen, dass seit dem 11. September der Planet kleiner geworden war, dass die Maschen des Netzes immer enger wurden. Nun war er es, der sich im Kreis drehte wie ein Raubtier, das sich im Dschungel gewähnt hat und sich nun im Zoo wiederfindet, den Blicken der Zuschauer ausgesetzt. Er durfte nicht entkommen. Ohne Deckung schlich ich mich an; ich musste rasch handeln.

Drei Wochen vor Weihnachten wurde mir klar, dass ich nur noch eine Möglichkeit hatte weiterzumachen, nur noch eine Art zu leben: die Jagd. Während die anderen ihre Familienfeiern vorbereiteten und für ihre Kinder in aller Heimlichkeit ein fröhliches Fest inszenierten, musste ich mir ein Ventil für meinen Zorn suchen, indem ich meine nächste Reise vorbereitete.

Ich musste noch einmal fort, das war eine Frage des Überlebens. Und mich an die Vorstellung gewöhnen, dass es vielleicht nicht das letzte Mal sein würde. Ich musste mit allem rechnen. Ich lebte, um Sara zu suchen, und ohne diese Suche hatte mein Leben keinen Sinn mehr. Eva wusste das. »Mama hat Sara noch nicht wiedergefunden«, sagte sie jedem. »Aber bald, bald ...«

Zuerst musste ich mir Geld beschaffen. Die Vereinskasse war beinahe leer. Die Stadtverwaltung stellte mir für einen Freitag – der beste Abend für Veranstaltungen – den Paul-Fort-Saal zur Verfügung, einen der größten Festsäle von Nantes. Ein Zeichen ihres Wohlwollens. Zum zweiten Mal griff mir der Jazzmusiker Jean-Claude Girone zusammen mit allen seinen Kameraden unter die Arme. Er schenkte mir einen aufregenden Abend, der mitten in der Nacht zu Ende ging, eine Reise durch Jazz, Flamenco und afrokubanische Musik.

Während ich von dem Misserfolg meiner ersten Reise und der Spur erzählte, die nach Toronto führte, herrschte eine Stimmung wie am Vorabend eines großen Tages. Wir sangen alle zusammen und brachten die zehntausend Francs für ein Ticket nach Kanada auf.

Denn über mein Reiseziel bestand jetzt kein Zweifel mehr. Augenblicke des Jubels wechselten sich mit Momenten tiefer Niedergeschlagenheit ab. Per Telefon saß ich dem armen Jason Daigle im Nacken, dem kanadischen Beamten, mit dem ich seit Juli in Kontakt stand.

Das Fernsehen hatte mich nicht vergessen. Im November wurde mein Interview mit Mireille Dumas ausgestrahlt. Doch Habibs Familie hatte interveniert, und man hatte sein Gesicht unkenntlich gemacht. Ich hatte mich umsonst bemüht. Einen Monat später, am 6. Dezember, berichtete *Envoyé spécial* – Sonderkorrespondent – auf *France 2* über meine Reise in die Vereinigten Staaten.

Da wir keinen Erfolg gehabt hatten, war die Geschichte allerdings keine ganze Sendung wert. Daher wurde die

Reportage im Rahmen eines Magazins über Eltern, die auf der Suche nach ihren Kindern sind, gesendet.

Als der Beitrag ausgestrahlt wurde, hatte ich Nachtdienst. Ich hatte den Videorecorder programmiert und schaute den Film später an. Allein, denn ich war mir sicher, dass ich weinen würde, wenn ich mit all meinen verlorenen Hoffnungen konfrontiert würde.

Und natürlich vergoss ich Tränen. Doch als ich diese Bilder zum ersten Mal wiedersah, wurde mir auch klar, dass ich meine Reise nicht umsonst gemacht hatte, dass seitdem die Ermittlungen vorangekommen waren.

Auch für meine Familie war die Sendung wichtig. Diese Bilder hatte ich ursprünglich im Gedanken an sie aufnehmen lassen, damit sie Zeugen dessen wurden, was ich erlebte. Und so sahen sie jetzt selbst, dass die amerikanische Polizei meine Sache ernst nahm, dass Spezialisten ihr Zeit widmeten und daran glaubten. Vor meinem Fernseher weinte ich allein, doch vom nächsten Tag an traf ich zu meiner Überraschung Menschen, die meine Gefühle geteilt hatten, ohne mich oder Sara zu kennen; Menschen, die unsere Trennung ebenfalls zu Tränen gerührt hatte.

Ich bekam Briefe und E-Mails, Fremde grüßten mich auf der Straße ... Besonders berührten mich die Solidaritätsbezeugungen, die von Männern kamen. Ich hatte befürchtet, viele von ihnen könnten das Gefühl haben, man werfe ihnen das Verhalten eines der ihren vor, und sich automatisch auf seine Seite stellen.

Ich mochte nicht an den Krieg der Geschlechter glauben. So häufig Entführungen auch vorkamen, ich dachte irgendwie immer noch, meine Geschichte wäre eine Ausnahme. Ich wehrte mich gegen die feministische Analyse, nach der sie Teil einer grundlegenden Rivalität sein sollte.

Es stimmte schon, die Organisationen erfassen mehr Männer als Frauen, die ihre Kinder entführen, aber die Statistiken täuschen. In den meisten Fällen sprechen die Gerichte den Müttern das Sorgerecht zu, und wenn die beschließen, Tausende von Kilometern weit fortzuziehen, womit sie es dem Vater praktisch unmöglich machen, sein Besuchsrecht wahrzunehmen – ist das nicht auch eine Art, ihre Kinder zu entführen?

Ich weiß noch, wie ich einmal auf der Straße über Handy mit einer meiner Cousinen telefonierte und ein Mann vor mir stehen blieb, auf dem Bürgersteig. Das war mir so unangenehm, dass ich zu meiner Cousine sagte: »Ich muss aufhören ... Da beobachtet mich jemand, ich weiß nicht, was er will.«

»Entschuldigen Sie«, sprach der Mann mich an, »ich möchte Ihnen nur meine Bewunderung zum Ausdruck bringen.«

Und er applaudierte und wandte sich dann ohne ein weiteres Wort ab.

Solche Erlebnisse erschütterten mich. So weit hatten mich die Schläge eines Lebens gebracht, das mich nicht in Watte gepackt hatte: Die Begegnung mit dem Edelsten im Menschen – Selbstlosigkeit, Mitgefühl und Großmut – wühlte mich inzwischen weit mehr auf als Bosheit, Eifersucht, Gewalt oder Hass, denn gegen die hatte ich mich zu wehren gelernt.

Alle Geschichten, die das Fernsehen in *Envoyé spécial* verbreitet hatte, waren gleich tragisch gewesen, doch meine hatte wunderbare Reaktionen hervorgerufen. War Oliviers Talent der Grund? Oder war ich auf geheimnisvolle, unerklärliche Weise telegen? Mir war das ziemlich egal; ich würde nicht zögern, meine Trümpfe auszuspielen. Bisher hatte ich nicht allzu viele Privilegien genossen, und ich hatte vor, die ersten, die sich mir boten, am Schopf zu packen.

*

Für das FBI endete Habibs Spur in Toronto. Seine Akte war an die kanadische Polizei übermittelt worden. Die Franzosen hatten es weniger eilig. Wieder einmal blieb es an mir hängen, die Informationen weiterzugeben, die die Kanadier vielleicht benötigten.

Ich telefonierte jetzt alle drei Tage mit den Männern von der Königlichen Polizei Kanadas, bekannter unter dem Namen »Royal Mounted Police«. Den Brief, den Mahmoud aus Toronto bekommen hatte, hatte ich nicht an sie weiterleiten können, aber ich hatte ihnen die Telefonnummern weitergegeben, die man in einem Notizbuch, das Habibs älterem Bruder gehörte, gefunden hatte.

Die Kanadier hatten mir versprochen, Bilder von Sara in den Schulen verbreiten zu lassen, und außerdem in Arztpraxen, was in Frankreich verboten ist, in erster Linie, weil man der Gesundheit Vorrang vor der Justiz einräumt. Die ärztliche Schweigepflicht soll gewährleisten, dass auch die schlimmsten Kriminellen Zugang zu medizinischer Versorgung haben. Wenn ich vor der Wahl gestanden hätte, wäre mir auch lieber gewesen, man hätte Sara ärztlich behandelt, statt ihren Vater zu verhaften ... Seit Salomos biblischem Urteil ist dies wohl der sicherste Beweis für die Liebe einer Mutter.

Alle drei Tage rief ich also in Kanada an. Jetzt zögerte ich nicht mehr, »Druck zu machen«, wie Olivier sagte. Die Polizisten dort drüben hatten nicht vergessen, dass sie in meiner Schuld standen, dass sie mir im Juli fälschlicherweise gemeldet hatten, meine Tochter sei zurück. Jason Daigle, der Leiter der Ermittlungen, hatte dem französischen Justizministerium gegenüber den Irrtum zugeben müssen. Seitdem nahm ich ihn persönlich für den Fortgang der Ermittlung in Haftung.

Pausenlos hing ich am Telefon, obwohl meine kleine Eva schmollte und sich gewünscht hätte, dass ich mich mehr um sie kümmerte, denn sie hasste Puzzles und all die anderen Beschäftigungen, denen ein Kind allein nachgehen kann. Sie erfand alle möglichen Vorwände, um mich in ihr Zimmer zu locken, und versuchte mit ihren dreieinhalb Jahren, mir zu helfen, indem sie zum Beispiel Acht gab, ob ich Faxe bekommen hatte.

Ich hatte ein schlechtes Gewissen, weil ich nicht öfter mit ihr spielte. Ohnehin fühlte ich mich zu dieser Zeit ständig schuldig. Wenn ich für Sara arbeitete, vernachlässigte ich Eva, und wenn ich Eva in ihren Ponyklub brachte, tat ich nichts für Sara. Ich würde so lange zwischen den beiden Menschen, die ich liebte, hin- und hergerissen bleiben, bis ich es schaffte, die Bruchstücke meiner Familie wieder zusammenzufügen.

Von Washington aus hatte Leila Kontakt mit Patrick Bergeron aufgenommen. Die Organisation in Kanada verfügte weder über die Mittel noch über die politische Macht ihrer amerikanischen Kollegen und existierte nur durch Privatspenden. Aber sie war nach demselben Prinzip organisiert und arbeitete mit einem Vertreter der Mounted Police zusammen, Linda Brosseau, deren einzige Aufgabe es war, die Arbeit der Ermittler zu koordinieren.

Die Organisation hatte mir vorgeschlagen, eine neue Plakatkampagne durchzuführen, von Toronto über Montreal bis nach Vancouver. Leila hatte mir das Computerprogramm zur Verfügung gestellt, mit dem sie ein Phantombild von Sara im Alter von sieben Jahren erzeugen konnte. Dazu hatten die Amerikaner mich um Fotos von Habib und mir im gleichen Alter gebeten. Sie versicherten mir, die Ergebnisse könnten erstaunlich sein; sie würden sie mir sehr schnell per Internet übermitteln.

Tatsächlich, ich war schockiert. Das Gesicht, das auf dem Bildschirm Gestalt annahm, war nicht mehr das meiner Tochter. Innerhalb weniger Sekunden erblickte ich nach drei Jahren der Trennung dieses Kind, das eine Fremde geworden war.

Seit unserer Trennung sah ich ständig ihre runden Wangen und ihre riesigen Augen vor mir, und jetzt fand ich mich einer Unbekannten gegenüber wieder. Plötzlich wurde mir klar, dass ich auch damit rechnen musste: Möglicherweise würde ich eine Fremde wiedersehen. Man hatte das Kind umgebracht, auf das ich wartete, das ich suchte. Wenn ich auf der Straße an diesem kleinen Mädchen vorbeigegangen wäre, hätte ich es nicht bemerkt ... Wie soll man ein Kind suchen, dessen Gesicht man nicht einmal mehr kennt?

Ich geriet in Panik und lehnte diesen Weg, »ihren« Weg, ab. Das konnte nicht Sara sein.

Meine Erschöpfungszustände kehrten zurück und machten sich dadurch bemerkbar, dass mein Blutdruck urplötzlich absackte, so dass mir in Momenten, in denen ich gefühlsmäßig stark bewegt war, die Beine wegknickten und ich kurz vor einer Ohnmacht stand. Meine Familie machte sich Sorgen.

»Denk an dich, Fabienne, denk an Eva. Ruh dich aus«, sagten sie immer wieder.

Aber nein, für mich war meine Schwäche ein weiterer Grund, mir Mühe zu geben. Wie lange konnte ich noch durchhalten? Ich musste rasch zu einem Ergebnis kommen.

Ganz gleich, wie ich selbst darüber dachte, die Suchanzeigen trugen von jetzt an drei Fotos: eines von Sara kurz vor ihrem vierten Geburtstag, dann das Phantombild der siebenjährigen Sara und schließlich ein Foto von Habib.

Sehr schnell gingen weitere Zeugenaussagen ein. Und ebenso rasch spürte ich, dass meine ständigen Fragen die Polizisten zur Verzweiflung brachten, dass ich lästig zu werden begann. Außerdem wäre mir jeder Vorwand recht gewesen. Ein drittes Mal ohne Sara Weihnachten zu feiern erschien mir undenkbar. Ich wollte so bald wie möglich nach Kanada.

*

Olivier hatte einen Schlachtplan aufgestellt. Er setzte auf die Medien, um die Sache zu beschleunigen. Er hatte Dutzende von Fotos, Kassetten und Presseartikeln an alle Zeitschriften und Fernsehsender geschickt. Bereits jetzt waren Zeitungsbeiträge erschienen, die Habibs und Saras Fotos zeigten. Seit *Envoyé spécial* über den internationalen Sender *TV 5* ausgestrahlt worden war, kannte ganz Kanada meine Geschichte. Hunderte von Menschen hatten mich schon über E-Mail ihrer Unterstützung versichert und mir Mut gemacht.

Ich für meinen Teil kümmerte mich um die Beamten. Ich hatte sie freundlich darauf hingewiesen, dass ich nicht allein komme, sondern zusammen mit einem Journalisten von *France 2*, der alles filmen werde. Einmal mehr erinnerte ich sie an den Zwischenfall vom Juli. Dieses Mal erwartete ich von ihnen, dass sie mir keine falschen Hoffnungen machten. Außerdem teilte ich ihnen mit, ich würde Saras Foto über das Fernsehen verbreiten lassen.

Mein Flug war für Sonntag, den 3. Februar 2002, reserviert. Vor meiner Abreise musste ich unbedingt etwas Zeit für Eva erübrigen, für sie ganz allein. Ich hatte ihr gesagt, dass ich nach Kanada fliege, um ihre Schwester zu suchen, und dass ich große Hoffnungen habe, sie zu finden. Aber sicher sei noch nichts. Und am Freitag gingen wir in den Ponyklub.

Dort erhielt ich auf meinem Handy einen weiteren Anruf von Leila.

»Nimm einen Stuhl und setz dich«, sagte sie zur Begrüßung.

Ich hatte keine Zeit, ihr zu erklären, dass ich mitten auf einer Lichtung stand, wo Kinder auf ihren Reittieren auf und ab hüpften. Mein Herz schlug schneller.

»Sie haben Sara und Habib gefunden«, sagte Leila ganz ruhig.

Dieses Mal wollte ich es genauer wissen.

»Was heißt ›gefunden‹?«

»Wir haben ihre Adresse und ihre falschen Namen ...«

Irgendjemand, ein Lehrer oder ein Elternteil eines Schülers – ich habe nie erfahren, wer – hatte Sara im Fernsehen erkannt.

Die Plakate waren immer noch nicht in den Schulen verteilt worden, wie man mir das versprochen hatte. Aber was machte das jetzt noch? Nun wussten wir, dass wir auf der Suche nach Yones und Sara Kohan waren, die ein kleines Haus in Toronto bewohnten. Sie brauchten nur noch festgenommen zu werden.

Wieder packte ich die offiziellen Papiere in meinen Koffer, die mir erlauben würden, Sara zurückzuholen, die Fotos, die alle durcheinander lagen, und legte eine kleine Plüschkatze dazu, der sie den persischen Namen »Pichi« gegeben hatte.

Bei meiner Ankunft in Toronto erwarteten mich zahlreiche Journalisten. Wie die Polizei mich angewiesen hatte, erklärte ich ihnen nur: »Ich habe allen Grund zu der Annahme, dass meine Tochter sich derzeit in Kanada aufhält.«

Einer von ihnen rief dazwischen.

»Wissen Sie denn noch nicht, dass die beiden geflüchtet sind? Man hat das Kennzeichen ihres Wagens, eines blauen Pontiac.«

»Oh nein, auch das noch!«, gab ich erschöpft zurück.

Das Schlimmste in einem Krieg sind die letzten Tage.

10

Der Albtraum ging weiter. Die Polizei von Toronto rivalisierte mit den Beamten von der Royal Mounted Police. Einer der Polizisten hatte sich bemüßigt gefühlt, eine Pressekonferenz zu geben und den Journalisten zu verkünden, er habe Habib nicht festnehmen können, weil die Mounted Police ihm den dazu nötigen Haftbefehl nicht übermittelt habe. Zum Beweis seiner Tüchtigkeit hatte er ihnen das Kennzeichen von Habibs Wagen genannt.

Ich war außer mir.

Selbst ich hatte den Rat der Royal Mounted Police befolgt, ihre Informationen nicht weiterzugeben, um den Ermittlern ihre Arbeit zu erleichtern. Und nun brauchte Habib sich bloß einen anderen Wagen zu mieten und das Radio anzuschalten, um zu erfahren, wie der Stand der polizeilichen Ermittlungen war.

Der eine schrie hü, der andere hott, und jeder drängte sich in den Vordergrund, nur um selbst besser dazustehen. Ich wurde in einem Krieg zwischen zwei Polizeibehörden zerrieben.

Während ich noch damit beschäftigt war, die gegensätzlichen Interessen zu entwirren, machte die Presse rasche Fortschritte. Sie hatte eine wahre Blitzkampagne gestartet, die mich auf Platz eins in den Nachrichten katapultierte. Saras Fotos war in zehn Zeitschriften abgedruckt. Alle Fernsehanstalten des Landes luden mich vor ihre Kameras ein und organisierten Diskussionen über Kindesentführungen und die verschiedenen Ermittlungsmethoden in Frankreich, Kanada oder den Vereinigten Staaten.

Auf eine solche Wirkung war ich nicht gefasst gewesen. Die Bewegung, die ich in Gang hatte setzen wollen, überholte mich. Jegliche Kontrolle war mir entglitten, ich hatte keine andere Wahl mehr. Vor allen Dingen verlief diese Menschenjagd in rasendem Tempo. Saras Foto ging nonstop über den Bildschirm. Die Suche nach ihr war zu einem nationalen Anliegen geworden.

Als ich gerade wieder mit Enthüllungen über die ungeschickten Ermittlungen drohte, rief mich Linda Brosseau an, die Beamtin von der Royal Mounted Police, die an die Organisation delegiert worden war und die Nachforschungen leitete. Wir hatten Montag, einen Tag nach meiner Ankunft. Ich war gerade mit dem Zug in Montreal eingetroffen und sollte live in der Sendung von Monsieur Maisonneuve auftreten, einem der mächtigsten Journalisten des Landes und dem Star von *Radio Canada*.

Bevor ich ins Studio ging, wollte Linda Brosseau mich beruhigen und mir versichern, dass die Polizei arbeitete. Sie hatten Habibs Spur in Nova Scotia wiedergefunden, in einer Region mit großen Seen, die für ihre abgeschiedenen Inseln bekannt ist. Alle Polizisten der Gegend waren hinter ihm her. Sie hatten seine Handynummer, die Nummer seiner Bankkarte, sie waren ihm auf den Fersen. An seinem Nummerschild aus Ontario war er leicht zu erkennen. Die Polizei wusste jetzt, dass er eine Nacht in einem Hotel verbracht hatte. Stunde für Stunde unterstützte mich Linda, so wie damals Leila in Washington und Stacey in San Francisco. Sie rief mich an und gab mir jede neue Information über die Ermittlung weiter, die bei ihr ankam. Kein Tag verging, an dem wir uns nicht in einem Fernsehstudio begegneten.

*

Am Mittwoch, dem 6. Februar, war ich gegen Mittag zu einer weiteren Livesendung auf *RDI* eingeladen, *Dans la mire* – im Visier. Olivier blieb in den Kulissen, während Patrick Bergeron und Linda Brosseau in ihrer dunkelblauen Uniform mit mir im Studio saßen.

Nach der Aufzeichnung schlug Linda vor, Olivier und mich ins Hotel zurückzufahren. Sie hatte mir mitgeteilt, Habib und Sara seien jetzt in New Brunswick lokalisiert worden. Seit sie am Freitag in Toronto aufgebrochen waren, hatten sie mindestens fünfzehnhundert Kilometer zurückgelegt.

In drei Tagen hatte Olivier etliche Stunden Filmmaterial gedreht. Doch dieses Mal lag seine Kamera im Kofferraum. Da wir zu viert im Wagen saßen, war der Platz ein wenig knapp.

Auf den verschneiten Straßen von Montreal, wo die Temperatur auf minus achtzehn Grad gesunken war, setzten wir die Debatte fort, die wir vor der Kamera begonnen hatten. Linda saß am Steuer. Dann klingelte ihr Handy.

Ich bemerkte, dass sie mich im Rückspiegel beobachtete, während sie ans Telefon ging. So durchdringend schaute sie mich an, dass der Wagen Schlangenlinien zu fahren begann. Ihre Uniform beruhigte mich keineswegs; ihre Schlenker flößten mir langsam Angst ein. Ich wollte nicht bei einem Autounfall sterben. Nicht gerade jetzt, das wäre zu dumm gewesen. Olivier und Patrick diskutierten weiter. Ich verstand nicht, was Linda mit der Person am anderen Ende redete, ich sah nur, wie sie mich im Rückspiegel anstarrte.

Auch Olivier begriff, dass etwas im Gange war. Aber er versuchte so zu tun, als wäre nichts, als wäre das alles ganz normal. Endlich beendete Linda das Gespräch. Ich sah, wie sie das Gerät zusammenklappte und es ganz langsam auf die Ablage zwischen den Vordersitzen legte. Dann hielt sie den Wagen an und drehte sich zu mir um.

»Fabienne, wir haben deine Tochter.«

Konnte ich es dieses Mal glauben? Ich gab mir Mühe, einen klaren Kopf zu bewahren, strengte mich an, so ruhig wie möglich zu bleiben und intelligente Fragen zu stellen.

»Heißt das, dass die Polizei weiß, wo sie ist, oder dass sie Habib festgenommen haben?«

»Sie haben die beiden gefunden. Deine Tochter ist in einem Kinderheim, und Habib sitzt im Gefängnis.«

Automatisch, ohne darüber nachzudenken, was ich tat, öffnete ich die Wagentür. Weil ich nicht drinnen bleiben konnte, weil ich frische Luft brauchte, so als hätte ich drei Jahre lang nicht richtig geatmet. Ich stieß die Tür auf, weil der Wagen zu eng war, um die Energie, die in mir aufstieg, auszuhalten. Er wäre explodiert. Und ich schrie wie ein Neugeborenes. Ich wurde ein zweites Mal geboren.

Dann sprangen alle aus dem Auto wie Schachtelteufelchen, zappelten wie die Hampelmänner, fingen an zu lachen und zu weinen, stießen Indianerschreie aus und wischten sich die Tränen ab.

»Scheiße, und ich hab die Kamera vergessen!«, höre ich Olivier noch schreien.

Genau wie mir liefen ihm die Tränen übers Gesicht, während er versuchte, Linda begreiflich zu machen, sie solle den Kofferraum öffnen. Seit sechs Monaten begleitete er mich, um diesen einen Augenblick zu filmen, in dem ich erfuhr, dass ich Sara gefunden hatte; er war mir mit der Kamera gefolgt, um dieses Gefühl einzufangen, diesen Schock, der alles mit sich reißt – und jetzt hatte er seine Kamera nicht dabei! Es war, als spotte das Schicksal über uns und gäbe uns zu verstehen, das Mysterium des Glücks müsse unangetastet bleiben. Unsichtbar für das bloße Auge. Doch ich weiß heute, was Glück ist. Ich bin ihm am Rand einer verschneiten Straße begegnet, am 6. Februar 2002 um dreizehn Uhr.

Ich war in Montreal und Sara in Halifax. Zwischen uns lagen noch ungefähr tausend Kilometer.

*

Linda setzte uns vor dem Hotel ab; sie wollte mich später anrufen und mir mitteilen, wann und wie ich Sara wiedersehen würde. Unterdessen wusste ich nicht mehr, wo ich wohnte, und ging die Straße in die verkehrte Richtung hinunter. Ich drehte um, doch ich konnte mich nicht auf das konzentrieren, was ich suchte, nämlich die Hotelhalle. Ich hatte nur noch meine Tochter im Kopf. Als ich den Eingang wiedergefunden hatte, war die Presse schon da und wartete auf mich, überschüttete mich mit Fragen, die ich nicht beantworten konnte. Meine Geschichte war durch einen Abgeordneten sogar bis ins Parlament getragen worden. Aber im Grunde wusste ich nichts, nicht einmal ob Habib, wie die Journalisten behaupteten, angehalten worden war, weil Sara den Sicherheitsgurt nicht angelegt hatte.

Zehn Minuten nachdem wir auseinander gegangen waren, rief Linda mich an. Ich fragte sie, ob ich mit Sara sprechen könne, aber sie fand es besser, wenn ich sie persönlich sah. Dann wollte ich wissen, wann ich nach Halifax fliegen sollte. Sie erklärte mir, in Nova Scotia müsse ein Gericht zusammentreten, das Habib schuldig sprechen und meine Papiere und Rechtsansprüche überprüfen würde. Das konnte bis zu drei Tagen dauern, und während dieser Zeit würde meine Tochter in einer sozialen Einrichtung untergebracht werden.

In diesem Moment war ich bereit, alles zu akzeptieren. Ich hörte zu, ich nickte, aber verstand ich überhaupt etwas? Drei Tage, drei Jahre ... Natürlich kam es jetzt auf drei Tage nicht mehr an.

Eine Stunde später war mir klar, dass ich nicht warten

konnte. Unmöglich. Es war undenkbar, dass eineinhalb Stunden Flug mich von Sara trennen sollten. Ich reservierte einen Platz im ersten Flug nach Halifax, der am nächsten Morgen um sechs Uhr ging.

In meinem Koffer nahm ich alle offiziellen Papiere mit – die Zuerkennung des Sorgerechts, das Urteil gegen Habib, meinen Pass, in dem beide Kinder standen. Und außerdem musste ich meiner Tochter dringend ihre Katze Pichi bringen.

So wie ich es inzwischen gelernt hatte, teilte ich den Behörden nur mit, dass ich den Flieger um sechs Uhr nehmen würde. Und ich bat darum, meine Ankunft zu organisieren, damit sie so diskret wie möglich vonstatten ging.

In dieser Nacht schloss ich kein Auge. Zunächst, weil das Telefon alle zehn Minuten klingelte: die Botschaft, das Ministerium, Linda, der Richter ... Die Journalisten belagerten meine Tür. Sie hatten es geschafft, sich bis in den Flur vor meinem Zimmer zu schleichen. Um sicherzugehen, dass sie nicht hörten, welche Termine ich vereinbarte, telefonierte ich im Badezimmer.

In Frankreich wollte ich erst anrufen, wenn ich mir vollkommen sicher war. Ich hatte mir über alle möglichen Kanäle bestätigen lassen, dass Sara in Halifax bei einer Sozialarbeiterin gut untergebracht war. In Nantes war es acht Uhr morgens, als ich endlich die Nummer meiner Eltern wählen konnte.

Papa ging ans Telefon.

Sofort bat ich ihn, mir Eva zu geben und den Lautsprecher einzuschalten. Meine kleine Tochter sollte es als Erste erfahren. War ich nicht ihre Abgesandte, hatte ich nicht all das für sie getan und erst dann für mich?

»Eva?«, konnte ich noch sagen. »Mein kleiner Schatz? Mama hat Sara wiedergefunden ...«

Und dann brach ich unter Tränen auf meinem Bett zusammen. Freudentränen, in denen sich drei Jahre des Schmerzes Bahn brachen.

Meiner jüngsten Tochter kam das alles ziemlich merkwürdig vor. Warum fingen in dem Moment, in dem Sara endlich gefunden war, ihr Opa, ihre Oma, ihre Mama und alle um sie herum zu weinen an?

»Weißt du, mein Schatz, man weint auch, wenn man glücklich ist«, versuchte ich ihr zu erklären.

Aber um das zu verstehen, war Eva noch zu jung.

Währenddessen war Patrick Bergeron mein Mittelsmann. Man hatte mir schon gesagt, dass es Sara ausgezeichnet gehe, aber von ihm musste ich wissen, ob meine Tochter sich noch an mich erinnerte. Man hatte mich eingehend vor den Schwierigkeiten bei einem solchen Wiedersehen gewarnt, mir erklärt, Kinder, die die Verhaftung des anderen Elternteils miterlebt hätten, reagierten möglicherweise feindselig; und ich hatte schreckliche Angst, Habib hätte Sara vielleicht angelogen, ihr gesagt, ich sei tot, und die Erinnerung an mich ausgelöscht. Ich musste wissen, was mich erwartete ...

Erinnerte sie sich an mich? Ich wartete auf die Antwort, wie ein Angeklagter vor Gericht sein Urteil erwartet.

Aber ja, sie erinnerte sich, und sie wusste auch noch, dass sie eine kleine Schwester hatte.

Dem Himmel sei Dank! In drei Jahren hatte ich Sara nicht ganz verloren.

Olivier überredete mich, einen Auftritt in einer Sondersendung anzunehmen, die Maisonneuve mir widmen wollte. Ich musste die Erwartungen der Journalisten erfüllen, denen ich so viel verdankte. Das war die Gelegenheit, der Presse meinen Dank abzustatten, der Polizei und dem Land, das mir meine Tochter wiedergeschenkt hatte. So erfuhr ganz Kanada, dass sechs Wochen nach Weihnachten für eine Französin aus Nantes – einem dieser französischen Häfen, aus denen vor einigen hundert Jahren Tausende von Auswanderern gekommen waren – das schönste Märchen Wirklichkeit geworden war, das sie sich nur vorstellen konnte. Ich hatte Sara noch nicht gesehen; ich wandelte wie im Traum. Die Konfrontation mit der Realität stand mir noch bevor.

Sie begegnete mir zuerst in der Reportage, die Habib bei seiner Festnahme zeigte.

»Ich bedaure nichts«, erklärte er lächelnd. »Meine Tochter ist ein Engel und Kanada ein wunderbares Land.«

Er war immer noch der Verführer, der Lügner, der Überhebliche, der lieber die Bande zwischen seinen Töchtern zerrissen hatte, als sich geschlagen zu geben. Für Eva hatte er kein Wort übrig gehabt. Ich hatte versucht, ihn zu achten, hatte gehofft, dass er irgendwo tief in seinem Inneren seine Fehler bereute. Doch in diesem Moment wurde mir klar, dass er sich niemals ändern würde.

*

Noch eine Stunde Autofahrt trennte den Flughafen von Halifax von dem Heim, in dem Sara Aufnahme gefunden hatte. Ich hatte darum gebeten, mir bei meiner Ankunft einen Wagen zur Verfügung zu stellen.

Als ich aus dem Flugzeug stieg, führte die Polizei mich zum VIP-Ausgang, wo ich vor den Reportern, die mich erwarteten, geschützt war. Der französische Konsul empfing mich und erklärte mir, dass Sara doch hier auf mich warte. Sie sitze in einem Konferenzraum. Ich stotterte irgendetwas.

Durch einen Flur, der kein Ende nehmen wollte, folgte ich ihm. Ich bewegte mich in einem eigenartigen Vakuum und konnte keinen Gedanken fassen.

Plötzlich öffnet man mir eine Tür. Mehrere Personen drehen sich zu mir um. Einige tragen Uniform. Ich sehe zwei

Kinder. Ein kleines brünettes Mädchen mit gerade geschnittenem Haar und ein anderes, groß und schmal, mit zwei Grübchen und riesigen schwarzen Augen, das auf einer Couch sitzt. Es sieht mich an, ohne sich zu rühren, wirkt wie vom Donner gerührt.

Das ist das Gesicht, das ich fast drei Jahre in mir getragen habe. Nicht das, das eines Abends auf meinem Computerbildschirm erschienen war. Nein, das andere. Ich konnte es kaum glauben, aber ich hatte Sara wiedergefunden.

Auch davor hatte man mich gewarnt. Die Szenen, in denen man sieht, wie Kinder sich in die Arme ihrer Eltern stürzen, die gehören nach Hollywood oder zum letzten Schultag, wenn alles gut ist, wenn man erst am Morgen auseinander gegangen ist und es kaum erwarten kann, gemeinsam in den Zoo zu gehen.

Im wirklichen Leben taucht in solchen dramatischen Momenten plötzlich eine eigenartige Zurückhaltung auf und errichtet eine Barriere zwischen Menschen, die so sehr gelitten, die einander so lange gefehlt haben, dass sie nicht mehr wissen, wo sie ihre Geschichte weiterführen, an welchem Ende sie den Faden aufnehmen sollen. Und zwischen Sara und mir standen drei Jahre Trennung. Drei Jahre Schweigen, ein unergründliches Geheimnis und ein Vater, der ihr verboten hatte, von mir zu sprechen. Offensichtlich war sie sich im Unklaren darüber, ob sie zu mir gehen durfte. Die Polizisten, die Habib festgenommen hatten, befanden sich im Raum. Sie wartete ab.

Uns fehlten drei Jahre, in denen wir nichts voneinander gewusst hatten. Diese Zeit war nicht mehr aufzuholen. Nichts und niemand konnte etwas daran ändern, auch nicht das Schulheft, in dem ich versucht hatte, die tausend kleinen Ereignisse festzuhalten, die unseren Alltag belebt hatten, als sie nicht dabei war, und die jetzt mit einem Mal ihre Substanz verloren, als wollten sie sich nicht erzählen, nicht aussprechen lassen, als hätte die Gegenwart die merkwürdige Eigenschaft, sich in den Erinnerungen aufzulösen und in eine Vergangenheit zu verwandeln, die nur die Phantasie eines Tages wieder lebendig machen kann – vielleicht, aber niemals mit demselben Duft, denselben Farben und nie vollkommen wahrhaftig.

Warum wohl habe ich in dem Moment, als ich in den Raum im Flughafengebäude trat, meinen Mantel ausgezogen? Was wollte ich damit ausdrücken – dass die Reise zu Ende war, dass ich mein Ziel erreicht hatte? Oder wollte ich meine Tochter nicht erschrecken, so tun, als wäre es normal, sich nach einer so langen Trennung hier wiederzusehen? Ich streckte ihr die Hände entgegen und ging auf sie zu. Sie stand nicht auf, daher setzte ich mich und zog sie endlich in meine Arme.

In den Filmaufnahmen sehe ich noch einmal mein tränenüberströmtes Gesicht und das ihre: erstaunt, beinahe kühl, das Gesicht eines kleinen Mädchens, das zugesehen hat, wie die Erwachsenen einander zerfleischt und verfolgt haben, und das vielleicht lieber anderswo wäre, in einem einfacheren Leben, einer Welt mit weniger Emotionen, wo es mit anderen Kindern spielen würde oder mit seiner kleinen Schwester. Sie sah mich an wie ihre Mutter und zugleich wie eine Fremde. Wie ein Kind, das bei Nacht an Feen glaubt, sich aber am Tage nicht mehr ganz sicher ist. Existierte ich wirklich oder war ich eine Illusion? Was war Realität?

Sara gab mir die Zeichnung, die sie angefertigt hatte, während sie auf mich wartete.

Darunter hatte sie geschrieben: *I love you, mummy.*

Sara hatte mich so weit verloren, dass sie ihre Muttersprache nicht mehr beherrschte. Drei Jahre nachdem sie mich verlassen hatte, sprach sie kein Französisch mehr, verstand kein einziges Wort. Mary hatte nicht gelogen. Habib hatte mich aus ihrem Gedächtnis getilgt und ihr sogar unsere gemeinsame Sprache weggenommen. Sara hatte unser gemeinsames Leben vergessen. Alles? Nicht ganz ...

Sie sagte mir noch einmal, dass sie mich liebe, und dann setzte sie hinzu:

»I want Eva.«

*

Die Erzieher waren erstaunt gewesen, dass ich begleitet von einem Fernsehjournalisten auftauchte. Sie baten Olivier, nicht zu filmen. Sie glaubten, die Kamera würde Sara Angst machen, und sie dachten wahrscheinlich, dieser Mann sei hinter mir hineingeschlüpft, um Sensationsbilder zu filmen. Sie hatten ja keine Ahnung, dass diese Bilder ein Teil meiner Erinnerungen waren, unserer Erinnerungen.

Wir erlebten den einzigartigen Augenblick, von dem ich nicht einmal mehr zu träumen gewagt hatte. Und ich hatte viele Menschen, mit denen ich ihn teilen wollte: Eva, meine Eltern, all meine Freunde. Olivier hielt sich vier Meter hinter uns und entfernte sich, als man uns in ein kleines Nebenzimmer führte.

Wir beide waren allein. Sara saß auf meinen Knien und schlief fast auf meinem Bauch ein, während ich sie wiegte und die Worte nur so aus mir heraussprudelten, weil ich ihr alles erzählen wollte. Als könnte man damit die verlorene Zeit aufholen. An diesem Tag wurde ich zum dritten Mal Mutter, die Mutter eines großen Mädchens von sechs Jahren, das mir vor drei Jahren entrissen worden war.

Ich wollte ihr von allem berichten, was bei uns in dieser Zeit passiert war, dass sie einen Cousin bekommen hatte, ihre Onkel geheiratet hatten und ihre Tanten Babys erwarteten, von Opa und Oma ... »Erinnerst du dich?«, fragte ich, und sie nickte.

Aber ich spürte, dass sie mir nur einen Gefallen tun wollte. Doch sie suchte nach den Erinnerungen, wie jemand, der das Gedächtnis verloren hat und seine Geschichte rekonstruieren will. Ich schloss sie in die Arme, sagte ihr noch einmal, dass ich sie liebte. War das nicht das Wichtigste? Hatten wir nicht noch unser ganzes Leben lang Zeit, um die Vergangenheit wiederherzustellen? Sie hörte zu, als fände sie ein fernes Gefühl wieder, eine vergessene Empfindung, den Körper einer Mutter.

Und ich erzählte ihr von Eva, sagte ihr, wie groß sie geworden war, und dass sie die Kleine nicht wiedererkennen würde.

»I want Eva«, sagte sie noch einmal leise und kläglich.

Ich musste ihr erklären, dass sie zu klein für diese weite Reise war und dass sie uns in Nantes erwartete. Aber ich sagte ihr, dass ich Fotos mitgebracht hätte.

Gemeinsam öffneten wir meinen Koffer. Wir knieten uns hin wie unter den Weihnachtsbaum. Jetzt brauchten wir nicht mehr nach Worten zu suchen. Die Bilder erweckten unsere gemeinsamen Erinnerungen zum Leben.

Sara war begierig. Sie wollte alles anschauen, alles verstehen. Aber die Bilder, die sie am meisten fesselten, waren die, die sie mit ihrer kleinen Schwester, die damals ein Baby war, zeigten, insbesondere eines, auf dem sie zusammen badeten. Seitdem hat sie sich nicht mehr davon trennen wollen.

Und da erzählte sie mir, dass Habib ein Foto von Eva gehabt hatte, das sie beide geküsst hatten. Dann rannte sie weg, um der Betreuerin, die sie nach der Verhaftung ihres Vaters aufgenommen hatte, triumphierend das Bild ihrer kleinen Schwester zu zeigen, das Bild, durch das sie zu einem Kind wie alle anderen wurde.

Das war die Gelegenheit, mich den Menschen vorzustellen, die in dem Konferenzraum warteten.

Außer dem Flughafenpersonal und den Offiziellen begrüßte ich die beiden Männer, die Habib festgenommen hatten. Einer von ihnen war Familienvater; er hatte seine jüngste Tochter mitgebracht, die in Evas Alter war.

Meine Tochter und die seine vergaßen die großen Dramen des Lebens, spielten Verstecken und zeichneten zusammen. Gerührt betrachtete ich die beiden Gestalten. Sie kamen mir wie eine Verheißung vor, das Bild zweier Schwestern, die ich bald wieder zusammen sehen würde. Währenddessen erzählte mir der Polizist, wie er und sein Kollege meinen ehemaligen Lebensgefährten festgenommen hatten.

Natürlich hatten sie in einem bestimmten Moment Sara aus den Armen ihres Vaters reißen müssen, aber sie hatten versucht, äußerst behutsam vorzugehen. »Ich wusste, dass es vorbei war«, hatte Habib sogar gesagt.

Warum hatte er mich dann weiter gequält? Wie weit hatte er gehen wollen? Die beiden hatten daran gedacht, die Decke und das Kuscheltier mitzunehmen, einen Plüschaffen, den Sara auf dem Rücksitz des Autos liegen gelassen hatte; mit einem ganz ähnlichen Stofftier, das einst ihrem Onkel Cedrick gehört hatte, hatte sie in Nantes oft gespielt. Den Rest – das übrige Spielzeug und die Koffer – würde ich bald bekommen, versprachen mir die Polizisten.

Ich fragte den Beamten, was Sara über mich gesagt habe, als sie ohne ihren Vater allein mit ihr waren.

»Sie hat mir von dem Blut erzählt, das Sie in den Augen hatten, und sie hat gesagt, das sei Ihre eigene Schuld gewesen«, sagte er.

Sobald wir beide allein waren, hatte Sara die Haarsträhne hochgehoben, die ich immer über die eine Hälfte meines Gesichts fallen lasse. Mit dem Finger war sie die Narbe entlanggefahren und hatte nachgesehen, ob die Verletzung unter meinen Haaren weiterging. »Du hattest Blut im Auge«, sagte sie zu mir.

Sie wollte wissen, warum.

Uns blieben noch fünf Stunden bis zum nächsten Flug nach Montreal, fünf Stunden in diesem Besprechungszimmer, außerhalb der Welt – wie in einer Dekompressionsschleuse –, um uns an das Leben auf der Erde zu gewöhnen. Das richtige Leben, nicht die Existenz, die ich geführt hatte, dieses Gefühl, jeden Tag ein wenig zu sterben. Nein, das normale Leben mit seinen nichts sagenden Beschäftigungen, den kleinen Sorgen einer Mutter, die für sich und ihre Tochter die Heimreise zu organisieren hat.

Meine Tochter. Meine Tochter ist bei mir, ich schmiere ihr ein Butterbrot ... Ich fragte mich, ob ich nicht träumte. Ich musste die einfachen Gesten neu erlernen, sie an der Hand halten, entdecken, dass ich sie nicht mehr ausziehen brauchte, wenn sie duschen sollte, oder sie waschen. Erfahren, dass sie lesen und schreiben konnte. Und dass sie viel besser Englisch sprach als ich und mich wegen meines Akzents oder meiner Grammatikfehler tadeln konnte.

Ich nahm mir fünf Minuten Zeit und stellte mich zusammen mit den beiden Polizisten, die Habib verhaftet hatten, den Journalisten. Ihnen Sara vorzuführen kam allerdings nicht in Frage. Ich selbst hatte mich ohne zu zögern exponiert, aber jetzt war ich wieder Mutter und wollte mein Kind beschützen. Daher brachte ich ihnen ein Polaroidfoto mit, das die Betreuerin von uns gemacht hatte. Dieses Bild sollte durch die ganze Presse gehen.

Dann sagte ich ihnen, dass ich schnell zu Sara zurückwolle. Sie applaudierten, als ob der Vorhang unserer Liebesgeschichte gefallen wäre; als ob das Stück zu Ende wäre.

Für sie war das auch so; Kanada hatte den Übeltäter bestraft und mir meine Tochter zurückgegeben.

Aber ich musste mir jetzt noch meinen Traum erfüllen, die Wiedervereinigung von zwei Schwestern. Ich war um sechs Uhr morgens aufgebrochen, und ich würde erst am nächsten Tag um vierzehn Uhr wieder in Nantes sein. Und ich würde keine Ruhe haben bis zu dem Augenblick, in dem ich Sara die Tür ihres Zimmers öffnete, das neben dem Evas lag.

11

Eineinhalb Stunden Flug trennten Halifax von Montreal, dann sechs Stunden bis Paris, noch eine von Paris bis Nantes, dazu die Wartezeiten, die Zeitverschiebung – es war eine lange Reise, und uns beiden kam sie noch länger vor als der reale Abstand zwischen den beiden Seiten des Atlantiks: Wir liefen der Zeit nach, der Liebe, wir versuchten, die Trennung aufzuholen.

Dieser Tag, an dem wir nach Hause zurückkehrten, war der Tag der ersten Bekenntnisse. Zuerst von Sara und später von den Kanadiern erfuhr ich die ersten Einzelheiten über die drei Jahre, in denen meine Tochter fern von mir gelebt hatte, und konnte nach und nach die letzten fünf Tage ihres Zusammenlebens mit Habib rekonstruieren, von dem Moment an, in dem Leila mich im Ponyklub angerufen hatte, bis zu dem, in dem ich sie endlich in die Arme geschlossen hatte.

Am Freitag der Woche vor seiner Verhaftung hatte Habib seinem Vermieter in Toronto erklärt, er fahre mit seiner Tochter in die Ferien. Er hatte ihre gesamten Sachen mitgenommen.

Für seine Anerkennung als politischer Flüchtling, die er im Dezember 1999 beantragt hatte, hatte Habib arbeiten müssen. Er konnte tapezieren, und er arbeitete auch als Fliesenleger, was er gelernt hatte, als er das alte Haus seines Bruders in Chauvé renoviert hatte. Sara ging seit etwas über einem Jahr zur Schule. Sie war im Jahr 2000 in die Vorschule aufgenommen worden und, nachdem sie innerhalb von sechs Monaten Englisch gelernt hatte, in die erste Klasse übergegangen.

Niemals hatte sie jemandem erzählt, dass sie entführt worden war. Sie sprach nicht von ihrer Mama. Sara war ein fröhliches Kind, und nichts ließ vermuten, dass sie eine Tragödie erlebt hatte.

Schon nachdem Mary im Oktober 2000 in San Francisco verhört worden war, hatte Sara in der Schule vierzehn Tage gefehlt. Sie war wieder aufgetaucht, ohne eine Erklärung abzugeben, und hatte ihrer Lehrerin nur anvertraut, sie sei mit dem Flugzeug geflogen. Und jetzt war sie von neuem verschwunden. Aber inzwischen hatten ihre Klassenkameraden aus dem Fernsehen ihre Geschichte und ihren richtigen Namen erfahren.

Die Flucht dauerte fünf Tage, in denen Sara den Wagen ihres Vaters fast nicht verließ. Da in der Nacht die Temperatur auf minus fünf oder minus zehn Grad sank, schlief sie in einem Schlafsack.

Nachdem Habib mich in einem Hotelzimmer auf dem Bildschirm gesehen hatte, musste er unserer Tochter gestehen, dass ich auf der Suche nach ihr war. Ob aus Angst, erkannt zu werden, davor, sich durch seine Bankkarte zu verraten, oder aus Furcht vor Saras Fragen, jedenfalls hatte er sich entschieden, die Flucht zu ergreifen, und ein sechsjähriges Kind mit auf die winterlichen Straßen Kanadas geschleppt.

Das ganze Land war auf der Suche nach ihm. Er konnte keinen Proviant kaufen, aus Angst, ein Lebensmittelhändler würde ihn erkennen. Die beiden ernährten sich von einer großen Tüte Äpfel, die er im letzten Moment vor der Abfahrt in den Wagen geworfen hatte. Wenn sie einen leeren Selbstbedienungsimbiss sahen, hielten sie oft an, um heiße Schokolade zu trinken.

Zu Recht hatte ich nach meiner gescheiterten Reise in die Vereinigten Staaten gefürchtet, er könne einfach in der Nacht verschwinden und ins Nichts flüchten. Genau das hatte er vier Monate später getan.

Sara hatte er erzählt, sie würden ein großes Abenteuer auf einer einsamen Insel erleben. Sie fror, sie war hungrig, aber das scherte ihn nicht. Er zwang ihr seinen Traum auf; schon lange hatte er sich in seiner Phantasie eine Welt geschaffen, die nicht mehr viel mit der Wirklichkeit zu tun hatte.

Bereits als er sich um die Anerkennung als politischer Flüchtling bemühte, hatte er erklärt, seine Frau und seine jüngste Tochter säßen im Iran im Gefängnis. Vielleicht glaubte er das ja auf gewisse Weise ... Waren wir für ihn nicht Gefangene seiner Feinde?

Während dieser Jahre hatte Habib nicht die kleinste Nachricht an Eva geschickt. Aber er hatte seinen Nachbarn erzählt, er hoffe, seine jüngere Tochter nachholen zu können, die bei ihren Großeltern im Iran zurückgeblieben sei. Eines Tages war er tatsächlich abgereist. »Ich gehe und versuche, Eva zu holen«, hatte er Sara gesagt, bevor er sie in der Obhut einer alten Dame zurückließ.

»Zu der Zeit war sie zwei Jahre alt«, erklärte mir Sara.

Seine älteste Tochter war der Mittelpunkt seines Universums, und er ließ ihr alles durchgehen. Nur bei einem Thema war er unerbittlich.

»Wenn ich von dir gesprochen habe, Mama, hat er mich im Dunkeln eingesperrt.«

Was passiert im Dunkeln, hinter verschlossenen Türen? Sara war verängstigt und hörte schnell auf, meinen Namen auszusprechen. Erst als sie mich wiedersah, musste sie es unbedingt wissen, als wäre ihre Erinnerung in diesem Moment stehen geblieben: So viel Blut, wie war das möglich?

Sie hatte also doch nichts von dem gesehen, was sich hinter der Badezimmertür abgespielt hatte. Sie hatte nur mein Bild mitgenommen, das einer lebenden Toten, blutüberströmt und Furcht einflößend.

Ich brauchte drei Tage, bis ich die Worte aussprechen konnte, die sie von mir hören wollte. »Papa hat mich geschlagen«, sagte ich zuerst.

Aber wie kann ein Schlag eine solche Verletzung hervorrufen? Sara verstand es immer noch nicht. Sie ließ nicht locker, stellte zehn Mal dieselbe Frage.

»Woher ist denn das ganze Blut gekommen, Mummy?«

Ich wollte sie schützen, mich selbst schützen, aber sie brauchte diese Erklärung.

»Papa hat das getan, mit einem Messer«, brachte ich schließlich leise heraus.

Bei ihrem albernen Kichern lief es mir kalt den Rücken hinunter. Ja, Sara lachte. Die Abwehr eines Kindes, das erfährt, dass der Mann, den es liebt, ein Ungeheuer ist, und das im selben Moment die Grausamkeit der Welt erkennt. Die Schutzreaktion eines kleinen Mädchens, das um jeden Preis das Entsetzen verleugnen will.

»Ein Messer, damit putzt man doch Gemüse«, sagte sie nur.

Und sie hat nie wieder davon gesprochen. Im hellen Licht der Realität, der Logik, hatte der Albtraum seine Macht verloren.

*

Zwischen zwei Flügen entdeckte ich ganz neu, welchen Spaß es machte, für meine Tochter einkaufen zu gehen. Ich erinnere mich noch an das erste Buch, das erste Puzzle, das ich ihr kaufte. Seit zwei Jahren hatte ich mir dieses Vergnügen untersagt. Die Puzzles hatten jetzt mehr Teile, aber Sara hatte sich nicht verändert. Immer noch liebte sie die Logik und hatte immer noch ein gutes Herz.

»Ich will Geschenke für Eva kaufen«, hatte sie mir erzählt.

Als sie in einer Zeitschrift blätterte, fiel mir auf, dass sie lesen konnte ...

Wir ließen uns nicht los, wir klebten aneinander, im Schlaf wie im Wachen.

Bis zu unserer Ankunft in Paris fürchtete ich noch, an einer Grenze aufgehalten zu werden. Erst wenn wir in Nantes landeten, würde ich das Gefühl haben, zu Hause zu sein. Dieser letzte Flug war meine Rückkehr ins richtige Leben.

Man ließ uns erst von Bord, als alle anderen Passagiere ausgestiegen waren. Der letzte Flur, die letzte wartende Menschenmenge, die weit entfernt hinter Glasscheiben zu erahnen war. Nur, dass ich jedem dieser Menschen, die dort warteten und sich nicht zu nähern wagten, einen Namen zuordnen konnte, eine Erinnerung, ein Päckchen Bonbons, einen Anruf, einen Scheck oder einen Kuss.

»Würde es dich stören, wenn wir euch zu mehreren abholen kommen?«, hatte Mama mich am Telefon gefragt.

Ganz im Gegenteil, ich wollte, dass die ganze Welt kam! Damit alle Zeugen dieses Wunders wurden, von Saras Heimkehr. Mindestens zweihundert Menschen waren gekommen. Meine Familie, meine Freunde, meine Nachbarn. Zwanzig von den fünfunddreißig Schwestern der Intensivstation, die Polizisten aus Nantes, Vereinsmitglieder.

Meine Brüder ließen Papa keinen Moment los. Ein komisches Bild gaben sie ab, wie sie sich gegenseitig an den Schultern festhielten und weinten. Ich glaubte, dieser Moment war nötig, damit ich endlich erahnte, was sie gelitten hatten. Bis jetzt war mein Schmerz so groß gewesen, dass ich dahinter den der anderen nicht wahrgenommen hatte.

Meine Großmutter hatte ihr Taschentuch herausgezogen und die Brille abgenommen.

Seit Saras Entführung hatte Mamie Ninette, die vierundachtzig ist, dagegen gekämpft, das Gedächtnis zu verlieren. Ein paar durch ihr hohes Alter getrübte Erinnerungen, mehr war ihr von ihrer Enkelin nicht geblieben. Sie hatte geglaubt, diese Welt verlassen zu müssen, ohne sie je wiederzusehen.

Auch der inzwischen siebenjährige Maël war gekommen und hatte einen Teddybär für seine einstige »Verlobte« mitgebracht. Doch all diese Menschen, die unser Glück zu Tränen rührte, erstarrten, als sie Eva hörten. Eva, die noch keine vier war, die plötzlich vor den Absperrungen auftauchte, die zu hoch waren, um sie aufzuhalten, Eva, der Dreikäsehoch, der sich auf seine Schwester stürzte.

»Sara, Sara«, schrie Eva aus Leibeskräften.

»Schau, da ist Eva«, konnte ich Sara gerade noch zuflüstern.

Eine überflüssige Erklärung. Und dann brach ich zusammen. Mein Kampf war zu Ende, meine beiden Töchter waren wieder vereint.

*

Sara ließ mich sofort allein, um zu ihrer Schwester zu gehen. Die beiden tauschten ihre Geschenke aus, legten sie auf die Erde und setzten sich daneben, um sie auszupacken. Dann, als sie fertig waren, gingen sie ein bisschen zur Seite, wobei Eva Sara an der Hand führte. Als wäre ihnen der Aufstand peinlich, den die Erwachsenen veranstalteten, unsere Umarmungen, unsere Tränen.

So verblüfft waren wir, sie so beschäftigt und so ernst zu sehen, dass wir sie nicht zu stören wagten. Über eine Stunde blieben wir auf dem Flughafen, sahen ihnen aus der Entfernung beim Spielen zu und konnten es nicht glauben. »Sara hat sich überhaupt nicht verändert!«, sagten mir die anderen, im selben Tonfall, in dem man, wenn alles normal verlaufen wäre, ausgerufen hätte: »Wie groß sie geworden ist! Ich hätte sie fast nicht wiedererkannt ...« Wir spürten alle das Bedürfnis, diese drei Jahre auszulöschen, die uns einander beinahe entfremdet hätten.

Alle staunten darüber, wie meine beiden Töchter sich sofort zusammenschlossen; und das, obwohl sie getrennt worden waren, als sie noch gar nicht richtig miteinander sprechen konnten, als Eva erst neun Monate alt war. Drei Jahre später konnten sie sich immer noch nicht in derselben Sprache verständigen. Aber das schien ihnen egal zu sein. Eva wiederholte die englischen Wörter, die ihre Schwester ihr vorsagte.

Wir blieben ewig in der Halle stehen, während meine Kinder uns vergaßen und ein Gespräch begannen, das erst enden würde, wenn sie schlafen gingen.

Sobald wir nach Hause kamen, in die Wohnung, die mit den Champagnerflaschen und Blumensträußen wie für eine Hochzeit geschmückt wirkte, baten sie darum, zusammen baden zu dürfen.

»Ohne Spielsachen«, erklärte Sara. »Nur meine Schwester.«

Die Liebe zwischen zwei Schwestern ist etwas Wunderbares, beinahe Furcht Einflößendes, ein geteiltes Geheimnis, dessen Tiefe ein Außenstehender nur erahnen kann. Wie ein schöner Vogel, den man großgezogen hat und der einem nun davonfliegt.

Auf dem Heimweg mussten wir an der Loire entlangfahren. Der Fluss führte uns nach Hause. Dieses braune Band erinnerte Sara plötzlich an etwas. Auf dem anderen Ufer hatte sie unser altes Haus erkannt. Dorthin wollte sie zurück; bestimmt rechnete sie damit, dort ihr Spielzeug, ihr Zimmer und ihre Vergangenheit wiederzufinden. Ich musste ihr erklären, dass wir umgezogen waren, weil ich zu viele schlimme Erinnerungen an die alte Wohnung hatte.

Sie betrat unser neues Heim wie ein unbekanntes Land, so als wäre sie »bei anderen Leuten«. Bis zu dem Moment, als sie die Tür zu ihrem Zimmer aufstieß. So lange schon war alles bereit und wartete auf ihre Rückkehr.

Sie sah den großen Schreibtisch ihres Vaters, den ich in ihr Zimmer gestellt hatte, ihre Bettdecke und all ihre Stofftiere. Eines nach dem anderen nahm sie in die Arme. Sie war zu Hause.

Aber sie wartete noch vierzehn Tage lang vergeblich darauf, dass man ihr die Spielsachen nachschickte, die sie in Kanada im Auto zurückgelassen hatte. Sie hatte »Monkey«, den Affen, mitgenommen, aber ihr fehlte sämtliche Kleidung und vor allem das »gelbe Heiatier« und das »grüne Heiatier«, eine Ente und ein Bär, mit denen sie einschlief, seit sie ein Baby war.

Die Sachen waren zusammen mit der persönlichen Habe ihres Vaters an ihre Großeltern väterlicherseits geschickt worden, die sie ihr nicht zurückgeben wollten.

»Die Stofftiere sind von keinem zentralen Interesse für das Verfahren«, musste mein Anwalt sich anhören, als er den Richter auf dieses Problem ansprach.

Bei ihrer Rückkehr aus Kanada hatte Sara nichts anderes anzuziehen als Boots und einen Schneeanzug ... Am Tag nach ihrer Ankunft, einem Sonnabend, mussten wir einkaufen gehen. Wie vor drei Jahren, als Habib mich vor die Tür gesetzt hatte und ich mich neu einkleiden musste.

Als wir in meinen Wagen steigen wollten, entdeckte sie, mit Klebeband auf dem Rückfenster befestigt, die Suchanzeige mit ihrem Foto.

»Hast du gesehen, Mama?«, fragte sie überwältigt.

Da erzählte ich ihr, dass ich lange nach ihr gesucht hätte. Viele Menschen hätten mir geholfen, Dutzende und Hunderte, von Nantes bis nach Amerika und Kanada. Niemand kann eine Mutter aufhalten, die nach ihrem Kind sucht, erklärte ich ihr. »Hat der auch nach mir gesucht?«, flüsterte sie mir seitdem ins Ohr, wenn wir einem Bekannten begegneten.

Am Sonntag nahmen wir das Plakat zusammen ab. Sara war zurück. Aber ich brauchte noch einige Zeit, um mich richtig an den Gedanken zu gewöhnen.

Jeden Abend vor dem Einschlafen unterhielt meine kleine Tochter sich mit mir. »Weißt du, vorher habe ich wegen dir geweint, und jetzt weine ich wegen Papa«, vertraute sie mir flüsternd an.

Aber sie hatte nicht ein einziges Mal einen Albtraum. Ich dagegen träume immer noch davon, dass ihr Vater kommt und sie mir wegnimmt.

*

Als vierzehn Tage nach unserer Rückkehr im Februar die Ferien zu Ende waren, wollte Sara wieder in die Schule gehen. Wir suchten für sie eine Lehrerin aus, die Englisch sprach, aber Sara fühlte sich zunächst wie eine Außenseiterin. Ihre Kameraden beobachteten sie und liefen ihr nach, und sie verstand kein Wort von dem, was sie sagten. Sie war »Sara aus Kanada«, die man im Fernsehen gesehen hatte ... Und dann kamen eines Tages bei Schulschluss zwei kleine Mädchen auf mich zugerannt.

»Geschafft! Jetzt spricht Sara Französisch.«

Zwei Monate hatten ihr ausgereicht, um unsere Sprache neu zu lernen.

Am 14. März, acht Tage nach Mamas Geburtstag, wurde Sara sieben Jahre alt. Ich hatte lange gebraucht, um das Versprechen zu erfüllen, das ich ihr kurz vor ihrem vierten

Geburtstag gegeben hatte: zusammen mit ihr ihre Kerzen auszublasen.

Während der Jahre, die ich nach ihr suchte, hatte ich eine merkwürdige Rechnung aufgestellt: Wenn sie mehr Geburtstage allein mit ihrem Vater feierte, als sie mit mir begangen hatte, dann würde sie mich vergessen ... Drei Wochen später, und es wäre so weit gewesen.

Auch für Sara begann ein neues Leben.

»Das ist mein erster Geburtstag!«, sagte sie. »Wenn ich acht werde, ist es der zweite!«

Ihre Einkaufsliste hatte sie noch auf Englisch geschrieben: *Ice-cream, balloons* ... Es wurde ein wunderbares Fest. Ein kleines Mädchen von sieben Jahren feierte mit all seinen neuen Freunden seine Wiedergeburt. Wie früher war sie die Königin der Feier, und Maël war immer noch der König.

Seit sie sich wiedergefunden haben, streiten meine Töchter sich nicht mehr, nicht einmal, wenn Eva nicht in ihr Zimmer gehen will, nicht einmal, wenn sie ihre Schwester keinen Moment in Ruhe lässt. Sie wetteifern darum, wer als Erste auf meinen Schoß klettert, als Erste an meinen Hals springt, und oft bringen sie mich zu Fall, wenn sie versuchen, mich zu umarmen. Aber einen Streitpunkt gibt es zwischen ihnen, über den sie mehrere Tage diskutiert haben: Wer ist die Ältere?

»Ich bin zuerst geboren«, beharrte Sara.

»Aber ich war vor dir da. Du bist später gekommen«, gab Eva zurück.

Ich musste die Fotos hervorholen, die beweisen, in welcher Reihenfolge sie geboren sind. Da war Sara kurz vor ihrem vierten Geburtstag, wie sie Eva als Baby auf den Knien hält. Aber für Eva wird Sara immer die große Schwester bleiben, »die später gekommen ist«.

Diesen furchtbar langen Krieg habe ich für sie geführt, für Eva und für Sara. Sie waren meine Wunde, und sie waren auch meine Kraft und mein Mut. Das weiß ich heute, wenn ich sie beide an den Händen halte wie in meinen Träumen. Endlich habe ich das Gefühl, mein Gleichgewicht wiedergefunden zu haben. Wie ein Seiltänzer halte ich meine Balancierstange fest.

Dass sie so unzertrennlich sind, ist mein Sieg. Ich sehe, wie die Große die Kleine am Rand des Bürgersteigs zurückhält, wie die Kleine neben der Großen steht und wartet, bis sie ihre Hausaufgaben beendet hat. Dann schlage ich ihr vor, solange in ihrem Zimmer zu spielen.

»Nein, ich warte auf meine Schwester«, antwortet sie mir bestimmt.

Sara hat Eva die ersten englischen Wörter beigebracht, und sie erzählt ihr auch von ihrem Vater. Die beiden führen lange Gespräche, in denen sie ihn zum Leben erweckt. Sara hat die Schachtel mit den Suchplakaten gefunden, die ich in ihren Schrank gestellt hatte. Darauf ist ein Foto von Habib abgedruckt. Sie bat mich um ein Plakat.

Ich faltete das Blatt zusammen und gab es ihr. Es fiel mir schwer zu sehen, wie sie es eines Abends unter ihr Kopfkissen steckte. Doch auch damit muss ich zu leben lernen: Mein Peiniger ist zugleich der Vater meiner Kinder.

Sara weiß, dass Habib etwas Böses getan hat, dass er nicht das Recht hatte, uns zu trennen. Ich habe ihr erklärt, dass Erwachsene genauso für ihre Fehler bestraft werden wie Kinder. Aber statt Stubenarrest zu bekommen, müssen sie ins Gefängnis. So verlangt es die Justiz. Ich sagte ihr, dass nicht ich die Gesetze gemacht habe, nicht ich ihren Vater verhaftet habe. Mir wäre lieber gewesen, unsere Familie hätte weiter existiert, selbst wenn unsere Zweierbeziehung tot war. Aber Habib hatte sich für die Gewalt entschieden. Und dafür musste er bestraft werden.

Sara wünschte sich, er würde ihr schreiben. Aber konnte Habib seiner Tochter an meine Adresse einen Brief schicken, ohne dass er in seinen Augen seine Niederlage eingestanden hätte?

Was Eva angeht, so hatte er nie daran gedacht, ihr die kleinste Nachricht zukommen zu lassen oder sich nach ihrem Wohlergehen zu erkundigen.

Regelmäßig fragte Sara mich, wann er aus dem Gefängnis käme. Ich antwortete ihr, das würden die Richter entscheiden, sobald er ihnen Rede und Antwort gestanden hatte.

»Aber wie soll er das denn machen?«, gab sie sofort zurück. »Er spricht doch gar kein Französisch!«

Sie musste auch lernen, dass ihr Vater log.

*

Am 13. Mai 2002, nach seiner Auslieferung an Frankreich, trat Habib Eghbal in Handschellen und von Polizisten umgeben vor Gericht auf und forderte seine Freilassung.

Sein Anwalt erklärte, seine Familie könne ihn aufnehmen und sein Bruder werde ihm Arbeit besorgen, doch das Gericht entschied, ihn weiter in Haft zu behalten. Nichts zwang mich dazu, der Szene beizuwohnen, aber ich wollte dabei sein. Ich wollte, dass er mich sah.

Dieser Mann hatte mich als Frau und als Mutter vernichten wollen. Er hatte mich besiegt, gedemütigt und zerschmettert zurückgelassen. Drei Jahre später wollte ich ihm zeigen, was aus mir geworden war. Ich war nicht mehr dieselbe. Durch den Schnitt, mit dem er mich hatte entstellen wollen, war ich zu einer anderen Person geworden. Das naive und zerbrechliche Mädchen gab es nicht mehr, auch wenn ich ihm noch ein wenig ähnlich sah. Ich hatte einen

Teil meiner Seele verloren, aber ich war stärker, würdiger wiedererstanden. Heute brannte ich darauf, ihm zu sagen: »Schau, trotz allem, was du mir angetan hast, stehe ich immer noch aufrecht! Ich habe geweint, ich bin verzweifelt, ich habe gekämpft, und am Ende habe ich mein Recht bekommen, und ich habe meine Kinder wiedergefunden.«

Wir wechselten kaum einen Blick. Habibs Anwalt verlangte eine Gegenüberstellung, aber das Gericht lehnte ab. Und es weigerte sich, ihn auf freien Fuß zu setzen. Ich sollte den Vater meiner Kinder erst bei seinem Prozess wiedersehen, der zwei Monate später stattfand.

An diesem Tag füllten meine Verwandten und Freunde den Gerichtssaal. Ich setzte mich in die erste Reihe, neben meine Mutter. Ich weiß nicht, warum man für mich ein Dutzend Polizisten als Leibwächter aufgeboten hatte, als ob ich hier irgendwie in Gefahr schwebte. Und zu der Zeit, als ich Angst um Eva hatte, war niemand bereit gewesen, sie bewachen zu lassen.

Habibs Eltern, die die lange Reise von Paris gemacht hatten, wirkten sichtlich niedergeschlagen. Auch sein Bruder und seine Schwestern waren gekommen und saßen auf der anderen Seite des Mittelgangs. Als wären wir in der Kirche und nähmen an einer Trauung teil; nur dass zwischen uns nichts als Feindseligkeit, Unverständnis und Groll herrschte.

Die Tür, durch die der Gefangene in den Gerichtssaal gebracht wird, öffnete sich. Habib trat mit erhobener Faust ein, wie ein Boxer, der vor dem Kampf seinen Gegner provozieren will.

Er sah mich sofort und richtete den gleichen hasserfüllten Blick auf mich wie vor drei Jahren. Meine Befürchtungen hatten sich bewahrheitet: Nichts hatte sich geändert. Weder seine Flucht noch seine Verhaftung oder die zwei

Monate, die er im Gefängnis von Nantes verbracht hatte, hatten es geschafft, seinen Panzer aufzubrechen, diesen schrecklichen Stolz. In diesem Moment hätte er mich am liebsten umgebracht. Er war sich nicht einmal bewusst, was er seinen eigenen Kindern angetan hatte.

Er nahm Platz, und wir saßen einander gegenüber. Eine Stunde lang ließen wir einander nicht aus den Augen.

Eine Stunde lang musterte ich ihn verächtlich, starrte ihn an. Vorbei die Zeit, als ich gekatzbuckelt hatte, die Zeit, als ich Angst hatte, die Zeit, als ich ihn liebte. Ich hatte das Bedürfnis, seinem Blick standzuhalten, und ich stellte mich ihm. Nie wieder würde er mich dazu bringen, die Augen niederzuschlagen.

Mama, die bemerkte, wie er mich fixierte, bekam Angst. Sie versetzte mir einen Stoß mit dem Ellbogen.

»Hör auf, Fabienne, das nützt doch nichts«, sagte sie.

»Lass mich in Ruhe«, erwiderte ich stur.

Meine Mutter hatte ja keine Ahnung, was aus mir geworden war, was die Entschlossenheit aus mir gemacht hatte.

Zu seiner Verteidigung nahm Habib die absurde Theorie noch einmal auf, die er seinen Bruder in dem Prozess, der in seiner Abwesenheit stattgefunden hatte, hatte vortragen lassen.

Er begleitete seine Demonstration mit einer grotesken Mimik, während er zu erklären versuchte, wie er mir die Hand umgedreht habe und ich unglücklicherweise auf meine Waffe gestürzt sei. Denn er wusste ganz genau, dass hier der Kern seines Falles lag. Saras »Entführung« war keine große Gefahr für ihn. Solche Angelegenheiten waren schon oft mit sechs Monaten auf Bewährung abgeschlossen worden.

Er hatte sogar Gutachten über die Narben an seinen Fingerspitzen anfertigen lassen und behauptete, das seien die Verletzungen, die ich ihm damals zugefügt habe.

Aber er gab sich nicht mit der Behauptung zufrieden, er habe mich niemals angegriffen, sondern fühlte sich bemüßigt, von meiner angeblichen Sittenlosigkeit zu erzählen. Er erfand die infamsten sexuellen Phantasien, die vor einem islamischen Gericht, in den Ländern, in denen Ehebrecherinnen gesteinigt werden, bei weitem ausgereicht hätten, um seine Handlungsweise zu rechtfertigen. Hatte er, mit den Augen des Korans gesehen, nicht jedes Recht, mir meine Kinder wegzunehmen und mich zu bestrafen?

Aber das reichte ihm noch nicht. Um diesem Eintopf noch orientalische Würze zu verleihen, beschuldigte er mich, eine kriminelle Krankenschwester zu sein, die für den Tod einer Patientin verantwortlich war.

Eine Stunde lang waren wir dazu verurteilt, sein perverses Geschwafel anzuhören, bis der Staatsanwalt ihn endlich aufforderte, zum Thema zurückzukommen, nämlich zu den Fakten, die ihn auf die Anklagebank gebracht hatten.

Ein Gutachten, das kurz nach dem Angriff erstellt worden war, bewies eindeutig, dass ich mich unmöglich selbst geschnitten haben konnte; ja, es stellte sogar fest, dass man mich hatte niederhalten müssen, um mich derart zu verletzen. Die Schnittwunde endete auf Ohrhöhe, um sich dann bis zum Unterkiefer fortzusetzen: Niemand fällt zweimal auf ein Messer ... Trotzdem erklärte Habibs Anwalt, er werde auf Notwehr plädieren. Dazu führte er einen neuen Expertenbericht an, der – nach drei Jahren! – behauptete, meine Verletzungen seien oberflächlich gewesen.

Der Klage wegen Vorenthaltung des Umgangsrechts entzog Habibs Verteidiger allerdings rasch die Grundlage. In dem Moment, als er mir Sara wegnahm, existierte kein Urteil, das besagt hätte, dass Habib nicht im Besitz des Sorgerechts war. Daher hatte er jedes Recht, sie mitzunehmen, wohin es ihm gefiel.

Unter den Zuschauern kam Stimmengewirr auf. Aber der Protest nützte nichts. Der Vorsitzende drohte, den Saal räumen zu lassen. Als die Sitzung aufgehoben wurde, war es beinahe Mitternacht.

*

Das Urteil wurde vierzehn Tage später gefällt. Habib Eghbal wurde zu zwei Jahren Gefängnis ohne Bewährung verurteilt, plus einem Jahr Strafaussetzung und zwei Jahren Bewährung.

In Relation zu den Fakten mag die Strafe lächerlich erscheinen, aber ich war zufrieden: Der Staatsanwalt hatte drei Jahre wegen Körperverletzung gefordert, und das Gericht war noch über seinen Antrag hinausgegangen. Der Vorsitzende hatte erklärt, die Rechtspraxis erlaube es ihm, die Vorenthaltung des Umgangsrechts zu berücksichtigen. Für mich bedeutete das, dass die Justiz endlich Saras Entführung anerkannte.

Freunde, die auf der Seite von Habibs Familie saßen, versicherten mir, dass ihm bei der Urteilsverkündung Tränen in die Augen getreten seien. Dieses Mal hielt er meinem Blick nicht stand. Sofort griff er zum Mikrofon und erklärte, er werde keine Berufung einlegen. Bekam sein Panzer endlich Risse? Der Vorsitzende erinnerte ihn daran, dass er zehn Tage Zeit habe, seine Entscheidung zu überdenken.

Schließlich änderte er doch seine Meinung. Ich würde das Ergebnis der Berufungsverhandlung am 1. Oktober 2002 abwarten müssen, um zu erfahren, zu welcher Strafe er wirklich verurteilt würde – das heißt bis ich Gewissheit bekam, wie lange ich ohne die Angst leben durfte, meine schlimmsten Albträume könnten doch noch Wahrheit werden.

Sara wusste, dass ihr Vater verurteilt werden würde, doch ich hatte es nicht eilig, ihr mitzuteilen, wie das Urteil lautete. Ich wusste, das es für sie ein schwerer Schlag sein würde. Aber sie vergaß den Termin nicht. Am Tag nach der Verhandlung fragte sie mich, ob ich wisse, wie lange er noch im Gefängnis bleiben müsse. Jetzt konnte ich nicht mehr ausweichen. Zwei Jahre, sagte ich ihr.

»Wie lange ist das, zwei Jahre? Bis nach den Ferien?«, wollte sie von mir wissen.

Also erklärte ich es ihr ...

»Du bist jetzt sieben – das ist, wenn du neun bist.«

Sie war schockiert. So lange! Zwei Jahre, das war ja mehr als ein Viertel ihres Lebens! Für sie eine Ewigkeit.

Eines Tages begleitete ich sie zu ihrem Schwimmkurs, und da begriff ich, dass sie die Entscheidung der Justiz akzeptiert hatte.

Eva war mitgekommen; sie wollte auch schwimmen lernen. Ich antwortete ihr, das könne sie erst, wenn sie sechs wäre.

»Das ist in zwei Jahren – wenn Papa aus dem Gefängnis kommt«, hörte ich Sara zu ihr sagen.

Was soll ich nur in zwei Jahren machen, wenn die beiden losrennen und um eine Straßenecke verschwinden?

Drei Jahre lang habe ich nicht gelebt. Denn es ist kein Leben, wenn man nach seinem Kind sucht; man hindert sich nur am Sterben. Manche Menschen haben mich für meinen Mut beglückwünscht, andere haben meinen Starrsinn beklagt, aber ich hatte keine andere Wahl. Heute kenne ich Frauen, deren Kinder zu lange Zeit fern von ihnen aufgewachsen sind und die sie nicht mehr sehen wollen; aber sie telefonieren ihnen bis ans Ende der Welt nach. Über so etwas kann man nicht diskutieren. Auch diese Frauen haben keine andere Wahl.

Drei Jahre lang habe ich keine Platte gehört, mit keinem Mann geschlafen, ich habe nicht getanzt und nicht gesungen. Ich habe nicht einmal wahrgenommen, wie meine Eltern litten. In unserer Familie haben wir nicht gelernt, große Worte zu machen. Liebe und Sorge drückten sich durch einfache Worte aus: »Komm doch auf einen Kaffee vorbei ...«

Wir wärmten uns an der Tasse auf und redeten über tausend unwichtige Dinge. Dann ging ich ein wenig leichteren Herzens in meine Wohnung zurück. Meine Last hatte ich bei Papa und Mama abgeladen, die sich niemals dagegen gewehrt haben.

Während dieser drei Jahre habe ich mir viele Fragen gestellt. Wie hatte ich so naiv sein können, dass ich einem Mann wie Habib meine Liebe und mein Vertrauen schenkte? Wer war ich, dass mir ein solcher Fehler unterlaufen konnte? Wie hatte ich meine Familie für eine Illusion opfern können? Ich stellte mir Fragen über Habib, über mich, die Liebe, die Polizei, die Justiz. Aber ich schottete mich hinter meinem Schmerz ab.

Ich nahm gar nicht wahr, wie Mama sich überarbeitete und ständig zur Verfügung stand, wie Papa sich quälte, dass meine Brüder ihre Hochzeit aufschoben. An dieser Schuld trage ich bis heute. Ich ertrage es nicht, an die Tränen meiner Brüder zu denken; ich war ihre große Schwester, ich war da, um sie zu beschützen.

Aber vielleicht ist das der Preis für den Kampf. Ich musste für ein einziges Ziel leben: Sara. Durfte mich nicht von dem Ziel, das ich erreichen wollte, ablenken lassen. Bis auf sie war alles belanglos. Alles, was in jenen Jahren in der Welt passierte, alles, was in meiner Familie geschah, wusste ich nicht oder gab nichts darum. Es interessierte mich nicht. Ich hatte weder Zeit noch Kraft zu verschenken, zu vergeuden. Ich verfolgte eine fixe Idee.

Wenn man mich heute fragt, ob ich das Gefühl habe, gewonnen zu haben, dann denke ich an dieses ganze Leiden. Und ich sage mir, dass der Sieg bitter ist. Aber vielleicht ist das ja immer so. Wenn die Soldaten nach Hause zurückkehren, bewahren sie die Erinnerung an ihre gefallenen Kameraden. Auch ich weiß, dass es Frauen und Männer gibt, die immer noch in demselben Albtraum gefangen sind wie ich damals.

*

Wir flogen alle drei noch einmal nach Kanada, auf Einladung des *Réseau enfant retour*, das seinen siebzehnten Jahrestag feierte. Wir begannen unsere Reise in Toronto. Um Saras willen. Ich wollte nicht, dass sie ein zweites Mal in ihrem Leben einfach verschwand, ohne dass sie Gelegenheit gehabt hatte, sich von den Kindern, der Lehrerin, der Babysitterin zu verabschieden, die sie an einem Freitag im

Februar plötzlich verlassen hatte, so wie sie drei Jahre zuvor aus Nantes verschwunden war. Einige ihrer Freunde hatten die Polizei schon um ihre Adresse gebeten, weil sie ihr Geschenke schicken wollten.

Wir hatten niemandem Bescheid gegeben und klingelten bei den Nachbarn, die uns sehr herzlich empfingen. Sie halfen mir, die Leere auszufüllen, diese drei Jahre des Schweigens. Sie führten mich durch das Haus, in dem Sara gewohnt hatte, zeigten mir Filme, die sie zu Weihnachten gedreht hatten, beantworteten meine Fragen. Ich weinte, als ich mich an meinen einsamen Schmerz zu dieser Zeit erinnerte, aber wenigstens wusste ich jetzt, dass Sara auch froh gewesen war, zumindest in solchen Momenten. Langsam schloss sich der Abgrund, der uns trennte.

Unsere Reise ging in Montreal mit einer Zeremonie in einer Kirche zu Ende, zu der sich alle Eltern versammelten, denen die Organisation zu helfen versuchte. Meine Freundin Linda und Patrick Bergeron erwarteten mich.

Vor dem Altar hatte man die Fotos der verschwundenen Kinder aufgestellt, von denen manche inzwischen erwachsen waren. Auf den Gesichtern der Männer und Frauen sah ich die ganze Trauer wieder, die ich schon vergessen hatte. Ungefähr hundert Menschen schauten uns, meine Töchter und mich, an diesem Tag an wie die Inkarnation der Hoffnung, die Bewahrerinnen eines Geheimnisses.

Ohne etwas vorbereitet zu haben, stieg ich auf das Podium, wo jeder seine Rede hielt. Ich wollte spontan sprechen, in Worten, die mir aus dem Herzen kamen. Ich wusste, was diese Menschen litten, und dass keine Ansprache ihnen Frieden schenken konnte. Ich konnte sie nur zum Weitermachen auffordern. Denn wie schwierig auch der Kampf sein mochte, den sie führten, nur er gab ihrem Leben jetzt noch Sinn.

»Suchen Sie immer weiter, geben Sie nicht auf. Ich weiß,

dass der Kampf Sie verschlingt. Aber ohne ihn haben Sie gar nichts mehr.«

Bestimmt bewog mich auch das schlechte Gewissen, ständiger Begleiter derjenigen, die Probleme gelöst haben, mit denen andere noch zu ringen haben. Aber ich wollte den Kampf weiterführen. Zusammen mit der Organisation *S.O.S. Enlèvement international d'enfants* zogen wir nach Straßburg, vor die europäischen Institutionen. Wir forderten, die Vorenthaltung des Umgangsrechts nicht mehr als einfaches Vergehen zu betrachten, sondern als Verbrechen anzuerkennen. Und man hat auf uns gehört.

Doch wozu dienen neue Gesetze, wenn man schon den alten keine Geltung verschafft? In Frankreich verschwinden jedes Jahr nach einer Trennung oder Scheidung Hunderte von Kindern. Und es gibt keinen glücklichen Moment, in dem ich nicht auch an die Menschen denke, die nach ihnen suchen wie nach ihrer verlorenen Seele.

Einst glaubte ich, das Glück sei etwas Großes, das einem einmal im Leben geschenkt wird wie ein Duft, der einen umhüllt, Tag für Tag. Ich glaubte an das Glück wie an eine Verheißung: Wenn man es einmal ergriffen hatte, war man gegen jede Art von Zwischenfällen gefeit ... Nichts konnte einem mehr geschehen. »Reicht es nicht, wenn man sich liebt?«, hatte Habib immer wieder gefragt.

Heute verwechsle ich das Leben nicht mehr mit einem Film. Ich weiß, dass das Glück in den kleinen, alltäglichen Momenten liegt, die sich wiederholen, so wie nach dem Winter der Frühling wiederkehrt und die Sonne nach dem Regen. Ich bin eine Tochter des Atlantiks. Ich glaube an Windböen, Stürme und das Aufklaren nach einem Unwetter ...

Ich bin glücklich, wenn ich den Lärm höre, den meine Töchter zu Hause veranstalten, die Melodie ihres Lachens.

Aber dieses dritte Kind, den kleinen Jungen, der mir heute fehlt, den werde ich bestimmt nie mehr bekommen. Dazu habe ich zu viel Angst, eines Tages noch einmal so zerrissen zu werden.

Die Leute sagen mir, man solle nichts beschwören und der Zukunft vertrauen. Ich möchte so gern an die Liebe glauben, aber noch habe ich Angst. Selbst wenn ich nicht mehr die Einzelgängerin bin, die ich drei Jahre lang war.

Seit Saras Rückkehr habe ich wieder zu lieben gelernt. Wie meine Schwerverbrannten brauchte ich Zeit, um mir eine andere Haut wachsen zu lassen. Eine Haut, die Freude empfinden kann. Aber sie behält ihre Narben.

Ich habe meine Nomadengewohnheiten aufgegeben, meine ewigen Hosen, meine langen Pullis. Ich habe den Wunsch wiederentdeckt zu gefallen, eine Frau zu sein.

Eine Frau, die auf eine Welt hofft, in der man sich nicht über ein Kind zerfleischt, wo Menschen die Kraft aufbringen, die Erinnerung an eine große Liebe nicht zu verraten.

Ich habe nie verstanden, warum Leidenschaft sich in Hass verwandeln kann. Ein Verbrechen aus Leidenschaft ist für mich eine Ungeheuerlichkeit. Wie kann man einem Menschen, den man einmal geliebt hat, wehtun?

Vielleicht hat meine Tochter ja die Erfahrung gemacht, die mir fehlte: einen Mann zu lieben, dem zu misstrauen sie gelernt hatte ... Wie Scheherezade, ihre entfernte Verwandte, die jeden Abend ihren Kopf vor dem mörderischen Wahnsinn ihres Sultans retten musste.

Heute zeichnet Sara ihr Haus in Toronto mit der Katze, die sie zurückgelassen hat. Sie malt auch Eva und mich hinein, doch ihren Vater vergisst sie.

Vergeblich sage ich ihr, dass es nicht so war, dass sie die Geschichte umschreibt. Nach und nach vergisst sie das Englische. Man möchte meinen, dass sie es aus ihrem Gedächtnis tilgen will, wie sie es mit dem Französischen getan hat.

Aber kann man mit einem amputierten Gedächtnis leben? In diesem Gedanken habe ich den Mut gefunden, diese Seiten zu schreiben. Damit meine Töchter diesen Teil ihrer Geschichte nicht vergessen.

Eines Tages wird Habib aus dem Gefängnis kommen. Er ist immer noch ihr Vater. Was wird dann geschehen? Mit dieser Unsicherheit lebe ich.

Ich bin mit der Vorstellung aufgewachsen, dass das Gute stärker ist als das Böse, dass jeder Fehler Vergebung verdient. Doch die Vergebung muss auch erbeten werden. Ist Habib Eghbal in der Lage, seine Taten zu bereuen, den Schmerz, den er seinen Töchtern bereitet hat? Nur dann könnte ich ihm verzeihen.

Vielleicht ...

Vielleicht werde ich meinen Töchtern dann eines Tages von ihm erzählen können, ohne dass in meiner Stimme die Erinnerung an den Albtraum brodelt ...

Meine Narbe ist feiner geworden. Die Leute sagen mir, dass sie nicht mehr zu sehen ist. Ich empfinde das genaue Gegenteil. Als Sara nicht hier war, zeigte ich sie her, um Gerechtigkeit einzufordern, aber ich nahm sie nicht wirklich wichtig. Jetzt ist sie mir peinlich, wie die letzte Glut eines Feuers, das mich verzehrt hat.

*

Ja, da waren die Flammen ... Aber auch all die Menschen, die mir halfen, vom Scheiterhaufen hinunterzusteigen.

Ich will, dass meine Töchter auch das lernen, dass sie sich an die Solidarität hinter den Tränen erinnern. Wie viele sind es, die Männer und Frauen, die uns geholfen haben, uns wiederzufinden? Alle, nah oder fern, die mir die Hand entgegenstreckten, als ich im Finsteren wandelte?

Sicher, ich war naiv. Natürlich wusste ich nicht, dass man stark sein muss, bevor man zärtlich sein kann. Dafür habe ich bezahlt. Ich habe entdeckt, dass niemand davor gefeit ist, Hass auf sich zu ziehen, aber ich habe auch die Brüderlichkeit gefunden.

Meine Eltern hatten mich nicht gelehrt, an Gott zu glauben, aber sie glaubten an die Menschlichkeit.

Durch sie habe ich Sara wiedergefunden.

Danksagungen

Für meine Eltern, die in ihrer bewundernswerten Geduld immer gute Worte, liebevolle Gesten und Aufmerksamkeiten aufgebracht und mich drei Jahre lang nie im Stich gelassen haben.

Für Bruno und Sandra, die mich an unendlich vielen Wochenenden verhätschelt haben.

Für Cedrick und Céline, die ihre ganze Kraft in die Gründung unseres Vereins gesteckt haben, und für ihre kleine Pauline, die auch die Vornamen Sara und Eva trägt.

Für Isabelle und Pierre-Yves, meine Freunde, die versucht haben, Habib während der zehn Tage, in denen er unsere Töchter festhielt, zur Vernunft zu bringen.

Für ihren Sohn Maël, weil er Sara nicht vergessen hat.

Für Denis, meinen Nachbarn, der mich in die Notaufnahme gefahren hat.

Für das gesamte Personal der Notaufnahme, das am 24. Februar 1999 anwesend war, insbesondere für den Gesichtschirurgen Dr. Heuzé, dem ich es verdanke, dass meine Narbe heute kaum noch zu sehen ist.

Mein Dank geht auch an alle, die meinen Umzug bewerkstelligt haben, während ich im Krankenhaus lag.

An die Eltern und Großeltern von Sandra, die nicht gezögert haben, mir ihre Garage als Möbellager zur Verfügung zu stellen.

An Nathalie und Yann, für ihre Gastfreundschaft in den schwersten Momenten meines Lebens.

An meine Cousine Gaëlle, die zwei Jahre lang Schriftführerin des Vereins und meine rechte Hand war.

An Thierry und Laurent, die Saras Website eingerichtet und versucht haben, mich in die Informatik einzuführen.

An Jean-Marc Ayrault, den Bürgermeister von Nantes, für seine nie nachlassende Unterstützung.

An die Künstler, die bei unseren Benefizkonzerten für Sara gesungen haben: Trio Girone, Ifa, Allano und die Compadres, Bacochi und Paul Alister, sowie an alle Techniker.

An Maïwen, über die ich sie kennen gelernt habe.

An das Personal der Intensivstation und alle meine Kollegen, die nie gezögert haben, ihren Dienstplan zu ändern, wenn ich rasch eine Vertretung brauchte.

An Maître Ballereau, den ausgezeichneten Anwalt, der mir eine echte Stütze war.

An die beiden Iraner, deren Aussage von zentraler Bedeutung war.

An die gesamte iranische Exilgemeinde, insbesondere in Frankreich, den USA und Kanada.

An Monsieur Coulon, den Untersuchungsrichter, der über ein Jahr nach Saras Entführung die Ermittlungen wieder aufnahm.

An die Ermittler von der Gendarmerie in Nantes, darunter Adjutant Bossard und die Herren Romano und Forget.

An Leila ben Debba vom *NCMEC*.

An Stacey vom FBI, deren kleiner Bär noch heute über Saras Schreibtisch wacht.

An Jason Daigle und Arthur Maye von der Royal Canadian Mounted Police.

An Linda Brosseau, die Verantwortliche der Royal Mounted Police in Québec und Überbringerin der guten Nachricht.

An Patrick Bergeron, den Kodirektor des *Réseau enfant retour Canada*, und an alle Mitarbeiter der Organisation.

An den Sozialdienst, der sich in Halifax um Sara gekümmert hat.

An Guy Roy und Steve Spriggs, die beiden Polizisten, die meine Tochter auf einer Straße in New Brunswick gefunden haben.

An die Nachbarn in Toronto und alle aus Saras Schule, die mir von ihrem Leben erzählten.

An die kanadischen Medien, mit deren Hilfe ich Sara wiedergefunden habe.

An Olivier Pighetti, den ersten Reporter und Journalisten, der in Frankreich auf meinen Hilfeappell reagiert hat. Er ist mein Freund und vor allem Saras Freund.

An die dreihundert anonymen oder mir nahe stehenden Mitglieder des Vereins *Sara, alle gemeinsam werden wir dich finden*, an alle, die Sammeldosen gebastelt haben, an jeden, der ein Bonbon in ein Päckchen gesteckt hat, und an alle Spender.

Und schließlich an alle, die ich hier vielleicht vergessen habe und die mir trotzdem Mut geschenkt haben.